DES FEMMES ET DES HOMMES

DES MÊMES AUTEURS

Fabienne Alamelou Michaille
MANAGER AVEC SON ÂME, Mame, 2019.

Bertrand Badré
avec Philippe Colombet, *ENTREPRISES EN RÉVOLUTION*, Jean-Claude Lattès, 1990.
avec Philippe Chalmin et Nicolas Tissot, *LA MONDIALISATION A-T-ELLE UNE ÂME ?*, Economica, 1998.
avec Michel Camdessus, Ivan Chéret et Pierre-Frederic Tenière-Buchot, *EAU*, Robert Laffont, 2004.
MONEY HONNIE, Débats Publics, 2016.
CAN FINANCE SAVE THE WORLD?, Berrett Koehler, 2018.
VOULONS-NOUS (SÉRIEUSEMENT) CHANGER LE MONDE ?, Mame, 2020.

ISBN 978-2-330-19030-9

FABIENNE ALAMELOU MICHAILLE
ET BERTRAND BADRÉ

DES FEMMES ET DES HOMMES

Le Pouvoir en partage

Préfaces
Michelle Yeoh et Jean Todt
Emmanuel Faber

ACTES SUD

BERTRAND BADRÉ

À toutes les femmes que j'ai croisées et qui ont contribué avec patience à m'éclairer. À un certain nombre d'hommes aussi. À tous ceux qui savent que la diversité n'est ni un slogan ni un combat mais un trésor à faire croître.

À ma famille bien sûr aussi et à sa délicieuse mixité !

FABIENNE ALAMELOU MICHAILLE

À toutes les femmes et tous les hommes de bonne volonté qui cherchent à reconnaître en l'autre les talents à faire fructifier, indépendamment de leurs sexe, genre, classe sociale, origine ethnique.

À tous ceux et toutes celles qui ont été à mes côtés dans cette quête.

À mes filles et à l'homme qui partage ma vie depuis trente-deux ans.

SOMMAIRE

L'égalité entre les femmes et les hommes – l'égalité des sexes – est un combat très ancien. Et qui se manifeste dans de nombreux aspects de la vie et à tous les niveaux. À New York en 2015, les Nations unies l'ont intégrée aux objectifs de développement durable, en tant qu'objectif numéro 5 parmi les dix-sept adoptés. Malheureusement, neuf ans plus tard, cela reste encore effectivement un objectif plutôt qu'une réalité.

Dans nos carrières respectives, nous avons pourtant tous les deux constaté des progrès ces dernières années. Mais nous avons également vu que de nombreuses difficultés subsistent. Ni l'un ni l'autre nous ne souhaitons faire de compromis quand nous avons un objectif et nous ne nous contentons jamais d'un demi-succès. Mais nous savons aussi que la satisfaction de cet objectif d'égalité prendra du temps et que nous connaîtrons des revers. La clé est simple : le travail. C'est ainsi que nous avons toujours procédé tous les deux. Nous sommes loin du *"Everything, everywhere, all at once*[1] *"*. Il faut savoir abandonner l'idée de tout réaliser tout de suite. Même si ce film est celui qui a fait de Michelle la première Asiatique à remporter l'Oscar de la meilleure actrice et à imposer la diversité au plus haut niveau, dans sa vie, cela a été plutôt "Tout, partout et au fil du temps". De même pour Jean dans le sport automobile : on ne devient pas champion du monde du jour au lendemain !

---

1. « Tout, partout, tout à la fois ». *Everything, everywhere, all at once* est également le titre du film de Daniel Kwan et Daniel Scheinert, sorti en 2022 et dans lequel Michelle Yeoh incarne Evelyn Wang. *(N.d.T.)*

Nous espérons que nos carrières individuelles ainsi que notre travail commun pourront servir d'exemple pour encourager de nombreux jeunes à essayer de vivre leurs propres rêves. Nous sommes, par exemple, tous les deux mobilisés, aux côtés des Nations unies, en tant qu'envoyé spécial du secrétaire général de l'ONU pour la sécurité routière, et en tant qu'ambassadrice de bonne volonté du Programme des Nations unies pour le développement (PNUD). Nous sommes également engagés à la fois en France avec l'Institut du cerveau et de la moelle épinière, et à l'international avec l'Institut international de la paix, la Fondation Suu, créée par la Prix Nobel et dirigeante Aung San Suu Ki ou encore avec le Comité international olympique.

Chacun de nous possède sa propre voix et les messages qu'il souhaite transmettre. Mais c'est aussi avec une grande joie que nous nous positionnons parfois ensemble en tant que couple, quand nous luttons pour des causes partagées. Et quand c'est le cas, nous respectons le niveau d'engagement, de compromis et de résolution que cela exige de chacun de nous.

Nous pensons que le fait qu'un homme et une femme unissent leurs forces sur des questions publiques aussi sensibles envoie un message important dans un monde qui favorise trop souvent, et de plus en plus, la division et la polarisation. Il faut savoir reconnaître et promouvoir les femmes toujours et partout. Cela nécessite l'union patiente et la coopération de tous à tous les moments de la vie. Cela implique du respect, de l'écoute, de la bonne volonté et parfois aussi du courage. Il ne s'agit pas plus d'opposer les hommes aux femmes, que de se mettre à opposer les femmes aux hommes. Il faut savoir accepter avec le même enthousiasme les petits pas accomplis jour après jour, comme parfois les avancées plus substantielles qui peuvent se produire.

Nous devons identifier les échecs et nous y opposer, quelle que soit leur importance. Au fond, il faut être sérieux et persévérer sans relâche. Nous devons collaborer et promouvoir ensemble cette première étape essentielle pour la pleine reconnaissance de la diversité humaine, comme une étape cruciale avant d'autres progrès à venir.

C'est parce que nous avons nous-mêmes toujours eu ces préoccupations que nous avons souhaité écrire cette préface au livre de Bertrand Badré et Fabienne Alamelou Michaille. Ils se proposent d'y analyser les raisons de notre retard dans la réalisation de l'objectif d'égalité entre les hommes et les femmes. Ils mettent en avant les aspects culturels et religieux, mais passent également en revue les dernières découvertes en neurosciences. Ils montrent et confirment que les stéréotypes et les préjugés sont au cœur du problème et qu'ils peuvent être réglés avec persévérance et détermination. Surtout, ils proposent des pistes pour avancer à partir de nombreux témoignages. Ils ne perdent pas de vue les principes et les objectifs et s'efforcent d'être concrets. Ils nous rappellent que malgré les progrès, le point de non-retour n'a pas été atteint. D'une certaine manière, comme dans le cas de la sécurité routière, nous connaissons le problème et ses racines, nous connaissons les moyens d'y remédier et nous devons avoir la patience de rester concentrés sans répit et de contribuer à changer les mentalités et les comportements. Nous ne sommes pas à la fin de l'histoire, nous sommes quelque part entre le début et le milieu. La course vient à peine de commencer. Nous sommes tous des acteurs de cette histoire, des pilotes de cette course. Ensemble ! Si nous réussissons, notre planète sera très différente, peuplée d'hommes et de femmes véritablement engagés ensemble pour un avenir diversifié et durable. Un avenir dont le scénario est entre nos mains.

Michelle Yeoh et Jean Todt

Pour retrouver cette préface dans sa version originale en anglais :
www.actes-sud.fr/sites/default/files/2024-01/Des-hommes-et-des-femmes-preface-anglaise.pdf

Je dirige aujourd'hui l'International Sustainability Standards Board, un organisme né à la COP26 fin 2021, chargé de créer un langage comptable international pour intégrer les sujets écologiques et sociaux dans la finance mondiale. L'urgence de la tâche imposait le démarrage des travaux au plus tard à l'été suivant. Six mois pour construire les équipes, et recruter les 14 membres du Conseil, qui rassemble aujourd'hui 11 nationalités différentes ; 6 femmes, 7 hommes, et moi. Malgré tous mes efforts, je n'ai pas réussi à installer pour ce premier conseil la parité à laquelle pourtant j'aspire tant. Des aspects pratiques, des processus, les délais ne l'ont pas permis. Je m'en suis expliqué et excusé lors de notre première réunion.

Cette inégalité dans la représentation, cette iniquité – qui va jusqu'à la violence, à l'égard des femmes dans leur vie professionnelle, sociale, familiale –, c'est ce que les témoignages rassemblés par Fabienne Alamelou Michaille et Bertrand Badré exposent, à plat, sans ambages, au gré des parcours de vie de femmes qui exercent des responsabilités, le plus souvent dans de très grandes organisations du secteur public ou privé. Je connais beaucoup d'entre elles, et pour quelques-unes, très bien.

"Le rose pour les garçons littéraires" : elle me touche, cette phrase tirée de ces pages. Oui c'est ce que j'ai vécu quand à l'âge de six ans pour faire du patinage artistique, j'ai dû chausser des patins blancs, et que les garçons de mon âge hockeyaient en patins noirs et se moquaient de moi au vestiaire quand je les sortais de mon sac de sport. Puis en stage, à l'armée, dans le conseil et la banque, dans la façon dont le staff, souvent féminin, était traité par les "professionnels", souvent plus masculins. Puis dans l'industrie, quand les pincements de fesse dans les ascenseurs sont implicitement réputés de bon aloi. Et que s'offusquer, c'est faire des chichis. Les femmes obligées de rire aux blagues grasses du patron, pour la énième fois. Les grossièretés et le mépris à leur égard exprimés dans leur dos. La narration gouailleuse des conquêtes de quelques mâles dominants dans les tribus *corporate*, pendant que ces mêmes entreprises surveillaient au plus près leur classement "diversité" et que leurs dirigeants en faisaient des tonnes sur scène sur le "sujet des femmes"...

Changer le collectif est difficile. Devenu DG délégué de l'entreprise, j'ai souhaité nommer dans mon équipe la première femme au poste de DRH : des semaines de discussions pour y parvenir. En tant que DG, il a fallu ensuite au fil des départs à la retraite, des réorganisations, ne laisser passer aucune occasion – on nous a même reproché de faire de la discrimination négative –, ce n'était pas faux, mais ce doit être un choix conscient – pour parvenir à ce que deux, trois, puis quatre femmes puissent intégrer le comité exécutif. Résultat, six ans plus tard, au moment de cacheter l'enveloppe pour la remettre en cas de besoin au président du comité des nominations du conseil, figure dans mon esprit le nom de deux femmes pour me succéder au poste de DG. Mon expérience est très banale, au fond, et se résume simplement : la conviction en la diversité (quels qu'en soient les termes) exige de l'obstination, tolère peu de relâchement, et encore moins d'incohérences. "Est-elle vraiment prête ? Le veut-elle vraiment ?" : combien de fois l'avons-nous entendu ? Combien de fois l'avons-nous cru ? Nous sommes tous responsables.

Tout cela est-il l'héritage d'un passé révolu ? #MeToo a-t-il vraiment changé la donne, ou simplement policé des langages ? Il est beaucoup trop tôt pour le dire. Et dans la pratique, bien peu de choses ont changé. Je reste privilégié dans cet univers professionnel, tout simplement parce que tous les jours je n'ai pas à subir, calculer, adapter ce que je suis, comment je parais ou comment je m'exprime à un mode dominant que je n'ai pas choisi. Simplement parce que je ne suis pas une femme. Lorsque nos organisations sociales génèrent des privilèges, ils ne peuvent venir qu'avec des responsabilités lorsque nous en prenons conscience. Car dans l'ordre du vivant, les privilèges n'existent pas.

Bien sûr, celles qui subissent ces sévices dans l'ordinaire des jours ne peuvent la plupart du temps que se taire – certaines ne trouvant pas d'autre solution que de se mettre en alliance avec ces comportements, renonçant à leur révolte, dans une forme de syndrome de Stockholm, en liberté conditionnelle ; les hommes, tout autour, s'aventurent peu à s'opposer aux modèles dominants. Un sentiment de compromission s'installe dans le silence. Quant à nous dont les paroles et les actes blessent le féminin, jusqu'où sommes-nous même conscients de l'injustice que nous perpétuons ? Il est bien sûr tentant de juger, mais plus profondément, c'est comme toujours, la question de l'émergence des consciences, du chemin de conscience de chacun, qui ne peut se faire sans une plongée dans nos inconscients, mais aussi sans un élargissement aux dimensions du vivant, auquel nous sommes appelés à nous reconnecter, pour dépasser ces catégories sociales d'un temps.

Il n'y aura donc jamais un "énième" livre sur les inégalités hommes-femmes. Jamais le livre "de trop" : parce qu'elles sont la moitié de l'humanité, les femmes sont victimes de l'injustice la plus constante et répandue au monde, et dont nous sommes tous acteurs.

Fabienne et Bertrand commencent par remonter à une source essentielle de ces difficultés, les religions qui ont forgé nos valeurs et nos coutumes, avant d'entendre les témoignages recueillis.

Les mythes et les contes sont les songes des peuples, les couches sédimentées par le temps qui constituent le soubassement de nos inconscients collectifs. Cette voix des profondeurs, il faut en écouter la résonance pour ne pas laisser l'écume des émotions, des événements emporter nos raisonnements, pour les relier au temps long et comprendre leur présence au plus profond de nos comportements.

Il faut remonter par les fleuves des langues jusqu'à ces mythes fondateurs. Pour nous, de l'Occident, la langue hébraïque en est la source, au commencement où "était le verbe". Annick de Souzenelle explore ce texte signe par signe. Dans *Le Féminin de l'être*[1], elle renverse l'icône d'une Ève "sortie de la côte d'Adam", pour mettre en évidence Isha, "l'autre côté d'Adam" – dont parle aussi Pauline Bebe, citée dans ces pages. Adam n'est pas le masculin, il est l'humain au sens universel, tout juste tiré de la poussière *(Adamah)*. C'est par un processus de reconnaissance, dialectique, par un retournement intérieur, que cette potentialité du féminin advient, et qu'Adam devient *Isha*, femme et *Ish*, homme, au sens masculin du terme. La masculinité ne précède pas la féminité. Au demeurant, pour les kabbalistes, Elohim est androgyne. Dieu mère et père.

Dans les couches sédimentaires à peine supérieures de nos inconscients se forge pourtant l'interprétation dogmatique qui affirmera une primauté "ontologique" de la masculinité aboutissant à exclure les femmes de la vie de foi et des instances auxquelles ont accès les hommes, comme l'évoque le présent ouvrage. Au-delà des enracinements institutionnels, adoubant le "pouvoir sur" au nom d'une "autorité" verticale et immanente, c'est sans doute aussi la puissance inertielle de ces interprétations qui, malgré l'*aggiornamento* de l'Église catholique sur la réalité des processus créateurs du vivant, prolonge les paradigmes du patriarcat et des violences à l'égard du vivant, des femmes, des enfants, qu'il continue à charrier. Négation de l'humanité d'autrui.

C'est pourtant dans cette rencontre entre l'un et "l'autre côté" de l'humain qui donne naissance au féminin et au masculin que

1. Annick de Souzenelle, *Le Féminin de l'être*, Albin Michel, 2020.

se joue l'essentiel. Je voudrais inviter ici la pensée d'Emmanuel Levinas, elle aussi pétrie du Talmud et de l'Exode et de phénoménologie, pour laquelle l'instant présent catalyse tout, chargée du *Zakhor*, l'impératif du "souviens-toi" convoquant les profondeurs de nos histoires.

C'est dans cet instant précieux qui est notre seul être-au-monde que Levinas place l'avènement permanent de notre propre humanité. Il décrit la rencontre de l'altérité comme celle du "Visage", un mot immense dans sa pensée, qui re-"présente" l'autre dans ce qu'il a de plus autre, de plus étranger. Tout ce qui est "même" dans le Visage est encore même – et n'est pas encore Visage. Le Visage se dé-voile lorsque s'en-visage l'altérité la plus radicale, son acceptation, sa reconnaissance. Ainsi, le Visage est dénudé, il est nu, écrit Levinas.

Et, affirme-t-il, au cœur de cette vulnérabilité, le Regard (un autre très grand mot), lumière du Visage qui émerge et s'avance dans le présent silencieusement, dit dans cette apparition : "Tu ne tueras point." De l'accueil que je fais au Visage dépend ma naissance à ma propre humanité. Ensemble, nous "re-connaître". La seule mais impérative condition de cette accession à mon humanité, c'est ce commandement, dit Levinas. Y désobéir, tuer, m'interdit l'accès à l'humanité. Douterions-nous du caractère ontologique de ce "tu ne tueras point" porté par le Regard ? On ne bande pas les yeux des fusillés pour leur épargner de voir la mort arriver, mais pour que leur regard n'interdise pas à leurs bourreaux de faire feu. Bander les yeux, re-"couvrir" le Visage pour qu'il ne soit plus nu, plus visible, c'est tuer son Regard, et en contournant le commandement ontologique, c'est ainsi donner le permis de tuer l'autre alors qu'il est sans défense.

Si j'accueille le Visage, alors peut venir l'instant du Nom. Nommer, c'est bien sûr faire naître, sortir du "il-y-a" existentialiste, le neutre, anonyme, in-forme, et faire émerger la conscience d'une commune humanité, d'une identité particulière. C'est le cœur humaniste de la philosophie de Levinas et comment bien sûr ne pas en voir la résonance dans la lecture que propose Souzenelle du texte de la Genèse : l'humain devient homme et femme, dans l'instant où, nommés par Elohim, le féminin et le masculin naissent ensemble en se "re-con-naissant".

Et pourtant, dans nos espaces publics, les femmes marchent les yeux baissés vers le trottoir. Elles savent que la rencontre du regard peut tuer. On le leur a dit, on le leur a appris, pour des motifs sociaux, parfois religieux, depuis des siècles. Mais il en va aussi aujourd'hui de leur sécurité. Au rythme des féminicides et de ces violences qui affligent nos pays et nos civilisations, le regard masculin tue les femmes. L'espace public est un espace masculin dans lequel le féminin est en danger. Et les faits disent qu'il en est souvent de même de l'espace privé.

Je voudrais terminer en évoquant notre langage, sujet abordé vers la fin de l'ouvrage, dont je pense qu'il est incontournable, et je vais de nouveau me permettre de l'approfondir brièvement car la langue structure la pensée, la culture, les référentiels, la parole et le passage à l'action qui a le pouvoir de faire alliance avec le vivant ou de le tuer.

En français, dans la "Rencontre" même du mode masculin et du mode féminin, le premier absorbe le second dès qu'ils sont ensemble, dès le tout premier dénombrement du pluriel, à deux, dans la construction même du langage. "Elle" et "il", dès qu'ils sont ensemble deviennent "ils" et, ainsi, le neutre collectif ("on") est masculin. De leur Rencontre ne survit que le masculin : le mode féminin n'a tout simplement pas droit à la parole collective dans le langage français. Il ne s'exprime que lorsque ce collectif est exclusivement féminin ("elles") : facile alors de l'affubler du terme "féminisme". Songeons un instant au mot "sororité", qui ne désigne qu'une relation entre femmes. Pour le reste, tout est fraternité. Pauvre Marianne. La violence grammaticale est le creuset d'une société féminicide.

Alors qu'imaginer pour rendre compte de la "Rencontre" dans notre langue ? Bien des humanistes auraient raison d'avancer qu'on ne manipule pas impunément le langage, et que c'est précisément comme cela que les régimes totalitaires réécrivent les narratifs collectifs, les cultures et tentent de forcer la destinée des peuples. Mais faut-il se satisfaire de toute évolution de la langue au motif qu'elle a été organique ? Le langage est par essence politique (les entreprises le savent, d'ailleurs, qui ont inventé le *globish* pour conditionner les pensées managériales). Le laisser dériver lorsqu'il nie les droits élémentaires de la moitié d'entre nous, "parce que ça s'est fait de façon naturelle", est *de facto* un choix politique, et il ne suffit plus. J'étais opposé il y a dix ans à l'artifice que je voyais dans le projet de *quota* de femmes dans les conseils d'administration envisagé par le code AFEP-MEDEF, et cinq ans plus tard j'ai publiquement reconnu que, sans cela, nous n'aurions pas avancé. Et on est encore loin du compte.

On ne peut donc se satisfaire de ce que le féminin soit exclu du langage collectif, au motif que cela a "toujours" été le cas. Toujours, d'ailleurs ? Les propos urticants d'Éliane Viennot dans son livre *Non le masculin ne l'emporte pas sur le féminin ! Petite histoire des résistances de la langue française*[1] montrent que tout a un temps. J'emprunte ici au commentaire qu'en a fait Anne-Marie Houdebine-Gravaud dans *Travail, genre et sociétés*[2]. Elle évoque les manipulations imposées à la langue française pour qu'elle témoigne de la "noblesse" du genre masculin et montre comment en France plus que dans d'autres langues romanes, l'effort de masculinisation culmine, au XVIIIe siècle, quand "l'homme" se met à signifier "l'humain". Les femmes ne peuvent plus être "auteures", pour une raison simple que n'hésite pas à expliciter en 1675 le grammairien Bouhours – consulté par maints

1. Éliane Viennot, *Non le masculin ne l'emporte pas sur le féminin ! Petite histoire des résistances de la langue française*, Éditions iXe, 2014.

2. Anne-Marie Houdebine-Gravaud, *Travail, genre et sociétés*, n° 39, janvier 2018.

auteurs en vue de son siècle : "Lorsque les deux genres se rencontrent, il faut que le plus noble l'emporte."

Bouhours aurait été proposé à l'Académie française, qui se créait à peu près au même moment. Mais il n'y a même pas eu besoin de lui pour qu'à l'issue de près de sept cent cinquante élections en plus de trois siècles, les académiciens n'aient fait aucune place à une femme avant Marguerite Yourcenar, il y a quarante ans.

Alors Meryl Streep peut expliquer sur un plateau de télévision : "Depuis que nous sommes toutes petites, nous parlons, pensons, rêvons dans la langue masculine ; nous les femmes, nous parlons couramment homme mais les hommes ne parlent pas femme." Demander à un homme au travail de considérer sa collègue comme son égale alors qu'on lui enseigne depuis le CE2 que le masculin l'emporte dès qu'on se met à penser, c'est compliqué.

L'écriture inclusive propose des voies pour faire une place au féminin dans le langage. Compliqué à l'écrit, impossible à l'oral. L'articulation des neutres, des signes et des points, la création de mots fusionnés qui tentent de dégenrer notre langage se heurte à un mur. Abscons, ridicule, vain ("quelle importance ?") : dans les critiques dont elle est l'objet pointent aussi les craintes que cet effort éveille à l'égard de l'émergence des identités de genre non binaires. Cela paraît bien trop peu de chemin de conscience collective d'un seul coup, pour bien peu de résultats apparents dans le langage. Pourtant, faire miroir dans le langage de notre commune identité est une nécessité. Alors, avant d'inventer des représentations communes par de nouveaux mots et de nouveaux signes, pour que les mots de notre langage actuel permettent la prise de conscience immédiate de son iniquité, pourquoi ne pas tout simplement dans un premier temps confier au féminin le rôle qu'y a pris sans discussion le masculin, pour représenter le pluriel et le neutre ?

Car dès notre façon d'écrire et de parler, nous sommes *toutes concernées* par cette violence où le masculin prend le pas sur le féminin quand nous pensons à *plusieures*. Les *autrices*, Fabienne et Bertrand, sont *toutes* deux *conscientes*, *écrivent-elles*, qu'il n'y aura "pas de grand soir". Peut-être pas, mais peut-être malgré tout, pourrait-*elle* y avoir une aube nouvelle ?

Aujourd'hui comme le premier matin du reste de nos vies ensemble, si nous nous accordions sur le projet de donner la primauté au féminin dans la grammaire française pour exprimer notre pensée, notre écriture et notre action collectives ? Après des centaines d'années d'effacement grammatical, au nom de quoi ne le ferions-nous pas ? Serait-il illégitime de confier pour ce temps au féminin le soin, la responsabilité de porter la parole masculine dans le collectif ? Pour *celles* d'entre nous, hommes ou femmes, qui à l'inverse estiment que cet enjeu de langage n'est pas très important, pourquoi alors nous y opposer ? Et si on commençait aujourd'hui ? En le balbutiant, en butant sur ces représentations nouvelles que cachent précieusement les mots ? Et si l'inconfort que nous ressentons en lisant ces lignes permettait justement de prendre conscience à chaque mot de la violence universellement, inconsciemment subie par les femmes, pour que nous y soyons *toutes* plus *attentives* dans nos vies et nos espaces *privées* et *publiques* ?

Et si, par conséquent, les hommes baissaient à leur tour les yeux sur les trottoirs comme dans le langage, non par peur, mais par choix, pour laisser les femmes porter à leur tour le regard sur cet espace qu'elles cohabitent tous les jours sans y avoir toute la place qui leur revient ? Pour donner une chance en lui ouvrant un espace, à la rencontre des Visages du féminin et du masculin.

Victimes d'un "pouvoir-sur" exercé par autrui, celles qui portent la matrice de la vie pourraient-elles faire grandir dans le collectif ce "pouvoir-de" intérieur à *chacune de nous toutes* ? Ne serait-elle pas même fondamentale la préséance du féminin pour représenter dans un temps de transition le collectif de notre langage vers des économies et des modes de vie moins *prédatrices*, dont l'urgence est criante ? Combien sans doute aussi en serait facilitée notre approche de tant d'autres altérités, de toute la diversité du vivant que nous piétinons aveuglément, et dont nous nous privons tant.

Alors peut-être serons-nous plus aptes à vivre ce “tu ne tueras point” du Regard, et pourrons-nous nous rencontrer, nous reconnaître et inventer le terme du collectif qui raconte ensemble cette Rencontre. “Par-delà le bien et le mal, il y a un champ. Là, je te retrouverai[1]”, écrivait le Rumi. Puissent *toutes les lectrices* de ces pages garder cette promesse au cœur en parcourant les récits de vie qui suivent et qui sont les nôtres.

Emmanuel Faber

---

1. Jalâl al-Dîn Rûmî, dit Le Rumi, poème 3049, *in* “Odes mystiques”.

AVANT-PROPOS

Un nouveau livre sur la mixité ? Sur l'égalité des sexes ? Sur le leadership ? Sur la diversité ? Que les lecteurs bienveillants testent autour d'eux : trop de mots, de discours, d'écrits, et pas assez d'actions. Quelle mouche nous a donc piqués de vouloir rejoindre la longue cohorte de ceux qui ont essayé avant nous de regarder le sujet du genre de plus près ? Et bien sûr derrière le sujet du genre, celui du rapport entre genre, représentation et pouvoir.

Ce livre est d'abord et avant tout une affaire de convictions et d'expérience. Nous avons l'un et l'autre passé le mitan de notre vie professionnelle. Nous avons vécu dans des environnements divers. Nous avons essayé, réussi et raté un certain nombre de choses. L'engagement et la réflexion de Fabienne sont anciens. Ceux de Bertrand un peu plus récents.

Fabienne Alamelou Michaille, en tant que femme, a dû subir des discriminations variées mais assez répandues. Travaillant à l'international comme directrice marketing opérationnel d'une filiale d'un grand groupe, elle a été confrontée, en tant que conégociatrice, à l'invisibilité dans de nombreux pays dont le Japon, la Corée du Sud et les pays du Golfe. Arrêtée à la douane de Djeddah alors que son passeport était en règle, conduite au poste de police, elle a dû être dédouanée comme une marchandise par le correspondant local. Plus tard, au retour de son deuxième congé de maternité, elle n'a pas retrouvé de poste, une réorganisation ayant eu lieu et toute l'équipe précédente ayant été licenciée (avec au passage une augmentation de salaire et un bonus supprimés à l'annonce de sa grossesse). Elle a cherché à mieux comprendre ces discriminations, et animée par le désir de concilier foi et praxis, elle a conjugué études de philosophie-théologie et d'accompagnement des personnes. Là encore, elle n'a pas pu aller au bout de ce qu'elle portait, contrainte par des règles édictées par des hommes.

Après dix ans d'exercice de fonctions de direction dans un grand groupe de luxe, elle avait souhaité donner une nouvelle orientation à sa carrière et, diplômée de l'Essec, avait repris des études de philosophie et de théologie à l'Université catholique de Lyon. Elle avait choisi comme sujet de recherche la question de l'ordination presbytérale des femmes, s'interrogeant sur les raisons qui avaient conduit dans l'histoire à l'exclusion des femmes de ce ministère de gouvernement. Après deux ans de spécialisation sur le sujet, elle s'apprêtait à finaliser la deuxième partie de son travail qui devait faire l'objet d'une soutenance publique après la remise du mémoire de licence canonique (l'équivalent d'un bac + 7). La directrice des études du deuxième cycle l'a dissuadée de continuer et lui a proposé de changer de sujet, arguant du fait qu'elle faisait courir un risque de "sanctions canoniques" à l'université. De plus, elle lui a fait comprendre que, si elle persistait, elle risquait de ne pas obtenir son diplôme. Pourtant, il n'y avait rien de subversif dans son premier rapport qui analysait l'Écriture et la Tradition. Pour compléter, son directeur l'avait prévenue : il lui était demandé, même si elle exposait des arguments en faveur de cette ordination, de former une conclusion en accord avec le magistère, c'est-à-dire la doctrine officielle de l'Église. Face à cette décision, lentement, la colère a fait place à la stupéfaction et à la résignation. Elle ne voulait pas changer de sujet. Elle a donc abandonné ses études. Quelques mois après, elle a pris la décision de rejoindre l'Église protestante unie de France, Église de sa grand-mère et de son père qui lui permettait de continuer à croire en un Dieu qui ne condamnait pas les femmes à ne jamais occuper aucune fonction de gouvernement en raison de la forme de leur corps. Lors de ce travail, elle a pu se rendre compte de la fragilité des arguments théologiques qui excluaient les femmes de toute fonction de gouvernement essentielle, de l'aveu même de son directeur de mémoire.

Mais parce que les femmes comme les hommes ne sont pas des victimes mais des êtres responsables, elle s'engage pour un monde où la diversité et la différence sont perçues comme des richesses. Aujourd'hui, elle accompagne de nombreuses femmes qui, à cause de leur histoire, des situations qu'elles ont traversées, construisent leurs propres murs dans des représentations limitantes et qui souhaitent sortir de ces schémas enfermants. Pour certaines, il s'agira de commencer une formation à quarante ans, pour d'autres de rejoindre un comité exécutif (ou comex) du CAC 40. Parce que c'est une question de justice et pour que personne ne soit plus ni méprisé ni limité à cause de ce qui paraît être inscrit dans les corps, elle a choisi avec Bertrand Badré de porter sa contribution au sujet mais sans stigmatisation. Hommes et femmes ensemble.

Bertrand a passé l'essentiel de sa vie professionnelle dans la finance et a rapidement questionné les modèles dominants. Il a été confronté dans ses responsabilités à des choix de management, de personnes et d'organisation qui l'ont amené à se poser des questions au moment où les attentes étaient plus fortes et plus visibles. Puis comme directeur général de la Banque mondiale, il a replacé cette approche dans une perspective plus large, mondiale et en lien avec les autres thématiques du développement durable. La question des inégalités de genre est devenue un sujet central des politiques mises en œuvre : il est aujourd'hui devenu à peu près impossible de présenter un programme ou un financement sans que la prise en compte du genre ne soit explicitement considérée. Ce n'était pas le cas il y a quinze ou vingt ans. Ses nombreux voyages lui ont permis de voir les progrès, les hésitations mais aussi les régressions. Le choix de prendre en compte les inégalités femmes-hommes parmi les critères prioritaires d'investissement du fonds qu'il a créé avec ses associés est l'aboutissement logique de ce parcours. Ce livre en est la suite naturelle.

Nous nous sommes rencontrés autour de nos travaux récents sur le management ou la transformation de nos modèles. Nous avons échangé. Nous n'étions pas d'accord sur tout. Mais pas non plus trop éloignés. Nous étions prêts à dialoguer et à écouter. Nous écouter bien sûr, mais aussi tous ceux dont nous avions pu croiser le chemin et qui avaient quelque chose à nous dire. Surtout, nous avons, l'un et l'autre, très vite partagé et acquis une certitude : la diversité est l'une des clés de l'adaptation de notre économie et plus largement de notre société aux défis de ce siècle. Et cette diversité commence par la diversité femmes et hommes. C'est pourquoi nous avons pris la plume à deux, une femme et un homme, avons engagé un dialogue avec plusieurs dizaines de personnes et avons recueilli leurs témoignages. Ces rencontres ont été riches et émouvantes. Jamais neutres ou distanciées. À chaque fois nous avons su que nous touchions une corde sensible. Cette corde a pu même plusieurs fois se briser. Nous n'avons jamais été confrontés à l'indifférence. Plutôt à une forme de gravité.

Ce livre n'est pas un manuel ou un manifeste. C'est un appel à construire ensemble une société véritablement mixte. Ce n'est pas une déclaration de guerre ou à l'inverse une critique d'un embrasement féministe jugé inutile. Nous reconnaissons d'où nous venons. La route a été longue. Nous voulons aller plus loin. Et savons que la route reste longue.

Il ne faut pas pour autant baisser les bras. Et savoir conjuguer le niveau approprié d'ambition – viser au plus haut et ne jamais transiger – et de modestie – savoir s'adapter et avancer toujours et encore. Les propos recueillis soulignent cette nécessaire alchimie. Nous y retrouverons de la rage, des frustrations, de la colère, de l'envie de renverser la table, mais aussi de la reconnaissance du fait qu'il n'y aura pas de grand soir. Ils témoignent que cette histoire est bien une histoire d'hommes et de femmes, et non pas d'hommes ou de femmes. Cette histoire est à la fois la plus simple qui soit et l'une des plus compliquées. Et ce depuis longtemps.

Nous avons aussi choisi pour cette raison de ne pas nous concentrer sur le seul compartiment économique. Les entreprises sont souvent mentionnées comme le lieu par excellence du combat pour la parité. Ce serait réducteur. Nous avons choisi de regarder également deux autres univers jugés sensibles : celui des religions et celui de la politique. Nous commençons d'ailleurs notre voyage par les religions. Celles-ci expliquent beaucoup la structure patriarcale de nos sociétés et, parfois mal comprises, peuvent être à l'origine de nombre de stéréotypes qui nous aveuglent et nous paralysent. Pour faire face aux difficultés, il faut en connaître les origines, en déterminer la généalogie. Nous le ferons avec prudence, mais détermination. De même, il nous a paru important de rapidement souligner les éclaircissements apportés par la science depuis quelques années et qui ont déplacé de manière forte les bornes entre l'inné et l'acquis. Ce qui compte, c'est la diversité humaine, pas la ségrégation femmes-hommes : une évidence utile à souligner.

Nous sommes peut-être à un tournant : de #MeToo à l'égalité femmes-hommes, grande cause du quinquennat, en passant par l'objectif du développement durable (ODD) numéro 5 ou les quotas…, les lois votées, les nominations politiques semblent aller dans la bonne direction. Ne nous leurrons pas pour autant. Il n'est pas sûr que nous soyons au milieu du gué.

La question est d'enraciner ce qui peut l'être. Mais aussi de le faire avec un œil de paix et d'entente. Nous sommes alliés. Alliés dans la paix et pour construire.

Un leadership visionnaire, humain et orienté vers les générations futures ne peut être que mixte car il ouvre la voie à une société véritablement diverse et armée pour les défis auxquels nous faisons face.

INTRODUCTION

Comment expliquer que partout et de tout temps la question de l'inégalité entre les sexes se soit présentée en faveur du masculin, y compris dans les sociétés qualifiées de "matriarcales" ? Est-ce une question de force physique, de supériorité intellectuelle ou psychique, ou plutôt de construction historique et sociale ? La réponse à cette question conditionne le rapport des femmes au pouvoir.

Mais avant de tenter d'y répondre, nous devons nous arrêter sur la question de la différence sexuée. Pour Françoise Héritier, anthropologue de renom qui a succédé à Claude Lévi-Strauss au Collège de France, ce que l'on constate, c'est que, dès que se manifeste dans l'histoire la capacité humaine à conceptualiser, à chercher à construire des systèmes explicatifs et à produire du sens, l'homme va tenter d'expliquer cette propriété fondamentale qu'est la différence sexuée au profit du masculin. L'anthropologue observe que partout et toujours il y a un sexe majeur et un sexe mineur, un sexe fort et un sexe faible. La question de la différence femmes-hommes se réfléchit et s'énonce en termes dualistes qui touchent à la fois aux caractéristiques physiques, aux aptitudes et aux comportements. Et c'est toujours le masculin qui l'emporte[1].

Nous pouvons noter que sur le plan symbolique, relayé par la tradition et l'éducation donnée aux enfants, les activités

1. Françoise Héritier, *Masculin/Féminin, la pensée de la différence*, Odile Jacob, 2012.

prisées et valorisées sont celles exercées par les hommes. Et pour fixer les principes en l'état, les qualités féminines et masculines sont essentialisées, c'est-à-dire que tel ou tel comportement, telle ou telle attitude, telle ou telle caractéristique vont faire partie de l'essence de la personne, de sa nature. Les femmes sont ainsi reconnues pour être plus douces, sensibles, émotives, intuitives, fragiles... Les hommes, eux, sont forts, valeureux et courageux. Françoise Héritier souligne que la différence entre les sexes est, toujours et dans toutes les sociétés, idéologiquement traduite dans un langage binaire et hiérarchisé. L'un des pôles est valorisé alors que l'autre est dénigré. Ce discours symbolique viendra toujours légitimer le pouvoir masculin.

Pour elle, la racine de la domination masculine se situe autour de la question de la reproduction. Les deux raisons principales qui produisent l'inégalité sexuelle seraient le contrôle de la fécondité des femmes et la répartition du travail entre les sexes, les hommes se réservant la création et la maîtrise de savoir-faire techniques spécialisés. "Cherchant d'où pouvait provenir cette « valence différentielle des sexes », quels seraient les phénomènes premiers pris en considération pour expliquer son universelle présence, j'en suis arrivée à la conclusion hypothétique qu'il s'agit moins d'un handicap du côté féminin (fragilité, moindre poids, moindre taille, handicap des grossesses et de l'allaitement) que de l'expression d'une volonté de contrôle de la reproduction de la part de ceux qui ne disposent pas de ce pouvoir si particulier[1]."

La revendication des femmes à accéder de manière globale à une part du "pouvoir", compris au sens large, est finalement très récente dans l'histoire de l'humanité. Elle s'est accélérée à partir du moment où les femmes ont cherché à maîtriser leur fécondité par l'accès notamment à la contraception.

En tout état de cause, la question de la différence entre le féminin et le masculin est essentielle. Françoise Héritier, dans

1. *Ibid.*, p. 25.

son ouvrage *Masculin/Féminin, la pensée de la différence*, souligne à quel point cette question de la différence entre les deux sexes structure la pensée humaine. Dans la plupart des sociétés, elle se présente sous la forme d'une opposition conceptuelle de valeurs concrètes ou abstraites (chaud-froid, sec-humide, haut-bas, inférieur-supérieur) que l'on retrouve dans les grilles de classement du féminin-masculin. Les philosophes de l'Antiquité se servent de cette opposition pour soutenir certaines de leurs thèses. Ainsi, Aristote, dont la pensée connaît une grande postérité dans l'Occident chrétien, se fonde sur la classification chaud-froid qu'il applique au féminin-masculin pour justifier la supériorité masculine. Il étend ensuite sa démonstration sur la question de la reproduction. Pour le philosophe, la faiblesse de la femme tient du fait qu'elle représente l'humide et le froid. Nous retrouvons cette opposition aujourd'hui dans le langage et dans des expressions telles que la femme est "frigide", l'homme est un "chaud lapin". Cet ensemble de dualités encore actif continue de légitimer à la fois la différence des sexes mais surtout leur inégalité. Pour Aristote, l'homme émet un sperme qui est le principe de la forme de l'être. Il est à l'origine de la vie, la femme n'étant que le réceptacle passif. L'homme chaud domine la femme froide. L'homme est actif et la femme passive. L'homme est parfait et la femme imparfaite. Mais alors comment expliquer que le parfait (l'homme) puisse donner naissance à l'imparfait (la femme) ? Pour cet auteur, quand l'homme engendre une fille, c'est le résultat d'une impuissance partielle car si la puissance était entière, il engendrerait du masculin. Mais cette impuissance partielle ne peut pas venir de lui puisqu'il est parfait. Aristote va donc chercher une explication dans les éléments extérieurs et notamment la météorologie. Quand le vent est au nord, c'est-à-dire sec, il naît plus de mâles. Quand il vient du sud, humide, l'homme engendre une fille. Aristote cherche à fournir un modèle rationnel philosophique complet du rôle de chaque sexe. Sa logique est androcentrique. L'homme représente la puissance et l'action, face à un féminin passif et doté de qualités limitées, ayant besoin du masculin pour créer et procréer.

Cette pensée connaîtra une grande postérité. Ainsi, dans l'édition 1984 de l'*Encyclopédie Universalis*, nous pouvons lire dans l'article "Fécondation" : "La particularité des gamètes femelles est un régime métabolique particulier. Une fois différenciées, ces cellules vont témoigner d'une extraordinaire inaptitude à poursuivre leur développement ; elles entrent dans un état d'inertie physiologique tel qu'elles sont vouées à mourir si elles ne sont pas activées. C'est alors que se révèle la nécessité de la fécondation : le gamète mâle assurera la fonction activatrice naturelle. Cette vertu séminale a été reconnue depuis la plus haute Antiquité. Et pourtant, la puissance vitalisante de la semence mâle – ou du pollen – reste encore mal expliquée, alors qu'elle joue un rôle clé dans la reproduction sexuée[1]."

Cette pensée de la différence sexuée positionnée en faveur du masculin s'est diffusée dans l'Antiquité dans le monde romain et hellénistique et sera intégrée au sein du christianisme naissant. Elle se répand donc largement, tout en ne constituant pas le propre du socle de la civilisation occidentale, puisque nous retrouvons ces caractéristiques dans de nombreuses autres civilisations, comme l'ont souligné les anthropologues.

Les pages qui suivent vont nous amener à aller plus loin. Il ne s'agit pas seulement de comprendre ce qui est à l'œuvre, de voir pourquoi il est juste de changer un déséquilibre profondément insatisfaisant. Mais bien de répondre au défi du XXIe siècle, celui d'un nouveau modèle de développement. Une diversité authentique est la clé pour être à la hauteur des engagements pris pour un développement durable, inclusif et résilient. Et cette diversité n'existera pas sans une première étape qui est la reconnaissance de l'égalité entre les hommes et les femmes, entre tous les êtres humains. Diversité et inclusion sont la clé

1. *Ibid.*, p. 204.

de notre performance collective, mais aussi du vivre ensemble. Au cœur du nouveau leadership que nous appelons de nos vœux. Nous ne ferons pas face aux défis du siècle ni contre ni sans 50 % de la population de notre planète. Mais avec 100 % !

Pour parvenir à cette société harmonieuse où hommes et femmes seront en capacité de contribuer chacun selon ses talents, ses capacités et ses aspirations, un regard en arrière semble nécessaire. Nous ne pouvons pas construire l'avenir sans prendre en compte ce qui nous a forgés, permis de faire société pendant des siècles. Que l'on considère cet héritage comme patriarcal, certainement, mais il convient de se prémunir de tout jugement hâtif, de toute condamnation trop rapide. Les religions ont longtemps façonné notre univers. C'est certainement, des trois domaines que nous aborderons, celui au sein duquel il est le plus difficile aujourd'hui pour les femmes d'exercer des fonctions de gouvernement, de ministère au sens de "service" *(ministerium)* et, disons-le clairement, de pouvoir. Nous avons choisi d'aborder cette question en premier car elle permet de scruter en profondeur le processus qui a déterminé en grande partie nos représentations, nous aidant ainsi à mieux comprendre la situation actuelle. Les XXᵉ et XXIᵉ siècles ont apporté leur lot de nouvelles connaissances venant invalider certains arguments qui jusqu'à aujourd'hui étaient avancés en faveur des tenants de l'adéquation préférentielle des hommes à l'exercice du pouvoir. Les dernières décennies ont consacré de nombreux droits pour les femmes, droits économiques, sociaux et de représentation, pour autant le mouvement vers l'égalité peut-il être ralenti, voire s'inverser à la faveur de l'émergence de courants conservateurs, de crises économiques ou sanitaires ou d'autres événements exogènes ?

Quelles seraient les menaces éventuelles qui pourraient provoquer un recul de ces droits durement acquis ? Comment provoquer une irréversibilité de la tendance de fond de ce siècle et du dernier en faveur des droits des femmes ? Paradoxalement, est-ce qu'agir dans ce sens ne risque pas de provoquer une nouvelle guerre, cette fois économique, des sexes (notamment avec la multiplication des lois instaurant des quotas dans les instances dirigeantes), et ainsi produire un mouvement de réaction et un retour en arrière ?

C'est peut-être à l'évocation des raisons qui militent en faveur de la présence des femmes dans les instances de pouvoir que nous serons en mesure d'apporter des réponses. Assurer cette présence, au-delà de la question de la justice et de l'égalité de dignité, est également un gage de paix sociale, de progrès humain mais aussi de performance économique. C'est ce que ces pages tenteront de démontrer.

1.

HÉRITAGES RELIGIEUX ET TEXTES SACRÉS REVISITÉS

Les ouvrages évoquant la question du rapport entre femmes et pouvoir illustrent souvent leur propos à partir des sphères du politique et de l'économique. Il nous paraissait essentiel d'analyser cette question également du point de vue du religieux, dans la mesure où dans l'histoire ce domaine a fortement structuré notre façon de nous représenter le monde et de l'organiser. Il continue d'influencer nos modes de pensée et notre agir. Ainsi, dans certains groupes sociaux, la permanence de discours inégalitaires et "essentialisants" conditionne encore la place des femmes et leur rapport au pouvoir.

Nous retrouvons ce rapport de domination dans les trois grandes religions monothéistes qui ont façonné notre culture. Leurs messages ont été pendant de nombreux siècles lus à la lumière d'une tradition patriarcale justifiant la place subordonnée de la femme. Aux XXe et XXIe siècles, des femmes théologiennes revisitent les textes saints et les messages fondateurs pour les extraire de ce substrat culturel. Elles soulignent l'actualité de leurs livres et le caractère souvent libérateur pour les femmes de ces textes. Elles s'expriment courageusement et exercent autorité et pouvoir dans leurs différentes communautés. Elles affirment ainsi qu'il n'y a pas d'incompatibilité entre religion et modernité, entre religion et égalité femmes-hommes. Elles dégagent de leurs textes sacrés la partie purement conjoncturelle, liée à l'insertion des messages dans un lieu et une époque. Elles montrent que ces messages ont été repris par les différentes structures de pouvoir masculines puis durcis au détriment des femmes (Talmud, Sunna et une certaine conception de la Tradition pour le christianisme). Elles proposent de nouvelles interprétations et les incarnent dans leur existence par leurs ministères.

CHRISTIANISME

Certaines Églises protestantes dans les années 1960 commencent à confier des responsabilités ministérielles à des femmes. Ce mouvement avait été initié auparavant aux États-Unis et dans le Nord de l'Europe. En France, depuis la Première Guerre mondiale, des femmes exercent des responsabilités dans les Églises protestantes, sans être pour autant reconnues comme pasteures. L'Église catholique décide alors de prendre position sur le sujet. Le document *Inter insigniores*[1] de 1976 de la congrégation pour la doctrine de la foi représente une première déclaration directe sur la question de l'ordination des femmes[2]. Pendant vingt ans les débats se multiplient sur cette question. La lettre *Ordinatio Sacerdotalis* de Jean-Paul II de 1994 entend clore le débat qui existe parmi les théologiens et dans certains milieux catholiques. Elle conclut par la formule solennelle : "C'est pourquoi, afin qu'il ne subsiste aucun doute sur une question de grande importance qui concerne la constitution divine elle-même de l'Église, je déclare, en vertu de ma mission de confirmer mes frères (cf. Lc, XXII, 32), que l'Église n'a en aucune manière le pouvoir de conférer l'ordination sacerdotale à des femmes et que cette position doit être définitivement tenue par tous les fidèles

---

1. Déclaration *Inter insigniores* sur la question de l'admission des femmes au sacerdoce ministériel, www.vatican.va/roman_curia/congregations/cfaith/documents/rc_con_cfaith_doc_19761015_inter-insigniores_fr.html.

2. Sont ainsi invoqués quatre arguments décisifs pour la non-ordination des femmes : le fait de la tradition, l'attitude du Christ, la pratique des Apôtres et la valeur permanente de l'attitude du Christ et des Apôtres.

de l'Église." Dans un document[1] de 1995 signé par Joseph Ratzinger, alors préfet de la congrégation pour la doctrine de la foi, cet enseignement est confirmé comme faisant partie du dépôt de la foi, ce qui lui confère une autorité majeure et permet d'assortir de sanctions canoniques toute prise de position publique[2].

La position de l'Église catholique est fortement liée aux circonstances et à l'histoire. Elle est fondée sur une interprétation des textes qui pourrait être révisée. Il y a pourtant eu, dans les premiers temps de l'Église, des responsabilités d'animation de communautés chrétiennes confiées aux femmes. Nous en trouvons la trace dans les textes mêmes du Nouveau Testament. Saint Paul, que l'on traite à tort de misogyne, qualifie Priscille et Aquilas de "collaborateurs dans le Christ". Ils enseignent et se chargent de l'instruction d'Apollos. Paul mentionne explicitement une femme diacre de l'église de Cenchrées qui a été pour beaucoup de chrétiens et pour lui-même une protectrice. Si Paul se révèle ferme sur le fait que les communautés doivent se donner des ministres, il est très souple et inventif quant aux formes de ministères à créer au service de la mission ou des communautés. Il admet le ministère des femmes comme une chose normale. Cependant, les auteurs postérieurs qui se sont réclamés de lui ont durci la pratique. Hervé Legrand (théologien dominicain) souligne un changement important entre les communautés pauliniennes et les communautés

1. *Responsum ad propositum dubium Concerning the Teaching Contained in "Ordinatio Sacerdotalis"*, www.vatican.va/roman_curia/congregations/cfaith/documents/rc_con_cfaith_doc_19951028_dubium-ordinatio-sac_en.html.

2. Jean-Paul II, lettre apostolique en forme de Motu Proprio *AD TUENDAM FIDEM* par laquelle sont insérées plusieurs normes dans le *Code de droit canonique* et dans le *Code des canons des Églises orientales*, 1998, www.vatican.va/content/john-paul-ii/fr/motu_proprio/documents/hf_jp-ii_motu-proprio_30061998_ad-tuendam-fidem.html

deutéropauliennes (communautés plus tardives qui se réfèrent à des lettres attribuées à Paul, mais en réalité écrites par d'autres auteurs). Les premières auraient permis un partage des tâches, responsabilités et ministères entre hommes et femmes alors que cela n'aurait pas été le cas chez les secondes. Cette évolution serait due à l'adoption par l'Église des codes de la culture environnante : "les codes domestiques[1]". Il s'agit de traditions éthiques que nous retrouvons dans l'enseignement stoïcien populaire et dans l'enseignement juif hellénistique, qui consignent les devoirs des habitants d'une même maison[2]. Ces codes présentent un ordre ternaire fondé sur une relation de soumission : soumission de la femme au mari, des enfants aux parents, des esclaves aux maîtres. Dans les textes postpauliniens[3], nous pouvons constater une évolution croissante de la soumission unilatérale de la femme à son mari, conduisant à une image négative de celle-ci. L'Église va peu à peu appliquer à sa propre organisation la règle de soumission, et adopter l'éthique communément reçue dans la société romaine et juive hellénistique. Certaines premières communautés chrétiennes font face à des menaces de division et vont lutter contre la propagation d'hérésies par de faux docteurs dont les femmes sont les principales victimes. Certaines d'entre elles, de plus en plus cantonnées dans des rôles domestiques, deviennent propagatrices de ces fausses doctrines, cherchant peut-être aussi par là à exprimer une révolte sociale. Le danger provenant du dedans, il devient urgent de durcir la discipline, et l'enseignement de doctrines hérétiques justifie l'instauration de règles d'interdiction de prise

---

1. Hervé Legrand, "Femme", *Dictionnaire critique de théologie*, sous la direction de Jean-Yves Lacoste, PUF, 2007, p. 555-558.

2. Pour une étude détaillée, voir Marie-Louise Lamau, *Des chrétiens dans le monde. Les communautés pétriniennes au Ier siècle*, Cerf, 1988, particulièrement à partir de la page 156.

3. Col, III, 18-IV, 1 ; Ep, V, 21-VI, 9 ; I P, II, 13-III, 7 ; Tt, II, 3-5 ; I Tm, II, 9-15 ; V, 9-15.

de parole en public[1]. La préoccupation missionnaire et apologétique commande ici. La société païenne observe les chrétiens et les suspecte de déviances vis-à-vis de l'ordre de l'*oïkos*. Les communautés chrétiennes, que de trop grandes libertés pour les épouses ou les esclaves auraient rendues suspectes, doivent par conséquent prouver qu'elles ne provoquent pas de remise en cause de l'ordre. Alors que Jésus avait choisi des femmes comme relais pour l'annonce de sa résurrection, plus on s'éloigne du Ier siècle et plus l'Église accepte de composer avec le milieu dans lequel elle entend exister et annoncer l'Évangile, adoptant les codes de la société. Ces prescriptions, de même que leurs justifications théologiques, bien qu'étant contingentes, auront de lourdes répercussions sur la manière dont les femmes seront considérées dans l'Église pendant dix-neuf siècles.

Dans l'histoire de l'Église, deux autres arguments vont venir renforcer ce rapport de domination : dans les premiers chapitres de la Bible, on apprend que la femme a été créée après l'homme et plus exactement à partir de lui, et ensuite qu'elle est la première responsable du péché originel. Ces arguments seront utilisés pour justifier le fait que la femme ne peut exercer de ministère ou de charge pastorale. Pour Thomas d'Aquin, théologien et philosophe dominicain du XIIIe siècle, "la femme n'est capable d'aucune ordination parce qu'elle a un statut de subordination[2]". Étant tirée de la côte de l'homme, elle ne peut exercer qu'une fonction seconde et ne peut en aucun cas le commander.

Mais tout est affaire de lecture et d'autres versets bibliques viennent changer la perspective, soulignant qu'il ne faut jamais lire un verset en dehors de son contexte. La Commission biblique[3]

---

1. Marie-Louise Lamau, *op. cit.*, p. 211.
2. *In IV Sent.* Dist. 25, q.2, a 1, *in* Jean Rigal, *L'Église à l'épreuve de ce temps*, Cerf, 2007, p. 83.
3. Arlene Swidler et Leonard Swidler (dir.), Biblical Commission Report, "Can Women Be Priests?" [Commission biblique pontificale, "Les femmes peuvent-elles devenir prêtres ?"], annexe de *Women Priests* [*Femmes prêtres*],

souligne d'ailleurs qu'en dépit d'un cadre institutionnel qui implique une soumission des femmes envers leurs maris, Paul renverse la perspective pour mettre en valeur leur soumission mutuelle et leur amour pour lequel celui du Christ pour les hommes est la source et le modèle. Cela suppose l'égalité des droits et des devoirs entre les hommes et les femmes[1]. Or, dans la Genèse (Gn, I et II), l'homme et la femme sont tous deux images de Dieu dans des termes égaux et dans une communauté de vie. C'est en commun qu'ils reçoivent le commandement d'emplir et de soumettre la Terre. Toujours dans la Genèse (Gn, II), homme et femme sont placés sur un plan d'égalité : la femme est une aide pour l'homme qui est son partenaire et, dans une communauté d'amour, ils deviennent une seule chair. Tout est donc bien une question de lecture des textes et d'interprétation.

Kari Elisabeth Børresen, dans son ouvrage, *Subordination et équivalence, nature et rôle de la femme d'après Augustin et Thomas d'Aquin*, met en évidence ces rapports inégalitaires entre les femmes et les hommes, théorisés par ces deux grands auteurs. Cette théorisation a entraîné des conséquences majeures et elle souligne que les débats actuels, notamment dans le domaine de l'éthique (morale conjugale), sont en grande partie influencés par ces deux auteurs. "La possibilité du mariage des prêtres séculiers, l'admission de la femme au sacerdoce, etc., ces problèmes récemment posés sont encore communément résolus à la lumière d'une tradition dont Augustin et Thomas restent les porte-parole les plus importants[2]." Augustin d'Hippone est un philosophe et théologien chrétien du IVe siècle, nommé Père de l'Église en raison de son influence majeure dans les premiers siècles. Chez

---

Paulist Press, 1977, p. 338-346, https://womenpriests.org/articles-books/appendix-biblical-commission-report-can-women-be-priests/.

1. Voir I Co, VII, 3-4.

2. Kari Elisabeth Børresen, *Subordination et équivalence, nature et rôle de la femme d'après Augustin et Thomas d'Aquin*, Mame, 1967, p. 8.

ce penseur, le masculin devient le spécifiquement humain, alors que le féminin est affecté par une imperfection tenant à la dualité entre âme et corps. Ainsi, l'être humain de sexe masculin est considéré comme exemplaire, la femme lui étant seulement comparée (androcentrisme)[1]. Pour lui, s'appuyant sur la Genèse (Gn, I, 28), la finalité de la femme est de fournir à l'homme l'aide dont il a besoin. Son rôle consiste à aider Adam à procréer[2]. Dans la génération, le rôle de la femme est purement passif. Il est comparé à celui de la terre qui reçoit la semence, ce que nous avons vu plus haut chez Aristote. Il est d'ailleurs impossible de considérer un autre rôle pour la femme que celui-là car l'homme serait mieux aidé dans son travail, comme dans l'amitié, par un autre homme. De plus, pour Augustin, la femme n'est pas seulement faite pour l'homme, elle est aussi faite de l'homme, étant tirée de la côte d'Adam[3]. Ève, en tant qu'aide, est subordonnée et cette subordination est liée à sa dépendance matérielle vis-à-vis d'Adam. Sa dépendance matérielle est interprétée comme le signe d'une infériorité de la femme et lui impose d'obéir à l'homme, chargé de l'autorité. Enfin, dernier argument, l'autorité de l'homme vis-à-vis de la femme se fonde également sur la supériorité de sa raison. Augustin commente ainsi le fait que le serpent dans la Genèse (Gn, III) se soit adressé en premier à Ève : "Il commença par la partie la plus faible du couple humain afin de parvenir au tout par degrés, ne jugeant pas l'homme facilement crédule, ni capable de se laisser induire en erreur, à moins de céder à l'erreur d'autrui[4]."

Quelques siècles plus tard, Thomas d'Aquin va reprendre certains des éléments de la pensée d'Augustin, tout en développant une anthropologie différente, héritée de la médecine

1. *Ibid.*, p. 38.
2. *Ibid.*, p. 27.
3. *Ibid.*
4. Saint Augustin, *De catechizandis rudibus*, 18, 30, cité par Kari Elisabeth Børresen, *op. cit.*, p. 54.

d'Aristote. Nous retrouvons chez le théologien cette notion de subordination de la femme[1], ainsi que le rôle de procréation spécifiquement attribué à cette dernière. Pour lui, sa subordination découle essentiellement de sa nature. Tributaire d'Aristote et des connaissances antiques de la médecine, la femme est considérée par Thomas comme un "mâle raté". Dans la génération des enfants, elle est passive car l'embryon est tout entier contenu dans la semence de l'homme. Elle n'est que le réceptacle de cet embryon et se contente de le nourrir.

Se basant également sur la Genèse (Gn, II, 22), Thomas développe les raisons pour lesquelles la femme a été formée de l'homme[2]. Adam, le masculin au sens large, est le principe du genre humain comme Dieu l'est pour l'univers. Thomas interprète la dépendance matérielle de la femme dans le sens d'une primauté exclusive de dignité pour l'homme, primauté fondée sur l'analogie entre Dieu comme principe et fin de l'univers et l'homme comme principe et fin de la femme. De plus, tout comme Augustin, il affirme que le fils d'Adam jouit de capacités rationnelles supérieures. La soumission est un avantage pour les représentantes du sexe faible car elles ne disposent pas de toutes les capacités. Comme leurs enfants, elles sont bénéficiaires

---

1. Voir l'ouvrage de Kari Elisabeth Børresen, *op. cit.*, p. 117-236.

2. "Cela procura d'abord au premier homme une certaine dignité en ce que, à la ressemblance de Dieu, il était ainsi le principe de la totalité de son espèce, comme Dieu l'est pour la totalité de l'univers [...] Deuxièmement, l'homme aimerait ainsi davantage la femme et s'attacherait à elle de façon plus inséparable, sachant qu'elle avait été produite de lui [...] Une troisième convenance se trouve dans le fait que, comme le dit Aristote au livre VIII (12, 7) de l'*Éthique* : « L'homme et la femme s'unissent chez les humains non seulement pour les besoins de la génération comme chez les autres animaux, mais aussi pour la vie domestique dans laquelle les activités relevant de l'homme et de la femme sont distinctes » et dans laquelle l'homme est la tête de la femme ; aussi convenait-il que la femme fut formée de l'homme comme de son principe..."

d'une union stable où elles remplissent un rôle adapté à leurs capacités inférieures. La femme ne peut élever seule ses enfants car seul le père peut instruire et discipliner. Elle a elle-même besoin de direction et de surveillance de la part de l'homme en raison de sa faiblesse intellectuelle et morale. Pour Thomas, si elle doit porter un voile comme le prescrit Paul (I Co, XI, 3), c'est parce qu'elle doit signifier sa sujétion, étant *naturaliter* soumise à un autre en dehors de Dieu. Ainsi, elle ne peut pas porter de témoignage valide comme les enfants et les fous. Son tempérament est plus faible en général et sa volonté tient moins fermement. Dans cet état d'infériorité, elle est incapable de symboliser l'excellence du sacerdoce.

Enfin, la femme ne peut enseigner en public en raison de sa sujétion, à cause de son manque de sagesse, mais aussi parce qu'elle pourrait provoquer la concupiscence des auditeurs masculins, argument que nous retrouvons dans d'autres religions monothéistes. Pour Thomas, la subordination de la femme est bien appuyée sur l'imperfection de ses facultés rationnelles, de même que celle de son corps, mais la base fondamentale reste l'interprétation du récit de la création où la distinction des sexes correspond à la finalité de la reproduction de l'espèce et où le mode de production de la femme (sortie du côté d'Adam) est le reflet de son infériorité[1].

Augustin et Thomas d'Aquin ont fortement marqué de leur empreinte la pensée de l'Église, y compris dans le champ de la théologie morale, et continuent d'influencer certains courants actuels, Thomas d'Aquin restant la référence majeure. Nous voudrions cependant souligner que, par ailleurs, ces deux auteurs sont simplement tributaires de l'état des connaissances de leur époque, profondément marqués par leurs contextes sociaux et culturels. Les Pères et les Docteurs sont restés déterminés par une vision androcentrique. "Le faible devant être sauvé par le

1. Kari Elisabeth Børresen, *op. cit.*, p. 145.

fort", la femme s'est vu interdire tout accès au sacerdoce. Or, si nous revenons au message de l'Évangile et examinons l'attitude de Jésus, nous constatons que son regard porté sur les femmes et son attitude envers elles sont particulièrement novateurs. Il considère ses deux amies Marthe et Marie comme d'authentiques disciples et confie à Marie de Magdala la responsabilité d'annoncer sa résurrection à ses apôtres. Dans l'Évangile de Matthieu, les femmes sont chargées par Jésus d'annoncer la résurrection à ses frères, terme qui, dans cet évangile, désigne à la fois les disciples et tous ceux qui font la volonté de Dieu. Jésus s'adresse indifféremment aux hommes et aux femmes, sans choisir d'élaborer un discours spécifique en fonction des sexes. Être fidèle au Christ, ne serait-ce pas, comme l'a souligné Hervé Legrand, être fidèle à l'Esprit de celui qui a choisi des femmes comme premiers témoins de sa résurrection et qui entend annoncer le Royaume à toute l'humanité ? "Est-ce qu'aujourd'hui, retrouvant mieux l'esprit de Jésus sous sa lettre, l'Église ne pourrait pas modifier la coutume de réserver l'ordination aux seuls hommes, en pleine fidélité avec son Esprit, là où hommes et femmes vivent en partenaires, c'est-à-dire là où la société a largement cessé d'être patriarcale et androcentrique[1] ?"

Par cette illustration dans le domaine catholique, nous voulions également souligner que les arguments avancés pour interdire aux femmes l'accès à des fonctions de gouvernement se retrouveront dans certains courants du judaïsme et de l'islam.

Si la question ne semble pas réglée pour le catholicisme, des femmes sont depuis les années 1960 appelées à exercer des ministères de gouvernement dans différentes Églises protestantes. Élisabeth Parmentier, théologienne protestante et aujourd'hui doyenne de la faculté de théologie de Genève, a été la première présidente femme de la communion des Églises protestantes en Europe, communion de Leuenberg. "Si j'ai été pionnière dans

1. Voir Hervé Legrand, art. cité, p. 7.

tellement de positions, c'est parce que j'ai été mise en avant à cause du fait que j'étais une femme. Mon Église a eu très tôt conscience qu'il était important de promouvoir les femmes. J'ai été pasteure dans des paroisses de cité et j'ai été la première femme à occuper cette position dans ma seconde paroisse. J'ai ensuite été appelée comme professeure de théologie à l'université de Genève et je viens d'être nommée doyenne de la faculté de théologie de Genève. Pour mes collègues aussi bien masculins que féminins, il est essentiel de montrer que c'est une femme qui dirige la faculté, même si ce ne sont pas des missions que j'aurais naturellement souhaitées. Très tôt, j'ai été mise en avant. Ainsi, dès les années 1980, j'ai été déléguée de mon Église dans beaucoup de colloques œcuméniques internationaux. Si au début je pouvais me sentir incompétente, progressivement j'ai appris à exercer les tâches sans crainte. J'ai été présidente de la communion d'Églises protestantes en Europe (Églises luthériennes, réformées et méthodistes). Ces Églises ont formé une communion ecclésiale de 103 Églises à partir de 1973. J'ai été élue dans le comité exécutif de cette communion parmi 15 représentants de ces Églises au niveau européen. J'ai accepté parce que j'ai considéré qu'il était important qu'il y ait une femme. Puis le président du comité a voulu que je sois sa vice-présidente. Si j'ai accepté, c'est parce qu'il était essentiel de montrer que les femmes pouvaient occuper ces responsabilités. Puis le président est décédé alors que je n'avais que trente-trois ans. Après une période d'intérim, je suis devenue présidente de 2001 à 2006. Entre-temps j'avais acquis de l'expérience. Il s'agissait d'une présidence d'autorité spirituelle. Je ne donnais pas d'ordres aux Églises mais nous prenions des orientations en commun. J'ai été très soutenue par mon secrétaire général, un homme d'Église très expérimenté." Élisabeth Parmentier a ainsi occupé des fonctions opérationnelles de direction, mais elle agit également sur le plan de la recherche et de la diffusion de nouvelles représentations en lien avec la place des femmes et des hommes dans la Bible et propose ainsi une lecture renouvelée du texte.

“Aujourd’hui, quasiment toutes les Églises luthériennes et réformées ordonnent les femmes au ministère pastoral en Europe à quelques exceptions près. Il n’y a plus aucune justification théologique pour écarter les femmes des fonctions de gouvernement. La question du pouvoir dans l’Église protestante se pose de manière très différente de l’Église catholique où le pouvoir est lié à l’ordination, celle de l’évêque et à plus petite échelle celle du prêtre. Dans les paroisses protestantes, le pouvoir est détenu par les membres du conseil presbytéral, et pas par le pasteur qui n’a qu’une voix au sein de ce conseil. Il en va de même pour l’échelon supérieur qui est le synode. Ce dernier est composé à deux tiers de laïcs. Les présidences d’Églises ne sont pas personnelles. Le ou la présidente est entouré(e) d’un conseil et les décisions sont prises de façon collégiale. Quant au pouvoir théologique, il n’est pas aux mains des évêques mais appartient aux théologiens et théologiennes professionnels qui conseillent les synodes des Églises.

Quand les femmes sont arrivées au ministère ordonné, il y a eu une forme de surprise car on ne s’attendait pas à ce qu’elles se révèlent si compétentes. Elles ne se sont pas contentées de rentrer dans le moule pastoral mais elles ont fait preuve de créativité. Elles ont dû trouver leur propre voie et les paroisses leur ont laissé une importante marge de manœuvre. Dans mon Église, en Alsace, sur les sept inspecteurs ecclésiastiques, c’est-à-dire l’équivalent des évêques, il y a quatre femmes remarquables qui sont d’excellentes théologiennes. Elles ont été élues par des délégués des paroisses ainsi que quelques pasteurs. Il ne s’agit pas d’élections de complaisance. Il y a une volonté de mettre les femmes dans ces positions certes, mais ce sont des femmes compétentes qui ont été choisies.”

Dans l’Église protestante unie de France, c’est une femme qui occupe les plus hautes fonctions qu’elle exerce de manière collégiale. Emmanuelle Seyboldt en est aujourd’hui la présidente du conseil national. Elle témoigne de la manière dont elle a vécu ce ministère très paisiblement, sans rencontrer trop de résistances. “Dans mon Église, cela fait plus de cinquante ans que les femmes sont pasteures et, pour ma part, je n’ai jamais eu de problème avec le fait d’être pasteure et femme. On ne m’a jamais fait sentir de différence parce que j’étais femme. Je n’ai jamais reçu de paroles blessantes, sauf une fois, de la part d’une femme, pendant des funérailles. Elle m’a fait remarquer : « Vous faites office de pasteur ? Vous en êtes réduits à ça, les protestants ? » Cette parole terrible renvoyait surtout à sa vision de la femme, et sa perception d’elle-même.”

Alors que les possibilités pour les femmes d’occuper des postes de pouvoir s’ouvrent très largement, un certain nombre de catholiques s’interrogent sur la situation de leur Église. Lors du synode 2023 sur la synodalité, un recueil des attentes des paroisses en France a été réalisé sous la forme d’une synthèse officielle. “Sur la question de la place faite aux femmes dans l’Église, les synthèses perçoivent une urgence ainsi que d’innombrables blessures. Les blessures viennent des difficultés dans les relations avec les prêtres et les évêques, de la criante disproportion entre le nombre de femmes engagées dans l’Église et de femmes qui sont en situation de décider. Si le service des femmes est apprécié, leur voix paraît ignorée. Qu’elles contribuent effectivement aux multiples discernements des Églises locales est l’objet d’une attente criante. C’est ici qu’une urgence est identifiée dans bien des synthèses. La manière dont les femmes sont traitées dans l’Église n’est pas ajustée à la mission de celle-ci, à une époque où l’égalité entre les hommes et les femmes est devenue une évidence commune[1].”

La question de la place des femmes dans les fonctions de gouvernement dans l’Église catholique n’est donc peut-être pas

1. Église catholique en France, “Collecte nationale des synthèses locales sur le synode 2021-2024 sur la synodalité”, 9 juin 2022, https://eglise.catholique.fr/le-synode-2023/synode-des-eveques-sur-la-synodalite-2021-2023/527445-collecte-nationale-des-syntheses-locales-sur-le-synode-2023-sur-la-synodalite/.

définitivement close. La souffrance des baptisées et l'incompréhension croissante de fidèles masculins peuvent-elles contribuer à ce que le magistère réexamine cette question pour éviter une déconnexion croissante avec les attentes de nos contemporains ? Les exemples vécus au sein d'autres confessions peuvent-ils contribuer à une avancée sur ce sujet ?

Dans le cadre d'autres monothéismes, les femmes, initialement exclues des places de pouvoir, opèrent des relectures des traditions et deviennent progressivement plus présentes dans des fonctions autrefois réservées aux hommes.

JUDAÏSME

Dans la religion juive aussi, de nouvelles interprétations viennent renouveler la pratique, ouvrant la voie à une réconciliation entre femmes, pouvoir et religion. Pauline Bebe, première femme rabbin en France, souligne dans son livre *Isha, dictionnaire des femmes et du judaïsme*[1] comment la position des femmes s'est historiquement dégradée entre le monde biblique et l'univers du Talmud fixé entre les IIe et VIe siècles.

"Dans le monde biblique, hommes et femmes se rencontrent, se parlent, même si les femmes ont rarement un rôle public. Dans le monde talmudique, nous constatons un durcissement : la séparation entre les hommes et les femmes s'accentue. Les échanges sociaux et intellectuels sont quasiment inexistants à de rares exceptions près. Les hommes considéraient que les femmes pouvaient les détourner de l'étude et de la prière à cause de l'attraction sexuelle qu'ils leur attribuaient et à laquelle ils ne pouvaient résister." Nous avons déjà identifié cet argument lorsque nous avons évoqué la place des femmes dans l'Église

1. Pauline Bebe, *Isha, dictionnaire des femmes et du judaïsme*, Calmann-Lévy, version numérique, 2001.

ancienne. Pauline Bebe évoque également la justification utilisée par les hommes pour limiter la position des femmes dans la société, argument aujourd'hui encore d'actualité et qui consiste à naturaliser certaines caractéristiques en les inscrivant dans le corps.

"Les hommes ont cherché à justifier cette ségrégation sociale des femmes, imposée par eux, par les différences biologiques. On rappelle que la femme est le *re<u>h</u>em*, l'utérus, l'intérieur associé à l'intériorité, faite pour la vie privée, alors que l'homme a un sexe qui va vers l'extérieur, l'extériorité destinée à la vie publique."

Cet argument est présent aussi chez certains théologiens catholiques : "Le pôle de l'extériorité et l'attention à l'objectivité semblent le plus souvent dominer chez l'homme. Le pôle de l'intériorité et l'attention à la subjectivité sont souvent développés chez la femme. La femme n'a-t-elle pas le don pour habiter chaleureusement et joyeusement la maison, lieu d'accueil de la vie et prolongement du corps ? L'homme n'a-t-il pas un don pour sortir dans le monde et le rendre présent dans l'intimité du foyer[1] ?" Ce développement fait suite à toute une partie sur la signification de la différence sexuée ancrée dans le corps : "Le sexe féminin quant à lui est essentiellement caché, secret, intérieur… Déjà pour la fillette, l'essentiel est à l'intérieur[2]." Le sexe masculin étant lui à l'extérieur, il est donc fait pour conquérir le monde. "La parole masculine doit produire un effet, une transformation, être efficace… La parole féminine traduit d'abord une émotion ou un état plus intérieur, une motion spirituelle[3]." Voilà les qualités soi-disant féminines inscrites dans le corps même de la femme, tellement essentialisées que tout comportement

1. François de Muizon, *Homme et femme, l'altérité fondatrice*, Cerf, 2008, p. 256.
2. *Ibid.*, p. 246.
3. *Ibid.*, p. 256.

s'écartant de la norme peut apparaître comme anormal ou tentant de "copier" l'attitude des hommes.

D'autre part, pourquoi les femmes voudraient-elles ressembler aux hommes, elles qui ont déjà la meilleure part ? L'argument de la place privilégiée de la femme plus proche de Dieu a ainsi servi à expliquer qu'elles n'ont pas à désirer la position soi-disant moins enviable de l'homme. Pauline Bebe souligne cet autre aspect mis en avant dans le judaïsme. "La seconde manière de justifier l'exclusion de la femme est de lui attribuer des sentiments. La femme n'aurait pas besoin d'accomplir les commandements rituels parce qu'elle possède une horloge interne, son cycle menstruel, qui la rend plus proche de Dieu. Il est intéressant de noter que ce sont toujours des hommes qui décident des besoins des femmes ! Le sexisme est souvent inversé en prétendant que la femme est spirituellement supérieure à l'homme et qu'elle n'a donc pas besoin d'accomplir autant de commandements que l'homme[1]." Cet argument avait déjà été utilisé par Hans Urs Von Balthasar, l'un des plus grands théologiens du XXe siècle, pour justifier la non-accession des femmes à l'ordination catholique. Pour l'autrice : "Dans la Bible, il n'existe pas de distinction claire entre l'application des commandements par les hommes et par les femmes, si ce n'est pour des commandements liés à la biologie. Néanmoins, la norme est masculine, puisque la loi est habituellement exprimée du point de vue de l'homme qui doit la respecter. Une répartition des tâches s'est opérée dans la société hébraïque avec une restriction de l'activité des femmes au domaine privé tandis que les hommes opéraient dans le domaine public. Cette répartition s'est très vraisemblablement faite au gré de la disponibilité des uns et des autres et pour des raisons sociologiques mais parfois aussi arbitraires[2]."

1. Pauline Bebe, *op. cit.*
2. *Ibid.*

À partir de l'émancipation des femmes, les mouvements juifs libéraux ont décidé que les hommes et les femmes étaient liés par les mêmes obligations et les mêmes devoirs, dans la mesure où ils avaient été créés égaux par Dieu. Le statut inférieur de la femme a été aboli. Ils vont alors accorder une nouvelle place aux femmes dans la synagogue. La première à avoir été ordonnée rabbin est Regina Jonas à Berlin en 1935. Le mouvement conservateur, quant à lui, ordonne une femme pour la première fois en 1984.

Pauline Bebe, quelques décennies après Regina Jonas, témoigne encore des difficultés qu'elle a dû surmonter suite à son ordination. "J'ai été la première femme rabbin en France. Au début, après ma prise de fonctions, j'ai beaucoup souffert de sexisme. Même pour les milieux libéraux, c'était une révolution d'ordonner une femme. J'ai dû subir des attaques à la fois verbales et physiques. J'ai déclenché beaucoup d'hostilité car j'allais contre des millénaires de représentation masculine de l'autorité dans le culte. Mais aujourd'hui, dans ma synagogue, il n'y a plus de sexisme. Les personnes qui découvrent que le rabbin est une femme lors d'un mariage pourraient parfois se laisser aller à des moqueries ou à des railleries. Mais en l'espace des deux heures d'une cérémonie, ils changent d'avis. S'ils arrivent hostiles, ils se déclarent à la fin touchés et émus. Cette hostilité n'est pas uniquement le fait des hommes. Je la constate aussi de la part des femmes qui entretiennent souvent une vision dualiste. Certaines personnes ne supportent pas qu'il n'y ait pas de séparation entre hommes et femmes, manifestant leur peur de perdre leur identité. L'absence de séparation remet en cause les représentations que les personnes se font de la masculinité ou de la féminité. Dans le judaïsme, le culte public a longtemps été essentiellement réservé aux hommes et les femmes perçoivent également la présence d'une femme rabbin comme une remise en cause de leur rôle.

Pour moi, le fait même d'être rabbin me permet d'opérer une évolution et de revenir à l'essentiel en provoquant la réflexion et la discussion. La société laïque majoritairement cherche à atteindre l'égalité et incite les religions à s'interroger sur leurs traditions. On ne peut pas imaginer que Dieu soit injuste et favorise un sexe plutôt qu'un autre. La grande majorité de la tradition juive a été jusque récemment imaginée, élaborée et formulée par des hommes. La littérature juive dans l'ensemble est l'expression d'un point de vue masculin. La norme étant masculine, la communauté a été pensée comme composée d'hommes uniquement, et la femme considérée comme un phénomène extérieur à cette tradition normative. Des généralisations sont faites sur les femmes et sur les hommes, les comparant souvent et les opposant. Elles sont évidemment sources de sexisme. C'est pourquoi, tant dans le contenu que dans l'expression, il est important de redonner aux femmes leur place légitime. Je souhaite sortir de la lecture sexuée du texte biblique. En tant qu'exégète et rabbin, je critique de manière aimante ma propre religion et je travaille pour faire évoluer les représentations."

L'une des critiques faites aux femmes quand, dans les religions, elles aspirent à occuper des fonctions classiquement tenues par des hommes consiste à dire qu'elles ne visent qu'à revendiquer une place pour obtenir une égalité de droits. Elles seraient soupçonnées de défendre des intérêts catégoriels et égoïstes qui pourraient nuire au collectif et à l'esprit des religions. Pauline Bebe comme Élisabeth Parmentier ou Asma Lamrabet proposent au contraire une nouvelle interprétation des textes qui, loin de trahir l'esprit initial, permet de renouveler le regard et d'actualiser les messages.

ISLAM

Asma Lamrabet, médecin hématologue native de Rabat, a également entrepris cette tâche complexe de questionnement et de relecture de la tradition musulmane. "Déjà très jeune je me posais beaucoup de questions sur l'existence de Dieu. Mes parents, très progressistes, m'avaient inscrite dans une école de religieuses catholiques. Mon père était quelqu'un de laïque séculaire qui défendait des principes de progrès et de liberté mais à la maison, nous avions gardé certaines normes. Dès l'âge de douze-treize ans, j'ai pris conscience de certaines contradictions. Je cherchais à comprendre pourquoi ce père que j'adorais, qui avait des principes libérateurs à l'extérieur, quand il était à la maison, adoptait une certaine rigueur qui contrastait fortement. Pour mon père, il fallait que je devienne quelqu'un de très important socialement et il me poussait à réussir mes études. Je vivais avec ma grand-mère qui était très traditionaliste. Elle me défendait de faire certaines choses, ce qui me poussait à lui en demander raison. Elle me répondait : « Je ne sais pas mais c'est interdit. » Je ne devais pas poser de questions parce que cela signifiait pour elle que j'allais me révolter contre ma propre tradition. Pour moi, nous vivions dans une schizophrénie sociale incroyable qui ne me convenait pas. À vingt-neuf ans, j'ai terminé mes études de médecine et j'ai décidé de commencer à étudier le Coran, poussée par le besoin de comprendre et par une quête authentique de Dieu. Plus j'avançais dans l'apprentissage et la connaissance, et plus je me rendais compte que beaucoup de dogmes que l'on m'avait enseignés n'étaient pas fondés. J'ai commencé à échanger avec des théologiens. Ils me disaient : « Tu as raison sur les points que tu soulèves par rapport aux femmes, mais il ne faut pas le dire. Reste pratiquante, fais ta prière. Tu vas perdre ton temps si tu cherches. Regarde, dans l'histoire, même les hommes qui étaient réformistes se sont cassé les dents sur ces questions. Ce n'est même pas la peine d'essayer. » J'étais révoltée par de tels propos. J'ai donc commencé à écrire mon premier livre sur Aïcha la première mufti, imame et exégète. Puis en Amérique latine, j'ai découvert la théologie de la libération et le message de Jésus au sujet des opprimés, ce qui m'a aidée à comprendre ma propre religion. Nous retrouvons les mêmes concepts dans le Coran. Pour moi, toutes les religions ont une essence libératrice et les prophètes sont venus pour remettre en cause les privilèges. Cette ouverture à la richesse spirituelle et philosophique de l'autre évite d'adopter une attitude rigide et arrogante et empêche de tomber dans le fondamentalisme. Je suis très respectueuse de ma tradition et en même temps critique. Même si en islam sunnite il n'y a pas de clergé, nous avons quand même une institution. L'imam guide les cinq prières. Il n'a pas d'importance dans la science religieuse mais, malgré cela, il inspire la crainte. Je crois que l'être humain a besoin de cette autorité religieuse. De par ma position et ma notoriété, je reçois de nombreux messages qui me demandent d'émettre des fatwas, c'est-à-dire des avis juridiques. Ce n'est pas mon rôle et ce n'est pas parce que j'écris des livres que je suis compétente pour émettre des avis juridiques. On me demande de qualifier des comportements et de me prononcer sur leur caractère *haram* ou *hallal*. Peut-on se marier avec un non-musulman, doit-on porter le voile… ? Certaines femmes se disent libérées et en même temps manifestent le besoin qu'une autorité religieuse leur indique la conduite à suivre.

La question de l'imamat pour les femmes a été soulevée par l'Afro-Américaine Amina Wadud en 2005, autrice de *Inside the Gender Jihad*[1]. Elle revendique de pouvoir guider la prière. Quand j'ai découvert son existence, tout d'abord, j'ai été choquée car je n'avais jamais envisagé cela possible. Il y avait eu un énorme tollé contre elle dans le monde arabe. Elle a même été apostasiée. Elle se considère comme une théologienne érudite et, à ce titre, ne voit pas ce qui pourrait lui interdire de conduire la prière. J'ai réfléchi et finalement j'ai trouvé ça fabuleux. J'ai découvert une tradition du prophète qui donne ce droit aux femmes, droit que les hommes ont ensuite essayé de dissimuler ayant marginalisé les femmes.

---

1. Amina Wadud, *Inside the Gender Jihad* [*À l'intérieur du jihad pour le genre*], Oneworld Publications, 2006.

Mais je ne revendiquerai pas l'imamat pour moi au Maroc parce que je sais que les femmes sont les premières à ne pas l'accepter. J'encourage Kahina Bahloul, la première femme imame en France, et les autres en Suède ou en Allemagne car leur contexte est propice. Au Maroc, ce n'est pas possible. J'ai pu constater que dans certains pays le discours religieux se durcit, même en Europe. Alors que j'intervenais dans des universités, en France, en Espagne, en Italie, les communautés musulmanes de ces pays ne m'invitent plus aujourd'hui à faire des conférences, car mon discours n'est plus accepté. Je constate une forme de durcissement sur ces questions en Europe.

Les femmes universitaires arabes qui réfléchissent à ces questions vivent dans le monde anglophone et développent un très solide argumentaire. Quand je discute avec des théologiens musulmans, ils me reprochent souvent d'être trop occidentalisée alors que je parle du cœur de la tradition. Ils soutiennent également toujours les mêmes arguments : c'est parce que la femme est faible, qu'elle a besoin de la protection de l'homme. Je présente un discours scientifique et respectueux, même si je pose des questions qui fâchent. J'évoque le respect car je suis trop consciente des traumatismes de ma communauté tout en reconnaissant les dérives. Cependant, je pense que l'on ne peut pas revenir sur les nombreuses avancées réalisées ces vingt dernières années. Une lecture originale, réformiste et féminine a apporté des éclairages nouveaux. Mais la voix majoritaire reste celle du traditionalisme, très présente et très pesante. Politiquement elle cautionne une certaine injustice sociale et une certaine servilité qui sert les politiques. Les féministes dérangent car elles remettent en cause l'injustice sociale au sens large et pas uniquement celle que vivent les femmes au sein d'une société arabo-musulmane.

En 2018, j'ai dû démissionner d'une institution marocaine, la Rabita des oulémas, du poste de directrice des études féminines car mes positions sur l'égalité entre hommes et femmes ont provoqué un scandale et généré de vives oppositions. J'ai participé à un débat sur l'héritage, à l'occasion de la sortie d'un ouvrage collectif sur le sujet. J'ai pris position en faveur des femmes en me basant sur l'esprit du texte du Coran. Si dans le Coran les filles ne bénéficient que d'une demi-part, c'est parce que le contexte le justifiait. À l'époque du prophète, les hommes ont l'obligation de subvenir financièrement aux besoins de toute la famille, ce qui n'est pas le cas pour les femmes. C'est pour cette raison qu'ils reçoivent une part supplémentaire lors de l'héritage. Certaines personnes ont considéré que je ne pouvais pas rester dans l'institution car je remettais en cause des constantes du pays et de la religion. On m'a demandé de revenir officiellement sur mes positions, ce que j'ai refusé, et j'ai démissionné. J'ai reçu des menaces des salafistes marocains qui m'estimaient plus dangereuse que les féministes laïques et séculaires. J'ai arrêté toute activité pendant un an, communiant avec tous les réformistes de toutes les religions ayant osé remettre en cause l'ordre établi. J'ai été lynchée médiatiquement, ce qui m'a beaucoup blessée. Aujourd'hui, je me préserve et je limite mes interventions car je n'ai plus envie de recevoir de coups. Mais parfois l'injustice me met tellement hors de moi que je n'arrive pas à me taire. Récemment, j'ai pris position contre un article de loi au Maroc qui pénalise les relations sexuelles hors mariage.

Le discours prôné par une nouvelle génération de femmes musulmanes est un discours qui, contrairement à l'idée véhiculée d'un islam générateur de discriminations, souligne la centralité et l'importance de la dynamique libératrice au sein du référentiel islamique. En effet, ayant eu accès aux sources textuelles, notamment à la dimension éthique du Coran, ces femmes ont compris que ce n'est pas le message spirituel de l'islam qui est en cause dans leur réclusion millénaire, mais bien toutes les interprétations humaines qui se sont accumulées dans la production religieuse – et aussi dans les mentalités – et qui ont été favorisées par des contextes socioculturels et politiques structurellement défavorables à la présence féminine.

Le Coran reste encore très prégnant sur le quotidien de millions de personnes, mais il ne faut pas oublier que c'est un texte qui a été révélé dans le contexte social particulier de l'Arabie du VIIe siècle. C'est donc à l'aune de ce contexte qu'il faudra évaluer les principes d'égalité et/ou d'inégalité dont fut porteur le message spirituel de l'islam. C'est pourquoi il faut toujours savoir garder en tête le contexte de la Révélation dans lequel beaucoup de dispositions coraniques ont été perçues comme totalement novatrices par rapport aux coutumes discriminatoires des peuples arabes de l'époque. Le monopole du savoir religieux par les hommes et l'exclusion des femmes au cours de l'histoire vont petit à petit marginaliser les acquis et les apports de la Révélation, qui vont être usurpés par la culture patriarcale. Pour épurer la pensée islamique de toutes ses dérives interprétatives, il faut relire le Coran selon cette impulsion initiale, autrement dit celle d'une dimension éthique, universelle et libératrice. Il s'agit de distinguer « l'esprit du texte » – valable encore de nos jours, quatorze siècles plus tard – de la réponse donnée à l'événement contingent enracinée dans la réalité de l'époque et qui est actuellement complètement dépassée. Cependant, le discours traditionaliste islamique fait généralement l'apologie d'un discours sur l'être humain exclusivement représentatif de l'homme, de sa force, de ses vertus en tant que sexe masculin, et exclut de ce discours les femmes, qui semblent ne pas être concernées et qui, toujours selon cette vision, sont considérées comme des êtres humains d'ordre secondaire. Or, nulle part dans le message spirituel on ne trouve notion d'un statut secondaire concernant la femme. C'est malheureusement ce genre de discours profondément discriminatoire et humiliant qui alimente la majorité des prêches et des causeries religieuses dans les mosquées ou sur les chaînes télévisées, et qui renforce la vision dépréciative des femmes au nom du religieux."

Nous avons souligné la convergence des arguments déployés dans les différentes traditions des trois grands monothéismes pour écarter les femmes des fonctions de gouvernement et souvent pour essentialiser certaines caractéristiques qui par la suite vont être tellement intériorisées par les femmes qu'elles seront incontestées pendant des siècles. C'est dans un même mouvement de retour aux textes des origines, revisitant les traditions établies postérieurement par des hommes, que les femmes aux XXe et XXIe siècles réinterprètent les textes pour en dégager ce que les messages initiaux portaient de plus profond et libérateur pour l'être humain, car plus égalitaire en droit et en dignité. Ces femmes balayent les arguments classiques qui mettent en avant le caractère exemplaire de l'homme et qui relèguent les femmes au second plan. En débarrassant ces messages de tout ce qu'ils peuvent porter de contingent car liés à une histoire et à un contexte culturel, elles leur donnent une nouvelle actualité.

2.

DU BLEU POUR LES FILLES SCIENTIFIQUES ET DU ROSE POUR LES GARÇONS LITTÉRAIRES ?

L'histoire et les lectures contextuelles des textes fondateurs des trois grandes religions monothéistes ont pesé sur la place accordée aux femmes pendant au moins trois millénaires. Ils ont surtout alimenté les représentations et conduit au renforcement d'un mécanisme encore à l'œuvre aujourd'hui qui est celui du stéréotype. Ce dernier joue un rôle important dans la répartition des fonctions entre femmes et hommes, comme nous l'avons déjà esquissé plus haut. Ils ont été particulièrement bien étudiés à la lumière des nouvelles connaissances en neurosciences et psychologie cognitive.

La catégorisation est un mécanisme élémentaire et universel de la perception humaine, qui consiste à découper le monde environnant en catégories à partir de traits caractéristiques. Ce processus est automatique et involontaire : il permet d'identifier des groupes sociaux ou des individus ainsi que de se repérer et de se positionner dans la société. Il assure au cerveau la possibilité de traiter plus facilement un grand nombre de données en les classant de manière simple et rapide.

Daniel Kahneman, psychologue et économiste, Prix Nobel d'économie en 2002, a théorisé la question sous la forme de systèmes de pensée : le système 1 qui génère la pensée rapide et le système 2, la pensée lente. Le système 1 fonctionne automatiquement et rapidement avec peu ou pas d'effort et aucune sensation de contrôle délibéré. Le système 2 accorde de l'attention aux activités mentales contraignantes qui le nécessitent comme des calculs complexes. La plupart du temps, nous pensons agir sous l'impulsion du système 2, le système rationnel et "cartésien" tellement valorisé en France. "Quand nous pensons à nous-mêmes nous nous identifions au système 2, le soi conscient, qui raisonne, qui a des convictions et fait des choix et décide que penser et que faire. Bien que le système 2 croie être au cœur de l'action, c'est le système 1 qui est le héros du livre[1]." Les stéréotypes font partie du système 1, celui de pensée automatique. Ils sont le propre de l'être humain et ils ne sont *a priori* ni bons ni mauvais, dans la mesure où ils ne sont pas activés, c'est-à-dire qu'ils ne sont pas suivis d'un comportement ou d'un agir qui discriminerait une catégorie de personnes selon leurs caractéristiques. Nous pouvons ainsi penser que les femmes sont plus douées pour établir et entretenir des relations que les hommes, sans pour autant les exclure *a priori* d'un certain nombre de postes qui demanderaient de décider sur des critères objectifs et non subjectifs. Les stéréotypes se traduisent par des opinions simplifiées et aboutissent à un ensemble de croyances portant sur les caractéristiques d'un groupe (par exemple : les femmes sont plus douces que les hommes, les hommes sont faits pour diriger). Cependant, constituant la base sur laquelle peuvent prendre appui des comportements discriminatoires, il sera nécessaire de les identifier pour ne pas agir sous leur impulsion.

En ce qui concerne notre sujet, les stéréotypes influencent notre perception de l'aptitude de la personne à exercer un poste de direction en fonction de son sexe. Historiquement, comme nous l'avons déjà souligné, le rapport d'un être humain au pouvoir a toujours été pensé préférentiellement au masculin, en lien direct avec les qualités que la culture et la société considéraient comme nécessaires à l'exercice de ce pouvoir, et pendant longtemps, ces qualités ont été associées à l'idée de force. Les

1. Daniel Kahneman, *Système 1, système 2, les deux vitesses de la pensée*, Flammarion, 2016, p. 27.

stéréotypes en essentialisant ou naturalisant les deux sexes ancrent une perception dans les mentalités de manière encore plus profonde. Les hommes sont ainsi réputés faire preuve d'une intelligence rationnelle plus développée, aptes à prendre des décisions et à trancher. Les femmes sont dotées d'une intelligence relationnelle, sont tournées vers les autres et plus aptes que les hommes à "prendre soin" au sens large. Plus sensibles et émotives, elles sont cependant moins résistantes au stress que les hommes. Or ces caractéristiques sont rarement associées à l'idée de pouvoir. Parmi les stéréotypes souvent attribués aux femmes quand il s'agit de diriger, nous retrouvons l'aversion au risque, une moindre aptitude pour les mathématiques, et une difficulté à trancher et à prendre des décisions.

Isabelle Kocher de Leyritz, ex-directrice générale d'Engie et aujourd'hui présidente de Blunomy, est l'une de ces femmes qui soulignent à quel point ces stéréotypes peuvent être facilement invalidés et pourtant combien certains restent encore très prégnants. Elle a choisi de poursuivre ses études dans une filière scientifique, puis de travailler sur des problématiques techniques lors de son premier poste. "J'ai été élève de l'École normale supérieure et au cours de mes études je me suis spécialisée dans la recherche en physique théorique, sur les réseaux de neurones. J'ai débuté ma carrière au ministère de l'Industrie en charge des contrôles techniques des véhicules, des appareils à pression et de la métrologie pour la région Île-de-France. Du concret ! Pour une agrégée de physique, ce poste avait une dimension très terrain et très technique. Plus tard, j'ai rejoint Suez, passionnée par les secteurs de l'eau et de l'énergie liés au développement. J'ai eu l'immense chance d'avoir des patrons, Gérard Mestrallet et d'autres avec lui, qui ont cru en mes compétences et m'ont fait confiance. Ils n'ont pas été freinés par le fait que j'étais une femme, me faisant systématiquement sortir de ma zone de confort. J'ai été nommée jeune à des responsabilités opérationnelles importantes, puis à la tête de la direction financière du groupe. Il y avait une sacrée marche à franchir, une prise de risque importante.

Si jusque-là je n'avais pas eu à souffrir de stéréotypes, le regard que les autres ont porté sur moi s'est modifié quand je suis passée numéro 1 chez Engie. Je ne parle pas du regard de mes équipes, des personnes qui travaillaient avec moi, mais plutôt de celui de l'extérieur, de ceux qui m'observaient. Une femme numéro 2, c'est rafraîchissant, nouveau, sympathique, c'est une avancée. Mais il y a comme quelque chose qui se brouille quand on prend la première position, comme si les termes « pouvoir » et « femme » ne cohabitaient pas si facilement. L'association n'apparaît pas toujours comme naturelle. Pourtant, je n'avais pas changé ma manière de me comporter ni de gérer mes relations, vivant ce poste comme une continuité du précédent.

On m'a souvent demandé de définir le leadership au féminin et je répondais : « J'ai trente-neuf collègues du CAC 40 et il n'y en a pas un qui est identique à l'autre ! » La différence dans la singularité dépasse la différence dans le genre. J'ai été confrontée au fait d'être malgré moi un rôle modèle, dans un contexte où l'œil n'est pas habitué à observer un patron femme. Tout cela en prenant les rênes d'un groupe magnifique, mais à ce moment-là en grande difficulté, en forte décroissance et endetté. Il fallait adopter une nouvelle stratégie, ce qui représentait une responsabilité colossale. Je ne me suis jamais mêlée d'essayer de définir ce qu'est le leadership au féminin. En revanche, je me suis attelée à une tâche importante : créer les conditions dans l'entreprise pour que ce trait de confiance dont j'avais bénéficié existe pour le maximum de femmes."

Isabelle Kocher de Leyritz évoque ici les conséquences désastreuses que les stéréotypes ont sur les performances en entreprise. "Nous avons vraiment fait un effort pour traquer les représentations qui peuvent fausser la manière de regarder les femmes au sein du groupe. Par exemple, lorsqu'il s'agissait de pourvoir un poste à responsabilités, j'ai remarqué qu'une question revenait souvent lorsque le nom d'une femme était considéré : « Est-ce qu'elle va savoir s'imposer ? » Question bienveillante dans la plupart des cas, comme empreinte de la préoccupation de ne pas « griller » trop vite une femme à fort potentiel. Mais cela constituait évidemment une limite à la progression des femmes dans le système. Mais plus fondamentalement, poser cette question révèle le stéréotype d'autorité que nous plaquons sur le contexte de l'entreprise. J'ai décidé que j'allais faire confiance aux femmes dans leur capacité à s'imposer, chacune à leur manière. Ramener systématiquement le débat à la question de la compétence et de la qualité d'être. Exactement comme pour un homme : s'il a les bons talents, les bonnes caractéristiques, il va savoir s'imposer."

Les stéréotypes de genre appliqués à certaines fonctions nuisent de manière globale à l'économie. Lorsqu'un métier ou un secteur d'activité est dit traditionnellement "masculin" ou "féminin", le vivier des candidats potentiels est réduit de moitié. En 2023, le marché de l'emploi est tendu dans de nombreux secteurs. Les entreprises ont donc tout intérêt à élargir leur cible. Pour cela, la manière dont sont présentées les offres de recrutement doit être soignée, car celle-ci va à la fois impacter l'attractivité du poste, mais également influer sur le type de candidat qui va y postuler.

Pour Philippe Darmayan, ex-dirigeant de l'UIMM (Union des industries métallurgiques et minières) et ex-CEO d'Arcelor Mittal France, les stéréotypes de genre exercent une influence sur le niveau d'attractivité d'un poste. Ils s'expriment dans la définition de fonction et la manière dont on détermine les postures pour l'occuper. Dès lors qu'une fiche de poste comprend le mot "effort" ou "danger", alors cela signifie : il faut un homme. Les fonctions de communication, ressources humaines (RH), juridiques qui sont des fonctions de "l'intérieur" sont trop souvent perçues comme devant être occupées par des personnes qui maîtrisent le foyer, soit des femmes. La stratégie, la production, elles, sont encore comprises comme des secteurs masculins.

Christel Bories, PDG d'Eramet, groupe minier et métallurgique mondial, doit redoubler d'ingéniosité pour recruter des femmes à cause de ces représentations genrées : "Il est pour nous compliqué de recruter des femmes car beaucoup de nos métiers de terrain sont considérés comme masculins, par exemple conducteur d'un gros dumper. Pourtant toutes ces opérations sont aujourd'hui largement automatisées et nous embauchons de plus en plus de femmes. Quand on me pose la question de mon choix de travailler dans un secteur peu féminin, je réponds : « Qu'est-ce qu'un métier féminin ? » Je gère des clients, des actionnaires, des actifs, des salariés, « qu'est-ce qu'il y a de féminin ou de pas féminin dans ce que je fais ? », mais dans la projection des jeunes femmes, Eramet ne propose pas de métiers faits pour elles, alors que nos secteurs industriels sont très bienveillants et moins politiques que bien d'autres." Christel Bories aime beaucoup ce secteur de l'industrie, ayant grandi dans cet univers. Elle en promeut les aspects positifs : "Ce n'est pas moi qui ai choisi l'industrie, mais c'est elle qui m'a choisie. Je suis née dans une petite ville industrielle, j'habitais dans les maisons d'usine. Mes deux parents étant ingénieurs, ma mère en chimie et mon père en mécanique. J'ai gardé un bon souvenir de cette période-là, au contact de gens qui vivaient très simplement mais avec beaucoup de solidarité, tous fiers et attachés à leur métier. L'industrie offre des opportunités de carrière très internationales et avec un fort impact social. Pour les populations qui résident autour de nos sites miniers, vous êtes à la fois l'employeur, l'hôpital, les routes, l'école, et vous assurez la protection des femmes. C'est la raison d'être que j'ai donnée à Eramet : « devenir une référence de la transformation responsable des ressources minières pour le bien vivre ensemble ». Par ailleurs, nous extrayons des métaux indispensables à la transition énergétique. Au Canada, en Afrique du Sud, en Australie, il n'y a pas les mêmes clichés qu'en France et les femmes vont trouver beaucoup plus naturel d'aller travailler pour une entreprise minière ou métallurgique car elles sont habituées à voir ce type d'industrie autour d'elles. En France, le recrutement est plus compliqué car le pays s'est progressivement désindustrialisé."

Les stéréotypes de genre impactent l'attractivité des secteurs mais, comme nous l'avons vu précédemment dans le cas d'Isabelle Kocher de Leyritz, influencent la perception de la compétence d'une personne à occuper un poste ou à exercer un rôle de premier plan. C'est parce que certaines qualités sont associées de manière privilégiée à un genre donné qu'elles sont supposées manquer implicitement à un autre genre et cela en vertu du principe de complémentarité. Dans le domaine politique, il existe deux qualités particulièrement fondamentales qui permettent de faciliter dans les esprits l'association entre masculin et pouvoir : le courage et l'autorité.

Myriam El Khomri, ministre du Travail entre 2015 et 2017, en a souffert tout particulièrement. Pour elle, le courage, vertu que l'on considère souvent comme masculine, ne dépend pas du sexe mais de chaque personne. "Le courage est pour moi une qualité que l'on ne découvre que dans l'adversité. J'ai vécu un moment compliqué avec la loi travail en 2016 sous le gouvernement Valls. Je l'ai préparée pendant six mois avant de la proposer. Dans les médias, on disait de moi que je n'étais qu'une marionnette qui n'avait jamais lu la loi que je défendais et qui n'avait jamais travaillé. Or, j'ai commencé à travailler à l'âge de seize ans avec mon père, j'étais boursière et j'ai enchaîné les petits boulots pendant toutes mes études. Au moment de la présentation de la loi, j'ai été confrontée à de nombreux stéréotypes, cumulant les handicaps de représentation : j'étais une femme, jeune et j'avais un nom à consonance maghrébine, étant à moitié marocaine par mon père et à moitié bretonne par ma mère. Un même acte managérial va être vu différemment quand on est un homme et quand on est une femme. Dans la vie politique, dès que les femmes font preuve d'un peu d'autorité, on dit souvent qu'elles sont hystériques et qu'elles ont un problème de légitimité." Myriam El Khomri a aujourd'hui quitté le monde de la politique pour rejoindre celui de l'entreprise où elle continue à porter les sujets tels que l'engagement et la qualité de vie au travail. Elle est directrice du conseil chez Diot-Siaci, leader du conseil et du courtage en assurance de biens et de personnes, au service de la performance sociale et économique des entreprises.

Les stéréotypes de genre combinés à ceux liés à l'âge viennent aussi conditionner les possibilités de promotion. Nous disons combiner, mais ils peuvent également servir d'alibi aux arguments sexistes que les chercheurs qualifient de "bienveillants". "Si je ne t'ai pas proposé ce poste, c'est parce que je me soucie de toi, c'est pour ton bien." Ce type de sexisme, souvent manifestation d'un souci sincère pour son prochain, est aujourd'hui encore très présent en entreprise ou dans les organisations. Il concerne régulièrement les femmes qui viennent d'avoir des enfants, ou qui doivent se déplacer fréquemment pour leur travail et donc être absentes de la maison (et éloignées des tâches domestiques et charges familiales supposées leur être attribuées en large majorité).

Pour Marie Guillemot, aujourd'hui présidente de KPMG France (un des leaders mondiaux de l'audit, du conseil et de l'expertise comptable), son éducation n'était pas vraiment empreinte de stéréotypes de genre. Ils ne l'ont pas vraiment limitée dans son ascension de carrière jusqu'à ce qu'elle devienne associée. Pour ceux qui étaient chargés de réfléchir à sa promotion, le fait d'être une femme a été présenté comme une limitation de taille qu'il a fallu contourner : "Quand j'étais petite, j'ai toujours eu le sentiment que je pouvais faire ce que je voulais. J'ai réalisé progressivement que les femmes rencontraient plus de difficultés que les hommes quand je suis devenue associée en 2001. À cette époque, un associé est venu me voir en me disant : « J'ai pensé à toi pour être associée mais je ne sais pas si cela t'intéresse. Cependant, je pense que tu es prête, mais tu vois il y a Marc, il est un peu plus vieux et puis, c'est un homme. » Et là je me suis dit : c'est quoi cet argument ? Ça m'a un peu piquée car je me sentais prête."

Les stéréotypes viennent donc régulièrement contrarier les carrières des femmes, limitant souvent les opportunités qui leur sont offertes. Ils impactent les décisions des personnes qui sont parties prenantes de ces carrières (DRH, supérieurs hiérarchiques, recruteurs), mais pas uniquement. L'équation se complique quand ce sont les principales intéressées qui, porteuses de ces heuristiques, choisissent de se limiter elles-mêmes et subissent une pression inconsciente pour se conformer à ce que l'on attend d'elles en tant que femmes.

INTÉRIORISATION DES STÉRÉOTYPES : LA FACE CACHÉE DE L'ICEBERG

Les stéréotypes ne sont pas seulement appliqués à des groupes de personnes, ils sont également plus ou moins intériorisés par les personnes qui en sont la cible. Cette intériorisation entraîne des conséquences néfastes sur les performances et la confiance en soi. Ces effets sont d'autant plus puissants que leur intériorisation est importante. Et dans un contexte dans lequel les stéréotypes sont saillants, c'est-à-dire exprimés explicitement, tels que : "En maths, les filles sont moins bonnes que les garçons", ils fabriquent leur propre réalité en conduisant les filles à réussir moins bien que les garçons en mathématiques. Leur intériorisation a un impact direct sur les performances des individus.

Les stéréotypes qui promeuvent l'incompétence des femmes ont des effets sur le réel en provoquant chez leurs cibles des comportements conformes à ces mêmes stéréotypes. C'est ce que définit le concept de "menace du stéréotype" en psychologie sociale qui s'intéresse à l'incidence psychologique de certains facteurs sur les performances. Ce concept s'attache à expliquer la diminution des performances des individus lorsque ces derniers se sentent jugés au prisme d'un stéréotype négatif. Les études de Steven Spencer, Claude Steele et Diane Quinn ont montré en 1999 que les résultats des femmes en mathématiques étaient affectés par le stéréotype selon lequel ces dernières sont moins aptes aux mathématiques que les hommes[1]. Deux groupes équivalents composés de femmes et d'hommes passent un examen constitué d'exercices de mathématiques. Les deux groupes se voient énoncer deux consignes différentes en début de test : on indique au groupe 1 que l'exercice vise à mesurer les performances du groupe en mathématiques (la croyance répandue étant que les femmes sont moins douées que les hommes en mathématiques). Pour le groupe 2, il est précisé que l'exercice est aussi bien réussi par les femmes que par les hommes. Ainsi, dans le groupe 1, les résultats des femmes sont inférieurs à ceux des hommes ; et dans le second, les performances sont égales. Les femmes réussissent moins bien le test lorsqu'elles pensent que l'exercice est censé révéler des différences de performances selon le sexe[2].

Cette menace se caractérise par la peur de confirmer, par ses performances, les stéréotypes négatifs de son groupe. Les personnes qui sont sous pression du stéréotype dépensent de l'énergie et des capacités cognitives à lutter contre les émotions et pensées négatives qui les envahissent. De plus, sous la menace, le cerveau va passer d'un mode "recherche du succès" à un mode "éviter l'échec", ce qui implique d'être plus précautionneux, prudent et conservateur. Les conséquences de ce processus nous apparaissent comme ayant un impact important quant à la direction d'entreprise. Certaines études[3] montrent également que si une femme seule passe un examen de maths dans une

1. Steven J. Spencer, Claude M. Steele et Diane M. Quinn, "Stereotype Threat and Women's Math Performance" ["Menace du stéréotype et performance des femmes en mathématiques"], *Journal of Experimental Social Psychology*, vol. 35, n° 1, janvier 1999, p. 4-28.

2. Haut Conseil à l'égalité entre les femmes et les hommes, "Rapport relatif à la lutte contre les stéréotypes", 2014, www.vie-publique.fr/sites/default/files/rapport/pdf/144000624.pdf.

3. Voir l'ouvrage de Cordelia Fine, *Delusions of Gender* [*Illusion dans le genre*], Icon Books, 2010.

pièce avec des collègues exclusivement masculins, elle sous-performe encore davantage. Le parallèle entre une salle d'examen et une salle de réunion de certains comex nous vient facilement à l'esprit. D'où l'enjeu de réunir un nombre de femmes suffisamment important si l'on veut que la performance issue de la mixité puisse jouer à plein dans ce type d'instance dirigeante.

Nos croyances sont influencées par des processus inconscients très puissants qui déteignent sur nos comportements et nos performances. Nous l'avons évoqué lorsqu'il s'agissait de conditions pénalisant les personnes sous la menace du stéréotype, mais un effet positif peut également être observé quand ces stéréotypes sont contrés. Des chercheurs de l'université du Massachusetts ont analysé les effets que pouvaient avoir des affirmations cassant les stéréotypes[1]. Ils ont distribué à un groupe de femmes des biographies de dirigeantes célèbres (de Meg Whitman, CEO d'eBay, et de Ruth Bader Ginsburg, ancienne juge à la Cour suprême notamment). Ces femmes ont pu associer par la suite plus facilement des noms de femmes avec des mots évoquant le leadership que celles qui n'avaient pas fait de telles lectures.

Les attentes sociales pèsent fortement sur le comportement des personnes. Le fait que les femmes fassent naturellement preuve d'empathie est particulièrement répandu. Bien qu'en moyenne elles n'apparaissent pas comme ayant plus d'aptitudes naturelles à l'empathie que les hommes, elles vont devoir montrer davantage d'empathie quand, dans certaines tâches, on va leur rappeler que c'est ce qui est attendu d'elles, en tant que femmes. Quand les personnes se considèrent comme faisant partie d'un groupe, les expériences émotionnelles et les retours seront formés et déterminés par l'appartenance à ce groupe.

Clara Chappaz, présidente de la French Tech, évoque une expérience qu'elle a vécue aux États-Unis lors de son MBA, qui

1. *Ibid.*, p. 6.

illustre bien l'impact des stéréotypes notamment inconscients sur les jugements que les personnes portent sur autrui. "Lors d'une étude de cas, nous avons vécu une expérience très intéressante : la moitié des étudiants de la classe avait reçu un cas de management dont le protagoniste était nommé Jane, et pour l'autre moitié, John. Le cas décrivait le parcours d'une personne qui soignait sa carrière, utilisait beaucoup son réseau pour passer d'une opportunité à l'autre et progressait très vite dans la hiérarchie. Le professeur demande à un étudiant de commenter le cas et là, les étudiants se sont divisés. Une partie trouvait le protagoniste génial, le décrivant comme ayant un esprit tellement entrepreneurial, prenant des risques et réalisant des opérations de grande ampleur. L'autre partie de la classe le décrivait comme ayant une personnalité arriviste, ne se préoccupant que de lui-même jusqu'à ce qu'en fait, nous nous rendions compte que pour les premiers le personnage principal était John et pour les seconds Jane. Les étudiants ayant reçu le cas avec Jane étaient dans le jugement, alors que ceux qui avaient reçu le cas avec John étaient dans la valorisation. Les remarques les plus dures adressées envers Jane étaient formulées par les femmes."

Qu'en est-il en réalité ? Selon le rapport 2022 de l'Insee, "Femmes et hommes, l'égalité en question", à l'entrée en CP, les performances des filles sont un peu supérieures à celles des garçons en mathématiques, et nettement supérieures en français[1]. En mathématiques, les filles perdent toutefois leur avantage à la fin du CM2, puis sont en retrait par rapport aux garçons à l'entrée au lycée. Après la réforme du baccalauréat, dans la filière générale, les garçons sont majoritaires dans les doublettes de spécialités "mathématiques et physique-chimie" ou "mathématiques et sciences de l'ingénieur" ; les filles le sont dans la doublette "physique-chimie et sciences de la vie et de la Terre

---

1. Insee, "Femmes et hommes, l'égalité en question", 2022, www.insee.fr/fr/statistiques/6047767?sommaire=6047805.

(SVT)" ou celles intégrant les options "langues et littérature" ou "humanités". À résultats comparables en mathématiques notamment, les filles manqueraient de confiance en elles par rapport aux garçons et sous-estimeraient leurs capacités dans ce domaine, ce qui restreindrait leur choix d'orientation vers les filières scientifiques. Dans l'enseignement supérieur, les femmes s'orientent d'abord vers la médecine, la biologie et les sciences humaines. Elles privilégient au lycée les SVT, ce qui les dirige par la suite davantage vers des carrières dans le domaine médicosocial, la santé, ou bien les cursus en lettres et sciences humaines, au détriment des mathématiques qui plus tard permettent généralement d'accéder aux filières les plus sélectives.

Cette situation vient ensuite limiter leur choix pour des carrières dans l'industrie manufacturière ou l'industrie de la connaissance (dont la filière numérique), secteurs stratégiques qui façonnent en grande partie le monde de demain. Heureusement, des femmes se lancent dans des carrières scientifiques, mais pour lever la menace du stéréotype qui pèse sur elles, certaines choisissent, pour réussir et être acceptées dans les groupes, d'abandonner leur identité de femme. Ainsi, pour ne pas se sentir inférieures, elles choisissent de paraître le moins féminines possible.

Aurélie Jean est une scientifique numéricienne, spécialisée dans les algorithmes et la modélisation numérique, diplômée de Sorbonne Université de l'ENS, et de l'École des mines. Elle a elle aussi été marquée par ce stéréotype qu'elle a combattu. "Dans mes études, au lycée, j'hésitais entre le droit et les sciences. Je me souviens, ma conseillère d'orientation m'avait dit que le droit était bien pour moi car je présentais bien. À l'époque j'avais trouvé ça complètement ridicule car on peut tout à fait être scientifique et bien présenter. Je n'entre pas dans les catégories bien établies car j'ai été élevée par mes grands-parents qui m'ont toujours répété que je ne devais penser ni à mon genre ni à ma classe sociale pour faire mes choix."

Arielle Kitio Tsamo lutte également contre cette conception selon laquelle les filles n'ont pas leur place dans le monde des algorithmes. Numéricienne talentueuse, son bac en poche à quinze ans et son doctorat à vingt-cinq, elle vit au Cameroun. Entrepreneuse, elle a été classée *Forbes 30 under 30* en 2017 (liste de personnalités talentueuses du monde économique de moins de trente ans publiée chaque année par le magazine *Forbes*) et elle est reconnue comme une actrice majeure du secteur de la tech dans son pays. "Je suis la fondatrice d'une entreprise sociale qui a pour objectif la promotion d'une éducation de qualité, accessible à tous, car l'éducation permet de réduire les inégalités. Je conçois des programmes informatiques et je fais du lobbying auprès des gouvernements pour conduire des réformes. J'ai formé au codage et à la robotique six mille huit cents jeunes au Cameroun et en République démocratique du Congo. Aujourd'hui, dans ces deux pays, dans les filières classiques (écoles, collèges, lycées), entre sept et quinze ans, nous avons 60 % de filles. Dans les recrutements de développeurs seulement 5 %, ce qui indique qu'il y a un écart énorme à combler, lié aux mentalités." Arielle, avec tout son bagage et ses études, est jugée trop "intello" et, dans sa culture, cela signifie qu'elle ne va pas se marier. Les jeunes filles se découragent souvent elles-mêmes, alors Arielle prêche par l'exemple. "J'ai lancé un programme de formation au codage destiné aux jeunes filles de 18-25 ans. Le stéréotype de la femme scientifique moche est à casser. Je travaille sur mon image et ma communication pour ne pas paraître négligée et ainsi tordre le cou aux représentations. Ma famille me soutient et mes petites sœurs ont également gagné des prix dans la tech. Je promeus des activités qui réunissent les enfants et les parents pour leur faire comprendre qu'avec ces formations, il y a des débouchés financiers stables pour leurs enfants. Quand je présente mes projets, les investisseurs ne perçoivent pas d'un premier abord mon côté femme d'affaires, entrepreneuse. Je dois alors présenter des chiffres convaincants et faire des présentations extrêmement pertinentes. Mais je ne me laisse pas affecter. Je considère que c'est leur problème, leur erreur de jugement. Je ne vais pas brider mes capacités pour autant. D'ailleurs, je constate souvent que si, pendant les cinq premières minutes, les hommes sont sur la réserve, doutant de mes capacités, j'arrive à leur faire changer d'avis très rapidement. Je dis régulièrement aux jeunes filles que je cherche à sensibiliser : « Prenez la responsabilité de vos vies. Sortez du sentier de la victimisation. Être une femme au XXIe siècle est un avantage et la tech ouvre de très nombreuses portes. On ne vous demande pas d'avoir de la moustache et des muscles pour vous lancer. » Quant aux hommes, je leur déclare : « Soyez attentifs et bienveillants et accompagnez-les pour travailler à un monde égalitaire car il y va de tout ce que vous avez de plus cher. »"

MAIS QUE DISENT LES SCIENCES DE CES DIFFÉRENCES ?

Si les stéréotypes ont la vie dure, faut-il chercher du côté des sciences et particulièrement des neurosciences une meilleure compréhension des différences entre les hommes et les femmes ? Le cerveau des filles est-il moins construit pour les mathématiques que celui des garçons ? Catherine Vidal, neuroscientifique, a vulgarisé la question dans plusieurs ouvrages. Elle insiste sur le fait que le cerveau humain est extrêmement plastique et que "90 % des connexions entre nos 100 milliards de neurones sont établies après la naissance à partir de l'expérience personnelle de chaque individu, de ses interactions multiples et toujours spécifiques avec les personnes et les réalités de son environnement naturel et socioculturel[1]". L'apprentissage à tout âge modifie le fonctionnement et la structure de notre cerveau. À la naissance, nous sommes riches de potentialités que nous activerons ou pas en fonction de nos expériences, parcours et actions volontaires.

---

1. Catherine Vidal et Dorothée Benoit-Browaeys, *Cerveau, sexe et pouvoir*, Belin, 2015, p. 7.

Dès les premières heures de la vie d'un bébé, les adultes se comportent de manière différente avec une fille ou avec un garçon dans les expressions affectives, les paroles, les contacts physiques et les jeux, ce qui va influencer le développement de certaines régions du cerveau. Les parents ont plus d'interactions physiques avec les garçons alors qu'ils parlent davantage aux filles. Puis en grandissant, les enfants vont s'identifier aux personnes du même sexe : la petite fille aura tendance à suivre le modèle de sa mère et si elle s'occupe préférentiellement des tâches domestiques, elle voudra faire de même. Mais ces éléments ne sont pas immuables et grâce à la très grande plasticité du cerveau, il est possible d'acquérir de nouvelles compétences et attitudes.

Marie Guillemot rapporte : “En tant que femme, dans certaines situations, on a l'impression de devoir s'excuser, d'avancer à pas feutrés et de devoir se faire adopter. Il en résulte une moindre confiance en soi qui ne permet pas aux femmes de prendre toute la place. À l'occasion d'une exposition scientifique pour enfants, des chercheurs californiens ont analysé les interactions entre parents et enfants. Indépendamment de l'âge et des questions posées par les enfants, les parents, aussi bien pères que mères, donnaient trois fois plus d'explications aux garçons qu'aux filles[1].”

Les jouets vont également influencer les comportements des enfants et leur utilisation conditionner en partie leurs choix futurs. Ils participent au développement psychologique et cognitif. Les préférences des enfants pour certains types de jouets sont globalement conformes aux normes culturelles. Ils contribuent à former leurs représentations inconscientes de ce que sont le féminin et le masculin et des rôles et fonctions qui leur sont attribués. Catherine Vidal fait état d'une étude qui a comptabilisé le nombre de jouets à roues présents dans les chambres

1. Catherine Vidal, *Nos cerveaux, tous pareils, tous différents !*, Belin, “Égale à égal”, 2017, p. 131.

des enfants de la naissance à cinq ans : 375 dans les chambres des garçons et 17 dans celles des filles[1].

Ces mêmes jouets peuvent également être sources de discriminations futures, ce qui a conduit Agnès Pannier-Runacher, ancienne ministre de l'Industrie et auparavant ministre de la Transition énergétique, à élaborer avec d'autres partenaires une charte concernant les jouets, avec notamment le soutien de Philippe Darmayan, ex-dirigeant de la branche métallurgie du Medef. Cette charte a participé à lutter contre les stéréotypes de genre qui conditionneront en partie les futures orientations et les futurs choix de carrière des enfants. La ministre témoigne : "Les stéréotypes s'ancrent très tôt dans l'éducation, dès les listes de naissance, et jouent un rôle non négligeable dans le développement de l'enfant. C'est pourquoi j'ai élaboré la charte d'engagements volontaires pour une représentation mixte des jouets avec les acteurs du secteur. Cette initiative a généré beaucoup de polémiques, particulièrement sur Twitter, montrant à quel point le sujet reste sensible. Dans les magasins de jouets, nous avions analysé les « ordinateurs » pour enfants de cinq-six ans. Sans surprise, ceux pour les filles étaient de couleur rose et ceux pour les garçons de couleur bleue. Mais le plus problématique, c'est que nous avions découvert qu'il y avait deux fois moins de fonctionnalités sur les ordinateurs des filles que sur ceux des garçons, favorisant ainsi les inégalités même dans le jeu ! Depuis longtemps, il nous est répété que les petites filles de dix ans ont une aisance verbale naturelle et les petits garçons ont une facilité de projection dans l'espace. Ces comportements sont présentés comme innés mais ne sont-ils pas tout simplement liés aux jeux que chacun pratique ? Les jeux reposant sur l'échange verbal (maman, marchande…) sont considérés comme des « jeux de filles », ceux qui invitent à se représenter l'espace en 3D tels que les jeux de construction se retrouvent plus

1. *Ibid.*, p. 14.

régulièrement chez les garçons. Dans le même registre, on accepte moins des petites filles qu'elles tachent leurs habits, montent aux arbres ou se roulent dans l'herbe. On leur répète plus souvent qu'il ne faut pas faire de bruit et qu'il faut rester « bien sages »... Que l'on ne s'étonne pas ensuite que dans les comex ou les conseils, ce soient surtout les hommes qui s'expriment."

Fabienne Dulac, ex-directrice générale d'Orange France et aujourd'hui directrice générale adjointe d'Orpea, a été l'une des premières femmes dans les grandes entreprises françaises à promouvoir de manière très volontaire la mixité. Elle a été confrontée jeune à l'école à un stéréotype de genre appliqué aux livres, soulignant le rôle majeur que l'Éducation nationale peut jouer dans la construction ou la déconstruction de ces stéréotypes. "Je me souviens encore, j'étais en dernière année d'école primaire, au moment où l'on choisit son livre récompense. Je choisis *L'Île au trésor*. L'institutrice devant toute la classe m'explique que ce n'était pas une référence de jeune fille : « Tu ne peux pas prendre *L'Île au trésor*, c'est un livre pour garçons. » Cette remarque que j'ai trouvée déplacée est ancrée en moi. Le plafond de verre pour les femmes se construit au fil du temps, année après année, dès l'enfance, à partir de ces micro-expériences qui ont tendance à vous donner l'impression que certaines choses ne sont pas pour nous."

Meka Brunel est l'ancienne directrice générale de Gecina, société foncière, et a depuis l'enfance développé un goût pour la construction et le bâtiment. Aucune injonction paternelle ne l'a contrariée dans sa vocation en définissant ce qu'il était convenable pour une fille de choisir aussi bien comme jeu que comme études ou carrières. "Je suis née en Iran et j'étais à mon époque une des rares femmes directrices générales d'une société du SBF 120 (indice boursier comprenant cent vingt sociétés cotées). Dans ma famille, on ne s'est jamais posé la question : garçon-fille, est-ce que l'on est différents ? Mon père était ingénieur dans les travaux publics et professeur d'université, avec des fonctions gouvernementales. Il a notamment en son temps participé à la création d'une direction de l'urbanisme à Téhéran. Il avait offert à mon frère une énorme boîte de Lego, mais je savais que ce jeu ne lui était pas réservé. Nous construisions des maisons ensemble et jouions au Meccano également. Mon frère jouait à la poupée avec moi et je jouais au foot avec lui."

Muriel Pénicaud, ancienne ministre du Travail, témoigne : "Les stéréotypes se constituent déjà dans la cour de récréation. Les garçons jouent au ballon et prennent tout l'espace alors que les filles se retrouvent dans un coin à papoter, déjà cornérisées. Or le sport donne confiance en soi, en permettant de s'affirmer physiquement et socialement. Nicole Abar, une des premières joueuses de foot professionnelles, avait lancé un projet d'éducation à l'égalité par le sport qui s'appelait « Passe la balle » pour faire jouer filles et garçons ensemble à l'école primaire. Elle a ensuite piloté l'ABCD de l'égalité pour sensibiliser les enseignants aux stéréotypes de genre dès la maternelle. Occuper l'espace physique donne de la force psychologique."

Le développement postnatal du cerveau est étroitement lié aux stimulations du milieu environnant et à l'histoire de l'enfant. Ce sont essentiellement les réalités propres à l'histoire de chaque personne, à ses interactions, qui vont façonner son cerveau et organiser ses pensées. Selon Catherine Vidal, sur un millier d'IRM, seules quelques-unes ont montré des différences entre les sexes. "On observe tellement de variabilité entre les individus d'un même sexe qu'elle l'emporte le plus souvent sur la variabilité entre les hommes et les femmes[1]." Dans son ouvrage *Cerveau, sexe et pouvoir*, elle dénonce notamment la théorie simpliste "cerveau droit, cerveau gauche" popularisée dans les années 1970 et qui donnait une explication bipolaire et facile d'accès des différences entre les femmes et les hommes. Les premières auraient un cerveau gauche plus développé, avec une aptitude

1. Catherine Vidal et Dorothée Benoit-Browaeys, *Cerveau, sexe et pouvoir, op. cit.*

spécifique pour le langage, et pour les seconds ce serait le cerveau droit, raison pour laquelle ils arrivent à mieux se repérer dans l'espace. Cette approche s'est répandue particulièrement à la suite d'études réalisées par trois neurologues de l'université d'Harvard. Depuis, cette conception dualiste a été complètement invalidée par la science. Les deux hémisphères sont en communication permanente et aucun ne fonctionne isolément. "De plus, une fonction n'est pas assurée par une seule région, mais plutôt par un ensemble de zones reliées entre elles en réseaux[1]." Ainsi le langage est assuré à la fois par l'aire de Broca située à gauche, mais également par une dizaine d'autres aires cérébrales réparties à la fois à droite et à gauche.

ET LES HORMONES DANS TOUT CELA ?

Parmi les croyances fortement répandues, nous pouvons citer celle attribuant à la testostérone, fortement présente chez les hommes, un rôle majeur dans les comportements combatifs, voire agressifs. Ainsi de nombreuses études, pour la plupart peu sérieuses, démontreraient la corrélation entre niveau de testostérone élevé et prise de risque. S'appuyant sur ces théories, certains seraient allés jusqu'à affirmer que la crise financière de 2008 serait en partie due à la forte présence de cette hormone chez les traders. Si les femmes avaient été plus nombreuses dans les salles de marchés, la crise ne serait peut-être pas survenue. Là encore, des études plus sérieuses viennent invalider cette thèse d'un lien direct entre testostérone et combativité, ou prise de risque inconsidéré. Cela dit, une mixité dans les salles de marchés aurait certainement eu des effets bénéfiques.

Autre hormone incriminée : l'ocytocine. Cette hormone féminine agissant sur les muscles de l'utérus et les glandes mammaires

---

1. *Ibid.*, p. 27.

expliquerait la nature particulièrement empathique des femmes et serait à l'origine de l'attachement de la mère à l'enfant. Là encore, aucune étude scientifique sérieuse ne permet de démontrer un lien entre production de cette hormone et attachement maternel. Par contre, ce supposé lien étroit entre ocytocine et instinct maternel constitue un argument utile pour justifier ensuite que les femmes, déterminées par leur nature, sont mieux à même de s'occuper des enfants que les hommes.

Odile Fillod, scientifique spécialisée dans l'analyse de la fiabilité des études scientifiques, souligne à quel point la plupart de ces études sont biaisées par des présupposés idéologiques. Sa rigueur scientifique permet de souligner le fait qu'aujourd'hui, en l'état actuel de la science, il n'est pas permis de démontrer une influence des hormones, comme la testostérone ou l'ocytocine, sur les comportements masculins ou féminins. Il n'est pas scientifiquement prouvé que ces hormones jouent un rôle prépondérant dans les attitudes, tant de multiples facteurs de l'environnement entrent en jeu. Beaucoup d'auteurs ont tenté d'extrapoler les résultats de leurs études réalisées sur des animaux (singes, souris, oiseaux) sur l'être humain. Elles peuvent être toutes invalidées. Certains chercheurs, biaisés par des présupposés, s'appliquent à étayer par des discours savants et scientifiques des thèses qui naturalisent les comportements féminins et masculins. Ces discours sont enfermants et stigmatisants pour les personnes qui n'adopteraient pas le comportement attribué à leur sexe. La psychanalyse s'est inscrite pendant longtemps dans ce courant, partant du postulat de différences psychologiques innées. Dans une société où la complexité devient la norme, il est certainement rassurant pour beaucoup de rechercher une forme de stabilité dans une identité sexuée dont la différence s'ancre dans des données biologiques solides, justifiant de rôles sociaux distincts. Le fait de se rendre compte que ce sur quoi on fonde son identité et sa personnalité serait surtout le produit d'un construit social peut générer des angoisses profondes et une remise en cause psychiquement trop coûteuse. Il est rassurant de penser que la nature détermine une grande partie de son identité.

Odile Fillod conclut l'analyse de très nombreuses études scientifiques en précisant que : "Quand on trouve une différence de trait cognitif ou comportemental entre un groupe d'hommes et un groupe de femmes, c'est toujours une petite différence moyenne avec un très large recouvrement des distributions des deux groupes de sexe… Il n'y a aucune étude qui a prouvé l'existence d'un facteur biologique endogène de sexuation du psychisme[1]."

Il en va de même pour les comportements sexuels. La croyance que les hommes ont des désirs naturels plus importants que les femmes, qu'ils peuvent plus difficilement réprimer, est ainsi fortement répandue. Or, le premier organe sexuel chez l'être humain est le cerveau. "Les réactions des individus aux stimulations sexuelles sont moins déterminées par un rapport direct au réel que par des constructions mentales, imaginaires ou symboliques, qui jouent un rôle dans l'érotisme[2]." Ce qui produirait des comportements particulièrement délétères serait de considérer, par exemple, qu'il est admis pour les hommes d'avoir de nombreuses relations sexuelles avec différents partenaires en raison de leurs besoins naturels difficiles à réprimer. Ce type de discours peut encourager les comportements de harcèlement sexuel. L'homme est implicitement poussé à multiplier les conquêtes, tout comportement sexuellement actif constituant un étendard de masculinité.

Nous vivons une époque passionnante qui autorise la remise en cause des fondements classiques de la suprématie masculine et de l'androcentrisme, non sans provoquer à la fois des heurts,

1. Méta de choc, "Les hommes, les femmes, Mars et Vénus", Shocking #12, octobre 2019, https://metadechoc.fr/podcast/les-hommes-les-femmes-mars-et-venus/.

2. Catherine Vidal et Dorothée Benoit-Browaeys, *Cerveau, sexe et pouvoir*, *op. cit.*, p. 57.

des oppositions mais également un renouvellement de la pensée et de la recherche dans de nombreux domaines. Beaucoup reste encore à explorer, particulièrement dans le domaine scientifique : neurosciences, endocrinologie comportementale, psychologie cognitive…

Aujourd'hui, nous connaissons mieux les effets des stéréotypes sur les comportements, notamment les prises de décisions, le rôle de l'acquis dans la construction de la personnalité. De fantastiques opportunités apparaissent, qui permettent à chacun d'espérer construire de nouvelles perspectives, dégagées de certains déterminismes. Rien n'est totalement joué. Les femmes limitées autrefois à l'univers fermé du foyer s'ouvrent à de multiples possibilités. Il ne s'agit pas pour elles de renverser la domination, mais bien de construire un nouveau mode d'interactions qui laissera place à l'expression du caractère unique de chaque personne, tout en l'articulant avec le "nous" d'une communauté humaine.

3.

SOMMES-NOUS AU MILIEU DU GUÉ ?

Depuis les années 1970, nous constatons une accélération des avancées en matière d'égalité des droits. Les femmes peuvent maintenant prétendre plus facilement aux postes de premier plan dans les domaines politique et économique, bien qu'elles soient encore largement sous-représentées dans certains secteurs. Pourtant, nous avons été frappés, lors de nos interviews, de constater que si pour certains ces droits et l'exigence d'une égalité concernant la justice mais aussi la performance économique constituaient des acquis majeurs sur lesquels il n'était plus possible de revenir, pour d'autres, le retour en arrière était toujours possible. Les opinions sont divisées sur le sujet mais l'actualité récente milite pour une vigilance. Si certains comportements sont maintenant plus largement sanctionnés et que des lois en France favorisent l'accession des femmes à des fonctions de gouvernement, il reste que certaines représentations ont la vie dure, aussi bien pour les femmes que pour les hommes, et que des mouvements conservateurs relayés par les réseaux sociaux agitent de plus en plus la société.

Élisabeth Moreno et Agnès Pannier-Runacher, dans leur livre *Femmes et ministres*, dressent un état des lieux. "Aujourd'hui encore, l'écart salarial entre les hommes et les femmes atteint près de 30 %. À compétences égales et à poste égal, les femmes perçoivent 9 % de moins que les hommes. Et cet écart s'accroît avec le nombre d'enfants. En conséquence, leur retraite est inférieure de 42 % par rapport à celle des hommes. Malgré un taux de réussite dans l'enseignement supérieur plus élevé que celui des hommes, les femmes sont moins représentées parmi les ingénieurs, les créateurs d'entreprises, les dirigeants d'entreprise et plus généralement les cadres. 78 % des personnes qui travaillent à temps partiel sont des femmes. À cette situation s'est ajoutée la crise du Covid-19 qui a accru les inégalités, les violences et la pression sur l'emploi des femmes[1]."

Anne-Marie Idrac qui a été PDG de la RATP, de la SNCF, députée, et deux fois secrétaire d'État, témoigne des avancées constatées particulièrement dans le monde politique : "Attaquer une femme est devenu politiquement incorrect. Dans le sillage de #MeToo, cela fait désormais l'objet de débats virulents sur le respect de la parole des femmes et celui de la vie privée, la présomption d'innocence ou de culpabilité, avec même pour certains dirigeants l'obligation de renoncer à leurs fonctions. Je me souviens de remarques obscènes sur mes affiches lors de ma première campagne législative en 1997 : « On sait avec qui tu couches. » Ma quatrième fille qui était encore petite m'a dit : « Moi aussi maman je sais avec qui tu couches, c'est papa. » J'ai entendu aussi un membre éminent de mon parti s'adresser élégamment à moi en public en ces termes : « Je me suis déjà fait une préfète, une gendarmette mais jamais une ministre. » Aujourd'hui, ce ne serait plus possible. Face à ces attaques ou ces agressions, je tentais de réagir par des traits d'humour, et aussi de valoriser les femmes au-delà de leur rôle de groupies ou de petites mains." Agnès Pannier-Runacher témoigne également du sexisme dont elle a pu faire l'objet : "Bien sûr, j'ai été confrontée au sexisme ordinaire : dans la vie de tous les jours, les mains baladeuses en soirée étudiante ou dans le métro ; plus tard dans ma vie professionnelle, le négociateur de la partie adverse qui ne sait pas que je suis la représentante de son potentiel investisseur et qui me demande spontanément de lui apporter du café,

1. Élisabeth Moreno et Agnès Pannier-Runacher, *Femmes, ministres et féministes. Notre combat pour l'égalité réelle*, Éditions Point d'Orgue, 2021, édition numérique.

ou encore cette réunion de représentants du secteur aéronautique et spatial où je représente le fonds stratégique d'investissement et où les participants me tendent leur manteau à leur arrivée… J'ai également été confrontée à des situations où, à diplôme et expérience professionnelle équivalents, j'étais rémunérée 30 % de moins que mes collègues masculins. Cela suscitait des frustrations sur le moment, puis je passais à autre chose."

Françoise Malrieu, l'une des femmes pionnières du secteur de la finance et aujourd'hui administratrice de grandes sociétés, se souvient également des évolutions qui ont été celles de son domaine mais aussi des tabous qu'il a fallu briser. "Dès la sortie de mes études à HEC, fin 1968, j'ai commencé à travailler à la BNP au sein du département d'analyse financière. Les femmes venaient juste d'être autorisées à pénétrer à la Bourse de Paris. J'ai vécu ainsi très jeune une expérience marquante. La visite de la Bourse faisait partie du cycle de formation de tout nouvel analyste. Nous y sommes donc allées en pleine séance de cotation. Le fait de voir des femmes pénétrer dans cette enceinte longtemps exclusivement masculine constituait un événement accueilli avec des sifflements, des regards et des propos équivoques. Cela ne m'a pas découragée, au contraire.

Dans mon choix de carrière, j'ai toujours voulu identifier les métiers d'avenir. Un jour je suis tombée sur un article dans *Le Monde* qui titrait « L'analyse financière arrive en France ». J'ai d'instinct opté pour cette voie qui me paraissait prometteuse. Sans me rendre compte à ce moment-là qu'elle résonnait avec mon éducation dans une famille où l'épargne était en priorité orientée vers la Bourse.

Au début des années 1970, dans les grandes banques françaises, la finance était une activité marginale, vue avec un certain mépris. La voie royale pour un jeune cadre passait par l'inspection générale ou les activités de crédit. Mais ce qui m'a aidée à passer outre, c'était cette conviction que la finance était un métier d'avenir qui exigeait aussi de se projeter dans le futur des entreprises."

Si Françoise Malrieu a été aidée par sa conviction, elle constate également que la cause des femmes avance et particulièrement ces dernières années. Dans le monde économique, elles prennent de plus en plus de responsabilités. En 1982, seules 4 % des femmes en emploi occupaient des postes de cadres ; elles sont 18 % en 2020. Les femmes représentent ainsi 43 % des cadres en 2020, contre 21 % en 1982. Outre l'élévation de leur niveau d'études, les avancées législatives en faveur de l'égalité dans la vie professionnelle ont sans doute permis cette progression (lois de 1983, de 2011 et de 2014, accord national interprofessionnel de 2004). Conséquence de ces évolutions, la mobilité sociale des femmes par rapport à leurs mères a fortement progressé depuis le début des années 1970 et les mobilités ascendantes sont en 2015 trois fois plus fréquentes que les descendantes.

Aujourd'hui, les femmes occupent plus facilement des postes de cadres, pour autant, elles restent encore largement minoritaires aux premières places. En 2023, 3 femmes sont à la tête d'entreprises du CAC 40, 14 sont à la tête d'une société du SBF 120 contre 10 deux ans auparavant. La loi Marie-Pierre Rixain adoptée fin 2021 instaure des quotas dans les postes de direction des grandes entreprises (plus de 1 000 collaborateurs). Pour arriver au seuil de 40 % imposé par cette loi en 2029, 212 femmes devront être recrutées d'ici à 2030 dans les comités de direction du SBF 120 (78 dans ceux du CAC 40). Aujourd'hui, deux tiers des femmes membres de ces instances occupent des postes fonctionnels (RH, finances, juridique, achats, communication, RSE) et seulement un tiers des postes opérationnels[1]. Les fonctions directement liées à la direction de l'entreprise sont donc encore occupées majoritairement par des hommes alors que les femmes se cantonnent toujours dans les

---

1. Laurence Boisseau, "Comités de direction : combien de femmes pour atteindre la parité dans le SBF 120 ?", *Les Échos*, 9 février 2022, www.lesechos.fr/finance-marches/marches-financiers/comites-de-direction-combien-de-femmes-pour-atteindre-la-parite-dans-le-sbf-120-1385693.

fonctions supports. Michel Ferrary, enseignant-chercheur en charge de l'Observatoire Skema de la féminisation des entreprises, analyse chaque année la composition des instances dirigeantes. En 2022, 12 entreprises avaient au moins 30 % de femmes dans leur comex : BNP Paribas, Carrefour, Crédit agricole, Dassault Systèmes, Kering, Legrand, L'Oréal, Michelin, Pernod Ricard, Saint-Gobain, Schneider Electric et Société générale. En 2021, c'étaient seulement 8 entreprises. Ce pourcentage a donc augmenté de moitié en un an, effet de la loi Marie-Pierre Rixain selon lui. Il pointe cependant le plafond de verre qui limite les femmes dans l'accession aux comités exécutifs. Elles ne représentent en moyenne que 22,95 % des comex du CAC 40 (19,53 % en 2021) alors qu'elles constituent 35,46 % de la population "cadre", vivier traditionnel de recrutement des dirigeants. Il cite dans son rapport les entreprises qui enregistrent le plus gros écart entre présence de femmes dans les effectifs de cadres et présence au sommet, et curieusement, il ne s'agit pas d'entreprises de secteurs à proprement parler masculins (industrie, tech…). Il y a même une entreprise qui ne compte aucune femme dans son comité exécutif alors qu'elles sont 51,7 % de femmes cadres[1]. Cette manière de mettre en lumière les mauvais élèves vise à les contraindre à se réformer, soucieux qu'ils sont de leur réputation et de leur marque employeur. Il est indéniable que les jeunes talents scrutent de plus en plus ces indicateurs lors du choix de leurs premiers postes.

1. Michel Ferrary, "Diversité & Inclusion au sein du CAC 40. L'exclusion des femmes de l'olympe de la gouvernance des entreprises du CAC 40. La mixité au sein des comex et de l'encadrement affecte positivement la rentabilité opérationnelle et la responsabilité environnementale des entreprises", Observatoire Skema de la féminisation des entreprises, 2023, www.skema-bs.fr/Documents/faculte-recherche/Observatoire_SKEMA_f%C3%A9minisation_entreprises_2023.pdf.

Depuis plusieurs décennies, des lois ont été votées pour renforcer la présence des femmes dans les instances politiques et les entreprises. Anne-Marie Idrac témoigne : "Quand est arrivée la loi sur les quotas pour les élections politiques, en 1998, j'étais députée et *a priori* plutôt opposée : pour moi, le genre ne doit pas prédominer sur le fait que nous sommes avant tout des êtres humains comme l'affirmaient Élizabeth Badinter et Sylviane Agacinski, dans une vision républicaine. J'ai beaucoup hésité. Puis j'ai écrit dans *Libération* une tribune expliquant mon changement d'avis : au-delà des principes, la réalité imposait de forcer les choses, au moins de manière transitoire ; ce texte de base a fait émerger de tous bords politiques des élues et dirigeantes locales, nationales et européennes.

Pour la loi Copé-Zimmermann du 20 janvier 2011[1] sur la parité des conseils d'administration d'entreprises, j'avais les mêmes réticences théoriques mais elle a permis des avancées positives dans le sens de l'ouverture."

Muriel Pénicaud souligne également l'importance de cette loi. "J'ai fait partie de la génération de femmes pour laquelle il était difficile de devenir membre d'un comex du CAC 40 ; plus dur qu'aujourd'hui, même si c'est encore compliqué. Et pour ce qui est du conseil d'administration, s'il n'y avait pas eu la loi Copé-Zimmermann, quasiment aucune d'entre nous n'y serait rentrée. Au début, nous étions dubitatives sur les quotas, qui nous semblaient humiliants. Aujourd'hui, je suis certaine que c'était la bonne méthode. Depuis des décennies, la part des femmes dans les conseils d'administration des sociétés cotées plafonnait à 11 %. La loi a lancé une dynamique irréversible. Évidemment, après une période de déni (« On ne va pas trouver de femmes, sauf des

1. La loi Copé-Zimmermann impose un quota de 40 % de femmes dans les conseils d'administration et de surveillance.

potiches »), les entreprises ont découvert de nombreuses femmes compétentes et jusqu'ici invisibles. J'ai fait partie de celles qui ont ouvert les premières portes. Il a fallu ensuite les élargir pour qu'elles soient assez grandes pour toutes." Cette loi n'est plus contestée aujourd'hui. Un bilan de janvier 2021 de la délégation aux droits des femmes du Sénat dresse le constat suivant : "La France se situe aujourd'hui au premier rang mondial en termes de féminisation des conseils d'administration des grandes entreprises cotées, avec une proportion de plus de 46 % de femmes en 2021, devant la Norvège, et loin devant l'Allemagne ou les États-Unis. En outre, cette proportion a plus que triplé en France en dix ans[1]."

Clotilde Coron, enseignante-chercheuse en ressources humaines, quant à elle, souligne que cette loi sur les conseils d'administration a permis d'offrir davantage de variété dans les profils des membres sans baisser en exigence dans la qualité de ces profils[2].

En 2018, la loi pour la liberté de choisir son avenir professionnel menée par Muriel Pénicaud est venue renforcer le dispositif en assurant de nouvelles avancées. Elle instaure une obligation de résultat en termes d'égalité de salaires et d'opportunités de carrière dans toutes les entreprises de plus de cinquante salariés. Pour que cette obligation de résultat devienne une réalité mesurable et un levier de progrès dans l'entreprise, "l'index Pénicaud" est lancé en 2019. Il permet de mesurer sur 100 points l'égalité professionnelle entre les femmes et les hommes. Cet outil s'articule autour de 5 critères :

– l'écart de rémunération femmes-hommes (40 points) ;
– l'écart dans les augmentations annuelles (20 points) ;

---

1. "Parité en entreprise : pour de nouvelles avancées, dix ans après la loi Copé-Zimmermann", rapport d'information n° 757 (2020-2021), déposé le 8 juillet 2021, www.senat.fr/notice-rapport/2020/r20-757-notice.html.
2. Clotilde Coron, *Stéréotypes de genre et inégalités professionnelles entre femmes et hommes. Quelles responsabilités pour les organisations*, Éditions EMS, 2023, édition numérique.

– l'écart dans les promotions (15 points) ;
– les augmentations au retour de congé de maternité (15 points) ;
– la part des femmes dans les 10 plus hautes rémunérations de l'entreprise (10 points).

Chaque année, les entreprises doivent publier sur leur site leurs résultats. Celles ayant une note inférieure à 75 points sont dans l'obligation de prendre des mesures correctives dans les trois ans afin de réduire cet écart professionnel. Passé ce délai, elles encourent une pénalité financière pouvant aller jusqu'à 1 % de la masse salariale annuelle. L'entreprise s'expose également à une pénalité si elle ne publie pas son index. Le but reste bien sûr d'atteindre les 100 %. L'index étant public et discuté au conseil d'administration et au conseil social et économique (CSE) de l'entreprise, la pression externe et interne permet que la dynamique de progrès continue.

Muriel Pénicaud évoque les raisons de son engagement fort dans le combat pour une représentation et une rémunération justes des femmes : "Je n'avais pas eu à me battre autant sur ce sujet d'égalité jusqu'au moment où je suis devenue directrice générale des ressources humaines de Danone, première femme à accéder au comité exécutif. C'était aussi la première fois où je pouvais réellement agir et avoir un impact. À la suite de cette nomination, j'ai reçu plus de cinquante messages de femmes du management de Danone ou qui l'avaient quitté, me demandant, étant donné ma position, d'agir pour la cause des femmes. Et pourtant, Danone était l'une des entreprises les plus avancées socialement à cette époque. Même dans ce contexte d'entreprise sociale, les femmes n'avaient pas toute leur place. Mon mandat en faveur de l'égalité est né là. J'avais pris l'habitude dans ma carrière de ne pas attendre que l'on me donne mandat pour agir. Peut-être que si je n'avais pas reçu tous ces messages, j'aurais agi moins vite et de manière moins radicale. Ce qui m'a mise en mouvement de manière aussi marquée, c'est que l'élan provenait d'une demande du terrain. Les premiers mois, il y avait beaucoup de résistances auprès de mes collègues du comex. Puis, avec le soutien de Franck Riboud (PDG) et l'aide d'Anne Thévenet (directrice des nouveaux concepts et de la prospective), j'ai lancé et mis en place le programme Eve pour le développement du leadership des femmes, qui a rapidement dépassé Danone et s'est élargi à de nombreuses entreprises. J'ai également fait mesurer et intégrer systématiquement la proportion des femmes dans les plans de succession et les revues des talents à tous niveaux chez Danone. Cette expérience a certainement joué un rôle dans ma conviction que la création d'un index était essentielle. Je suis convaincue que l'entreprise ne progresse pas si elle ne mesure pas. La base du management réside dans le fait de fixer et de faire partager une ambition, de la traduire en objectifs, et d'essayer de les dépasser ensemble en donnant aux équipes les moyens de réussir et la reconnaissance associée. Si la direction de l'entreprise, le management intermédiaire, les organisations syndicales et les réseaux de femmes s'engagent tous ensemble pour faire progresser l'index d'une entreprise, toutes les chances de dépasser les objectifs sont réunies. J'ai considéré que pour véritablement avoir un impact dans le monde de l'entreprise, il fallait sur ce sujet l'intervention d'une obligation légale réglementaire. La loi suit parfois l'évolution de la société, mais elle est souvent aussi un accélérateur de changements sociaux à condition d'avoir un impact sur le réel à travers des mesures pragmatiques. C'est pour cela que lorsqu'on m'a proposé une cinquantaine de critères pour que l'index soit exhaustif, je n'ai retenu que les cinq les plus importants, considérant par expérience qu'il s'agissait du nombre maximum d'indicateurs qu'un comex ou un CSE peut scruter en profondeur et sur lequel il peut agir. Au-delà, cela devient un indicateur technique que personne ne regarde, et non plus un outil de management et de pilotage du progrès. Avec cet index rendu public, il devient difficile pour les entreprises de reculer. Nous l'avons conçu pour avoir un effet cliquet, empêchant tout retour en arrière. Si l'index d'une entreprise baisse, elle sera pénalisée par la réduction de son attractivité sur les meilleurs talents et sa cohésion interne en sera affectée. Dans un contexte de guerre des talents, particulièrement pour les nouvelles générations attentives aux critères sociaux et environnementaux, il vaut mieux être dans les meilleures. Les rares entreprises (2 % du total) qui ont un score parfaitement égalitaire (100 points) en font d'ailleurs un élément de leur marque employeur sur le marché du recrutement, ringardisant les autres au passage. Cette émulation, cette compétition vertueuse, était également mon but en instituant l'index comme levier de progrès continu. La Commission européenne a suivi avec beaucoup d'intérêt notre loi et l'index, et envisage de lancer une directive européenne sur cette base."

Mais imposer des quotas ne suffira pas à faire évoluer la situation à tous les niveaux de l'entreprise si les représentations et les habitudes ne changent pas durablement. Dans beaucoup de cas, si l'entreprise ne met pas en place tout un arsenal de mesures, elle court le risque de reculer. En la matière, le *statu quo* équivaut à une dégradation. Françoise Malrieu œuvre d'ailleurs pour qu'il existe une diffusion de la dynamique vertueuse des quotas dans les conseils d'administration vers les autres instances dirigeantes. "Aujourd'hui je suis administratrice de plusieurs grandes sociétés. Je considère que, dans ma fonction, mon devoir est de contribuer à ce que la mixité se diffuse dans les comex et parmi les autres cadres dirigeants. Au début, un certain nombre de patrons du CAC 40 étaient agacés par le dispositif des quotas. Je me souviens d'un président qui n'avait aucune femme dans son comex. J'ai dû lui dire qu'il fallait qu'il y pense sérieusement. C'est le rôle des membres des conseils d'administration de systématiquement challenger les dirigeants sur leurs objectifs de féminisation : à quelle échéance pensez-vous atteindre ces objectifs ? Comment parviendrez-vous à ce résultat ? Quelles seront les conséquences sur la politique de recrutement, les promotions et les éventuels effets sur les effectifs cadres masculins (pour ne pas voir partir les hommes de talent) ?"

Les avancées sont donc réelles ces dernières années, pourtant elles ne sont pas irréversibles. Il n'existe pas d'effet cliquet en la matière. C'est ce que différents dirigeants soulignent, ayant eux-mêmes expérimenté des résistances multiples. De nouvelles lois deviendraient donc nécessaires.

SISYPHE ET LES RÉSISTANCES

Denis Machuel, l'actuel CEO d'Adecco, a occupé les fonctions de DG de Sodexo. Il témoigne du fait que même les entreprises avancées sur la question de la parité doivent toujours redoubler d'efforts pour maintenir leur notation, car naturellement, si les dirigeants ne restent pas vigilants, l'entreprise recule. "En arrivant chez Sodexo, j'ai mesuré tout le travail qui avait été réalisé par Michel Landel. Il avait commencé à mettre en place des indicateurs. Dix ans auparavant, dans les effectifs, il y avait bien 50 % de femmes, mais dans les leaders, il y avait un décrochage. On avait 25 % de femmes dans le top 1 600. Aujourd'hui nous sommes à 37 % dans le top 1 600 et à 40 % dans le top 200 quatre ans avant notre objectif initial. Quand je suis rentré dans le comité d'exécution en 2014, Michel l'avait élargi pour atteindre 50 % d'hommes et 50 % de femmes. Trois ans plus tard, on était redescendus à 30 %. Au fur et à mesure des remplacements, on s'est aperçus que la relève de potentielles dirigeantes n'était pas là. Il y a un côté mythe de Sisyphe. On ne peut jamais se reposer sur ses lauriers. Dès que l'on baisse la garde, on recule.

Sur l'équité salariale, nous avons mené un chantier en France pour réajuster les salaires. Ce sujet est très compliqué car granulaire. Nous nous sommes aperçus que nous avions effectué un travail de rattrapage, mais qu'ensuite nous avions dérivé simplement à cause des nouveaux recrutements. Les femmes demandent moins en salaire que les hommes. Ces nouvelles recrues ne se situent pas dès le départ dans un système d'équité.

Elles vont spontanément négocier moins ou demander moins. Par cet effet système, les salaires vont redériver." Ce sujet de la négociation salariale est également soulevé par Élisabeth Crépon, directrice générale d'ENSTA Paris (École nationale supérieure de techniques avancées, soit la plus ancienne école d'ingénieurs en France), qui constate qu'à la sortie de l'école, les filles sont moins exigeantes sur leur salaire que les garçons.

Dans le dernier rapport 2023 de la conférence des Grandes Écoles[1], les inégalités sur les salaires à l'embauche entre les filles et les garçons ne se résorbent pas. Au contraire, l'écart se creuse. Le salaire moyen hors primes des hommes est supérieur de 5,5 % à celui des femmes (39 000 euros versus 36 949 euros). L'écart augmente encore par rapport à l'an dernier (5 %). En dessous de 30 000 euros, les femmes sont aussi plus nombreuses (12,7 %) que les hommes (4,8 %). Et inversement, dans la fourchette des salaires les plus élevés, au-delà de 42 000 euros, on trouve plus d'hommes (26,2 %) que de femmes (19,4 %). Cet écart s'explique par le choix des secteurs d'activité mais surtout par le fait que les filles négocient moins leur salaire que les garçons[2].

Plus récemment, la loi Rixain sur les quotas dans les instances dirigeantes des entreprises a divisé le monde politique et économique. Avec cette loi adoptée fin 2021, des quotas dans les postes de direction des grandes entreprises sont instaurés. Les entreprises de plus de mille salariés doivent publier chaque année sur leur site internet les écarts éventuels de représentation parmi leurs cadres dirigeants et les membres de leurs instances

---

1. Conférence des Grandes Écoles, "L'insertion des diplômés de Grandes Écoles", juin 2023, www.cge.asso.fr/wp-content/uploads/2023/06/2023-06-14-Rapport-2023.pdf.

2. Marie-Christine Corbier, "Grandes écoles : les salaires des jeunes diplômés atteignent leur plus haut niveau historique", *Les Échos*, 15 juin 2023, www.lesechos.fr/politique-societe/societe/grandes-ecoles-les-salaires-des-jeunes-diplomes-atteignent-leur-plus-haut-niveau-historique-1952272.

dirigeantes. L'objectif est d'imposer des quotas de 30 % de femmes membres des instances dirigeantes d'ici à 2027 et 40 % d'ici à 2030. Les entreprises auront deux ans maximum pour se mettre en conformité avec ces quotas, sous peine de pénalité financière (1 % de la masse salariale au maximum). Les écarts de représentation seront publiés sur le site du ministère du Travail. En 2020, seul un quart des entreprises avaient une quasi-parité dans leurs dix plus grosses rémunérations, une importante rémunération étant le signe de l'appartenance à une instance dirigeante.

Marie-Pierre Rixain évoque la genèse de la loi et ce qu'elle vise. La loi Copé-Zimmermann sur les conseils d'administration n'avait pas produit les effets attendus sur les instances dirigeantes. Il fallait donc aller plus loin. "À l'occasion des dix ans de cette loi, nous avons organisé un colloque visant à évaluer la loi, et, parallèlement à cette évaluation, je menais, avec ma collègue Laurence Trastour-Isnart, une mission d'information visant à identifier les mécanismes destinés à accélérer l'égalité économique et professionnelle entre les femmes et les hommes. Lors des soixante-dix auditions, il m'est rapidement apparu que les écosystèmes se remettaient très peu en question sur l'intégration des femmes dans les cercles du pouvoir économique. En parallèle, on constatait que le ruissellement qu'aurait dû provoquer la loi Copé-Zimmermann sur les comex et les comités de direction (ou codir) des grandes entreprises ne s'était pas produit : le nombre de femmes à la tête d'une grande entreprise se comptait encore sur les doigts d'une seule main. En sus, j'étais concernée par l'accès des femmes entrepreneuses aux sources de financement, ainsi qu'à leur place dans l'écosystème de la tech. En effet, si l'on regarde les données, ventilées par sexe, relatives aux levées de fonds, on constate que les derniers tours sont l'apanage des hommes.

Au cours de la mission d'information, nous avons auditionné des experts comme la Pre Catherine Vidal au sujet des stéréotypes de genre qui contraignent la liberté des individus et, en particulier, des femmes. Combien de fois avez-vous entendu des phrases du type « Les femmes sont réfractaires aux risques » ; « Les femmes n'ont pas les mêmes capacités que les hommes pour gérer la férocité des marchés »... ? Au cours de nos auditions, nous avons eu droit à toutes les objections possibles pour limiter le champ d'application de la loi concernant l'accession des femmes aux postes de premier plan ; grâce au travail de Mme Catherine Vidal, nous avons pu démontrer que ces objections ne s'appuient sur aucune réalité scientifique. En fait, il m'est rapidement apparu que le problème était structurel : notre société, de manière globale, refuse encore de reconnaître les femmes comme des sujets économiques à part entière. Il devenait donc nécessaire de remédier à cela en concevant des dispositifs à même d'accélérer l'égalité économique et professionnelle entre les femmes et les hommes.

Néanmoins, je ne souhaitais pas rédiger une loi exclusivement centrée sur la question des codir et des comex. Je voulais un texte qui s'adresse à l'ensemble des femmes, considérant que chacune, quel que soit son parcours, était confrontée à des obstacles majeurs en tant que sujet économique. C'est pourquoi j'ai proposé un texte autour de cinq axes :

– la lutte contre les violences économiques dans le couple ;
– le retour à l'emploi des mères et, plus particulièrement, des mères célibataires ;
– un meilleur équilibre femmes-hommes dans les filières de l'enseignement supérieur ;
– le partage du pouvoir économique ;
– le soutien aux femmes entrepreneuses.

L'un des objectifs de la loi est d'exploser le plafond de verre auquel sont confrontées les femmes dans l'entreprise. Les cercles de pouvoir répondent tous à la même logique, celle de l'entre-soi, de la méfiance à l'égard de l'autre et de la différence. Les entreprises traditionnelles, du CAC 40 notamment, se sont développées selon l'esprit du capitalisme né au XIXe siècle et héritier de codes patriarcaux, faits par des hommes et pour des hommes.

Je ne parle pas ici des réunions après 18 heures mais bien plutôt de la capacité à accepter (ou non) la différence, et le fait que l'altérité puisse être une source de bienfaits multiples pour l'entreprise.

Lors de la conception du dispositif de représentation équilibrée des femmes et des hommes à la tête des grandes entreprises se sont posées une multitude de problématiques qu'il fallait résoudre : quelle population viser dans l'entreprise ? Quel type d'entreprises ? Quels secteurs économiques ?… Certains ont eu l'amabilité de m'inviter à réfléchir à des quotas qui seraient différenciés selon les secteurs d'activité, voire proportionnels au taux de féminisation des filières. Ce que j'ai naturellement refusé dans la mesure où cela aurait été complètement contre-productif pour les femmes, mais aussi pour l'économie. En effet, je suis convaincue que l'enjeu consiste à accompagner tous les secteurs d'activité y compris ceux qui connaissent des difficultés de recrutement et pour qui le « vivier » de candidates est moindre. Envoyer un signal fort à 52 % de la population, c'est-à-dire aux femmes, en leur prouvant qu'elles ont leur place dans toutes les instances de direction, y compris celles des entreprises issues des secteurs peu féminisés, les invite à intégrer davantage de secteurs professionnels. Cela permet également à des secteurs en tension d'élargir leur vivier de talents. En outre, les données à ma disposition montraient qu'il n'y avait pas de corrélation directe entre les effectifs globaux et la mixité des instances dirigeantes. C'est-à-dire que dans certains secteurs, pourtant très masculins, les entreprises avaient déjà atteint les seuils de la loi. Inversement, des entreprises plutôt féminisées présentaient des taux de féminisation extrêmement faibles dans leurs codir ou comex. Ces données soulignaient que la féminisation des instances de direction relève avant tout d'une décision stratégique de la part de la direction.

Lors de mes travaux préparatoires, la présidente Christine Lagarde a attiré mon attention sur deux aspects. D'abord, elle m'a conseillé de faire en sorte que la loi soit simple à mettre en place par les entreprises, les périmètres devant être facilement identifiables. Ensuite, elle m'a indiqué qu'il fallait favoriser une certaine granularité dans le dispositif, c'est-à-dire ne pas se contenter de cibler les seules instances de direction, mais inclure les viviers dont sont issues les personnes qui intègrent les comex et les codir. C'est pourquoi j'ai conçu un dispositif qui s'appuie sur un double périmètre : celui des instances dirigeantes et celui des cadres dirigeants. La notion de cadres dirigeants figurait déjà dans le code du Travail et permettait de cibler la population susceptible d'intégrer les instances dirigeantes de l'entreprise. Il a fallu ensuite définir les instances dirigeantes dans la loi. J'ai, pour cela, introduit la définition suivante au sein du code du Commerce : « Est considérée comme instance dirigeante toute instance mise en place au sein de la société par tout acte ou toute pratique sociétaire aux fins d'assister régulièrement les organes en charge de la direction générale dans l'exercice de leurs missions. » Ces instances peuvent aujourd'hui s'appeler comex ou codir, mais si dans une entreprise l'instance de direction s'appelle comité de stratégie, c'est alors ce comité-là qui est visé par la loi.

Sur ce périmètre, à partir du 1er mars 2026, les entreprises devront compter 30 % de femmes, puis 40 % à partir du 1er mars 2029. Pour accompagner ces quotas, j'ai également imposé la publication annuelle des données relatives à cette féminisation.

Pour répondre à cette exigence de parité, certaines entreprises choisiront peut-être d'inclure de nouvelles fonctions dans leurs instances dirigeantes. Je n'y vois pas d'inconvénient dans la mesure où cette décision permet de rendre visibles les femmes qui rejoindront ces cercles. À terme, en raison de leur exposition, elles se verront peut-être offrir l'opportunité d'occuper de nouvelles fonctions de direction. Je suis persuadée que pour les femmes le sujet est de pouvoir accéder à une plus grande visibilité. Alors tant mieux si la loi accélère cela ! Je crois que même si elle peut encore être perçue comme une contrainte par certains réfractaires, pour la majorité cette loi ne fait qu'accélérer le mouvement de l'histoire.

À présent, la prochaine étape consiste à permettre aux femmes (et aux hommes !) d'être elles-mêmes dans les postes de direction. En effet, il ne s'agit pas seulement d'intégrer, parfois artificiellement, des femmes aux cercles de pouvoir en attendant d'elles qu'elles se comportent selon des habitus dits masculins (et que beaucoup d'hommes récusent), mais de permettre aux individus d'être eux-mêmes en exerçant le pouvoir selon leurs aspirations. Un exercice qui inclut la gestion du rapport de force et un certain nombre d'éléments consubstantiels. En outre, avec le rajeunissement des personnes des fonctions de direction, de nouveaux modèles émergent, incluant mieux les contraintes familiales et les aspirations personnelles. Le pouvoir va avec l'autorité, mais celle-ci ne repose pas nécessairement sur un archétype d'autoritarisme.

Féminiser les instances de direction implique de traiter la question de l'entrée dans la vie professionnelle. C'est pourquoi, dans le texte, j'ai prévu des dispositions qui concernent l'enseignement supérieur. Les établissements concernés devront mettre en place un baromètre de l'égalité des chances, similaire à l'index d'égalité professionnelle, et communiquer sur les différentes actions qu'ils entreprennent pour être attractifs pour les femmes. Je suis assez convaincue que beaucoup d'évolutions sont possibles. Récemment, lors d'une visite à l'ENS sur le plateau de Saclay, j'ai pu constater que dans la branche robotique, grâce à une action résolue de l'équipe dirigeante, les femmes représentaient 35 % des jeunes chercheurs."

Comme l'a souligné Marie-Pierre Rixain, l'argument contre la mise en place d'une loi sur les quotas qui a pu être avancé par certains dirigeants comme Philippe Darmayan (promoteur de la parité au sein de l'UIMM, fédération de la métallurgie) est que dans certains secteurs, notamment ceux de l'industrie et particulièrement de l'industrie lourde comme la métallurgie, il est beaucoup plus difficile de trouver des talents. Actuellement, environ 30 % des diplômés des écoles d'ingénieurs sont des femmes, tendance qui évolue peu. "Quand on part dans nos industries à 10 % de femmes et que l'on doit arriver à 40 %, la promotion interne ne suffit pas. Il faut recruter en externe. Le politique doit traiter ce problème-là : celui de la ressource et des conséquences sur l'ensemble du personnel. Il faut s'attaquer aux causes profondes et cela commence par un travail du ministère de l'Éducation."

Paul Polman, ex-PDG d'Unilever, dans un contexte très international, ne partage pas ce point de vue sur la difficulté de recrutement des talents féminins, peut-être aussi parce que la mondialisation permet des embauches s'opérant sur des panels beaucoup plus larges : "Chez Unilever, dans les métiers de production, quand je voulais augmenter la proportion de femmes, on me répondait qu'il n'y avait pas beaucoup de femmes ingénieures possiblement candidates. Je refusais cet argument et répondais : « Ne me dites pas que sur les milliards d'êtres humains qui peuplent la planète on ne peut pas trouver dix femmes pour diriger ces centres de production. »"

Si des dirigeants ont pu invoquer l'argument de la difficulté de recrutement contre les quotas en toute bonne foi, certains se sont servis d'un autre prétexte : celui du refus de la stigmatisation exprimé par les premières concernées. C'est donc que les principales intéressées refusaient d'être cataloguées, ce qui pouvait jeter une ombre sur leur compétence.

Agnès Pannier-Runacher revendique ce titre de femme quota : "Récemment, j'ai été surprise des critiques que j'ai essuyées lorsque j'ai dit que j'étais une « femme quota ». Je faisais écho au constat de quarante personnalités allemandes du monde de la politique, de l'économie et du spectacle, qui les premières l'avaient clamé pour rappeler que le combat de la parité les avait aidées à sortir de l'anonymat, alors même qu'aujourd'hui personne ne conteste leur légitimité. Quand vous devez constituer un gouvernement paritaire, vous dressez une liste de noms envisageables pour ces postes. Et vous vous rendez compte que la liste des hommes qui vous viennent spontanément en tête est beaucoup plus longue que celle des femmes. Vous devez prendre plus de temps pour trouver des noms de femmes. C'est dans ce processus de rééquilibrage que mon nom est apparu. Cela n'a rien à voir avec mon mérite ou mon absence de mérite. C'est bien là qu'est l'hypocrisie. Les décideurs, qui sont le plus souvent des hommes, ont spontanément le réflexe, conscient ou inconscient, de penser à des profils d'hommes. Il faut sortir de cette façon de voir les choses. Assumer que l'établissement de quotas amènera des femmes sur la liste de candidats à un poste par un mécanisme certes artificiel, mais efficace. Et assumer d'être ponctuellement une « femme quota » car il faudra de toute façon faire ses preuves."

La question des quotas est en train de générer un agacement ou parfois même une certaine colère chez les hommes. Nous constatons ces dernières années une accélération de ce qu'on pourrait appeler le choix préférentiel des femmes à compétences égales. Les hommes se voient refuser l'accès à certains postes que les dirigeants réservent à des femmes pour satisfaire cette logique des quotas. Effet collatéral de la loi Rixain, beaucoup de DRH de grandes sociétés sont dissuadés par les chasseurs de têtes de rechercher le même type de poste dans les entreprises de plus de mille collaborateurs. Ils sont plutôt invités à se reconvertir. À compétences égales, les femmes sont préférées aux hommes. Les entreprises féminisent ainsi plus facilement leurs comex avec des candidates qui occupent des postes de filières où elles sont surreprésentées : marketing, communication, ressources humaines, juridique. Si certains trouvent cette nouvelle configuration injuste, d'autres se font une raison. Ils se résignent à accepter de subir les effets du rattrapage d'une situation qui pendant longtemps a été défavorable aux femmes. Philippe Darmayan considère que pour faire face à cette situation, il faut inclure le sujet de la parité dans les processus de gestion de carrière. "Il y a deux écueils à éviter : celui des femmes qui ne veulent pas être femmes quotas mais aussi celui des hommes frustrés parce qu'ils vont se faire coiffer sur le poteau pour respecter des critères de parité plutôt que sur les compétences ou l'expérience. Inclure la question de la parité dans la gestion des carrières permettra à chacun d'anticiper ses chances de progrès et de décider de lui-même s'il doit espérer ou chercher ailleurs."

Clotilde Coron, qui a analysé en Europe l'effet de différentes politiques de promotion des femmes, considère que "les quotas constituent donc un instrument particulièrement efficace, qui doit cependant être accompagné de mesures complémentaires (changement de la culture organisationnelle, communication)[1]". Les quotas de notre point de vue sont nécessaires mais doivent être assortis de mesures qui permettent aux hommes d'en comprendre la nécessité pour pouvoir les accepter sans pour autant se sentir lésés. Il s'agit de permettre aux femmes d'embrasser des carrières moins traditionnelles que celles qu'elles choisissent classiquement (communication, RH…) pour que les hommes occupant ces fonctions ne subissent pas à leur tour une discrimination néfaste. C'est ce que prône Philippe Darmayan notamment en proposant des postes plus opérationnels aux femmes (des parcours de carrière plus souples avec des mobilités transverses) et qui rejoint l'affirmation de Clotilde Coron sur la mutation de la culture organisationnelle.

Les entreprises auraient intérêt à construire des carrières pour les femmes qui leur permettent également d'occuper des postes opérationnels. Elles pourront ensuite plus facilement occuper des postes de direction générale. Dans de nombreux cas, les expériences opérationnelles dans les carrières offrent l'opportunité de mieux comprendre les réalités "terrain" des entreprises et, en élargissant la palette des compétences, de mieux les piloter. Quant aux hommes, selon Laurent Zermati, ex-directeur des cadres dirigeants du groupe La Poste, les

1. Clotilde Coron, *op. cit.*

entreprises doivent tenir compte de leur situation sachant que le sujet de la mixité est anxiogène pour eux et particulièrement pour les 35-50 ans. Ils craignent d'être la génération sacrifiée en termes de promotion et de développement de carrière. Il recommande de continuer à promouvoir des hommes à des postes clés (au moins un sur trois) et, dans la politique de mixité, d'intégrer un volet dédié à la gestion de carrière des hommes dans l'entreprise.

Des hommes ? Bien sûr, mais dans une position qui ne leur permettra plus de continuer à exercer une politique de cooptation exclusivement en faveur de leurs semblables. Il ne s'agit pas ici de nier l'intérêt de nommer quelqu'un que l'on connaît et que l'on a vu remplir ses fonctions de manière extrêmement compétente, mais plutôt de briser le systématisme. Les hommes cooptant majoritairement des hommes, le fait de promouvoir des femmes à des postes opérationnels permettra de casser en partie cette logique. Les quotas sont peut-être un mal nécessaire pour contrer la politique de cooptation. Clotilde Coron note que "de nombreuses organisations fonctionnent sur le principe de la cooptation et de la sélection de gré à gré… Autrement dit, l'accès à certains postes ou certaines responsabilités se fait sur la recommandation ou le choix de personnes, qui se fondent sur leurs réseaux personnels ou professionnels[1]".

Françoise Malrieu, une des premières femmes à diriger un département de direction générale à la BNP, puis première femme promue associée gérante de la banque Lazard, a pu prendre conscience que dans sa carrière, le fait d'être une femme l'avait écartée de logiques de réseaux qui permettaient aux hommes de se regrouper et de construire ensemble leur carrière. "Lors d'un séminaire de direction générale, je me souviens que j'étais la seule femme. Les hommes étaient tous en train de former des petits groupes entre eux, je sentais bien que je n'étais

1. *Ibid.*

pas partie prenante car ils construisaient leur avenir ensemble et préparaient la suite de leur carrière. J'étais seule, je ne ressentais pas cette force qui découle du fait d'être entourée. J'ai rencontré à de nombreuses reprises la solidarité masculine bâtie de longue date et que les femmes ont à construire à leur tour."

La cooptation se fait majoritairement à partir de logiques de réseaux, encore trop souvent masculins. Les femmes en ont longtemps été écartées. Ce phénomène peut s'expliquer, entre autres raisons, par la peur du différent, que nous avons déjà évoquée. La cooptation du semblable rassure, consciemment ou inconsciemment. Le dirigeant masculin préfère souvent nommer dans sa garde rapprochée des personnes dont il peut facilement décrypter les comportements car elles lui sont familières. C'est ainsi que dans certains comex du CAC 40, nous pouvons retrouver en majorité des personnes du même sexe, du même âge, qui ont suivi les mêmes études et arborent les mêmes parcours. Ce besoin de stabilité et de réassurance, conforté par la possibilité de prédire les comportements, pousse le dirigeant à nommer des personnes qui lui ressemblent. Ce besoin peut être à l'origine de discriminations importantes préjudiciables à l'entreprise car ne favorisant pas l'innovation et la créativité. Agnès Pannier-Runacher témoigne de son expérience : "Je participe à des comex depuis que j'ai vingt-neuf ans. J'ai vu des personnes moyennement compétentes à la tête d'entreprises mais qui savaient jouer de l'esprit de meute et avaient une volonté farouche de rester dans l'entre-soi. Depuis que nous ne sommes plus des chasseurs-cueilleurs, il existe une pression constante, renouvelée, confortée par des textes religieux ou laïques plus ou moins sacrés, pour toujours soutenir que les femmes ne peuvent pas participer au pouvoir. Cela fait dix mille ans que ça dure et c'est insupportable. Entre les autolimitations que les filles s'imposent et les projections que la société plaque sur les garçons pour qu'ils assument seuls le pouvoir, il reste encore beaucoup de chemin à parcourir. Certaines femmes elles-mêmes peuvent participer de cette résistance au changement."

Paul Polman a côtoyé des dirigeants très résistants à toute évolution. "J'ai toujours œuvré pour la parité et la diversité, mais pour beaucoup, ce n'est toujours pas une évidence. Quand je suis arrivé chez Unilever, il y avait seulement une femme dans le *board* et les nationalités des membres n'étaient pas très variées : des Néerlandais et des Anglais. Quand on m'a appelé pour occuper le poste de CEO de l'entreprise, j'ai posé mes conditions : « Si vous voulez que j'accepte, vous devez procéder à un profond bouleversement dans les nominations, sinon je refuse. » Nous avons opéré ce changement pour arriver à 50 % hommes et 50 % femmes. Aujourd'hui cette proportion est devenue naturelle, même si elle peut osciller un peu entre 40 et 60 %. Nous avons trois personnes de couleur dans le *board*. On a dû attendre que George Floyd soit tué pour se rendre compte qu'il y avait des personnes de couleur dans le monde. Beaucoup de CEO vivent dans des petites bulles, des petites îles. Il n'y a toujours pas assez de femmes dans les comex. J'ai fait partie du « club 30 % » qui militait pour qu'il y ait 30 % de femmes dans les *boards* alors qu'aucune obligation ne poussait les dirigeants à atteindre ces objectifs. Et à l'époque, nous ne trouvions pas de CEO pour s'engager. Par contre, certains évoluent quand ils ont une nouvelle petite amie ou sous la pression de leur fille."

L'industrie, un monde d'hommes ? Il nous paraît fondamental d'insister sur la nécessité pour chaque sexe, afin de se sentir accepté et pleinement à sa place, d'être représenté en nombre suffisant. C'est d'ailleurs aussi valable pour les femmes que pour les hommes. Les hommes peuvent se sentir très mal à l'aise dans un univers trop féminin.

Un autre sujet d'inquiétude pour les partisans de la féminisation de certains secteurs et en particulier de l'industrie : le recul de l'apprentissage des mathématiques à la suite de la récente réforme du baccalauréat. Le combat visant à engager les filles dans les filières scientifiques est loin d'être gagné.

Début 2022, les sociétés savantes et associations de mathématiques alertent sur les risques d'un accroissement des inégalités filles-garçons en mathématiques au lycée. “Les notes d'information de mai et décembre 2021 de la direction de l'évaluation, de la prospective et de la performance (DEPP, organe qui évalue les politiques menées par le ministère de l'Éducation) montrent que la réforme du lycée a considérablement aggravé les inégalités dans la formation en mathématiques en filière générale. En effet, alors que la part des filles en terminale S progressait régulièrement depuis 1994, elle est redescendue au-dessous du niveau de 1994, chutant de près de 8 points après deux ans de mise en place de la réforme. Ainsi, seulement 25 % des filles en 2021 ont un enseignement de mathématiques de plus de six heures hebdomadaires contre 45 % avant la réforme. Ce décrochage est encore plus édifiant en première générale, où près de la moitié des filles abandonne les mathématiques en fin de seconde en 2021, alors qu'elles étaient jusqu'en 2018 environ 83 % à poursuivre un enseignement de mathématiques[1].”

Élisabeth Crépon s'émeut de cette situation. Elle est elle-même diplômée de l'École polytechnique. “Je suis inquiète, car beaucoup de jeunes filles laissent en partie tomber les mathématiques avec la réforme du bac en terminale. C'est un point d'alerte fort pour

1. APMEP, “Réforme du lycée et mathématiques, 25 ans de recul sur les inégalités filles/garçons”, communiqué des sociétés savantes et associations de mathématiques : ADIREM, APMEP, ARDM, CFEM, Femmes et Mathématiques, SFdS, SMAI, SMF, UPS, 25 janvier 2022, www.apmep.fr/Reforme-du-lycee-et-mathematiques.

les écoles d'ingénieurs. J'ai à l'esprit de créer une année de remédiation en maths pour récupérer des jeunes filles qui n'ont pas choisi la spécialité mathématiques en terminale (qui ont pris SVT, physique) afin de les former spécifiquement dans cette matière. Il ne s'agit pas de « perdre » une année, mais de leur offrir des opportunités complémentaires en permettant à ces jeunes filles d'avoir les clés nécessaires à l'accession à ces filières scientifiques. Autant avant il fallait faire son master en cinq ans, autant aujourd'hui on peut prendre son temps. Je plaide pour que les évolutions soient possibles dans les parcours."

Laurent Giovachini, DG adjoint de Sopra Steria et président de Syntec (syndicat professionnel de l'ingénierie, du numérique, du conseil, de l'événementiel et de la formation), note que si les filles sont aujourd'hui autour de 30 % dans les écoles d'ingénieurs, elles se dirigent préférentiellement vers le tertiaire plutôt que vers l'industrie, l'ingénierie et le secteur de l'IT. "Le taux de féminisation des filières informatiques, à l'université comme dans les grandes écoles, est d'ailleurs très faible (de l'ordre de 20 %)." Si Laurent Giovachini, diplômé de Polytechnique et marié à une collègue de la promo 1980, a connu l'esprit conquérant des pionnières admises à l'école en 1972, pour lui, cet esprit s'est peu à peu dissous. "La multiplicité des possibilités de carrière offertes aux femmes dans des domaines et à des postes traditionnellement féminins ainsi que la pression sociale dominante ont compliqué la marche des femmes dans ces secteurs." Un autre argument très intéressant vient expliquer pour lui le fait que les femmes aient été freinées dans leur participation à des instances dirigeantes : l'augmentation au cours des cinquante dernières années de l'âge auquel elles mettent les enfants au monde. Les carrières s'accélérant à partir de trente-trente-cinq ans et l'éducation incombant encore majoritairement aux femmes, celles-ci se voient distancées par les hommes. Pour autant, il reste optimiste car les effets de la loi Rixain et la pression exercée par les médias devraient permettre aux instances dirigeantes de se féminiser.

Par contre, les femmes restent peu présentes dans l'entrepreneuriat. Selon le baromètre Sista/BCG, seulement 4 % des start-up fondées en 2020 l'ont été par des femmes et 17 % par des équipes mixtes.

Marie Eloy est un témoin des difficultés encore rencontrées par de nombreuses femmes quand il s'agit d'entreprendre. Dans un couple, quand des épreuves surviennent, les femmes sont souvent les premières à arrêter de travailler. “Quand ma fille a connu des soucis de santé après sa naissance, je ne me suis pas posé la question de savoir qui dans le couple devait s'arrêter de travailler. C'était forcément moi alors que j'étais à cette époque journaliste. Nous nous sommes installés en Bretagne dans un petit village. J'ai cofondé une école Montessori et j'ai ainsi découvert l'entrepreneuriat n'ayant aucune notion de gestion ou de management. J'ai traversé des moments compliqués : maman solo avec un passage au RSA. Cette période de transition m'a permis de réfléchir à ce que je voulais vraiment faire. J'aurais aimé à ce moment-là pouvoir bénéficier d'accompagnement. Je n'avais jamais fait partie d'un réseau et beaucoup étaient alors très élitistes. Ne trouvant pas celui qui me convenait, je l'ai créé et nommé « Femmes de Bretagne ». Ce réseau a répondu à de réelles attentes. Puis avec la Fondation Entreprendre, le concept a été dupliqué dans les autres régions et c'est devenu « Femmes des Territoires ».

Quand j'ai créé ce réseau, on parlait peu d'entrepreneuriat pour les femmes. Dix ans plus tard, le taux d'entreprises uniquement dirigées par des femmes reste faible : 21 %. Les entrepreneuses que je croisais avaient monté des TPE mais ne vivaient pas de leur activité. En se penchant sur la question avec une chercheuse de l'école de management de Grenoble, nous nous sommes rendu compte que 70 % des femmes entrepreneuses gagnaient moins de 1 500 euros par mois. J'ai alors créé Bouge ta Boîte fin 2016 avec la double ambition de mailler le territoire et de ne laisser aucune femme sans réseau pour créer son entreprise. Aujourd'hui Bouge ta Boîte garantit dans tous les départements un rendez-vous mensuel. Nous avons des cercles locaux dans 140 villes et nous sommes convaincues que nous avons un impact sociétal car nous contribuons à développer les entreprises portées par des femmes, à dynamiser les territoires, à favoriser les emplois locaux, à multiplier les pratiques écoresponsables. La vraie différence entre femmes et hommes entrepreneurs : c'est le réseau. Les hommes vont réseauter de manière formelle ou informelle quand les dirigeantes d'entreprise vont avoir tendance à rester isolées. Or, c'est dans un réseau qu'on va développer son leadership et sa stratégie. C'est là aussi qu'on va parler d'argent et enlever ce tabou encore plus important chez les femmes. Souvent les entrepreneuses ont créé leur entreprise pour le sens, mais pour qu'elle ait un impact, il faut que cela rime avec business et en vivre ! Ce que je souhaite aujourd'hui ? Qu'on mesure enfin l'apport économique, social, sociétal et environnemental des femmes à notre société. Il reste dénigré alors qu'il est essentiel. On doit s'appuyer tout autant sur les femmes que sur les hommes pour relever les enjeux immenses face à nous.

Nous avons fait le constat que lorsqu'il y a un arbitrage à faire dans un couple, ce sont les femmes qui abandonnent plus facilement leur emploi et peuvent se retrouver ensuite dans des situations difficiles. Nous observons également que pour les femmes, il est très compliqué de parler d'argent car souvent elles sont attendues essentiellement sur le sens, c'est-à-dire sur des données immatérielles, à long terme, qui ont un impact positif sur la société. Elles sont supposées être dans le don généreux d'elles-mêmes. Elles ont intégré ces représentations qui les limitent."

La question de l'entrepreneuriat féminin est à la fois sociale et sociétale. Ce sont les femmes qui sont à 80 % à la tête de familles monoparentales avec des revenus souvent très faibles et une éducation économique et financière réduite.

Sibylle Le Maire, directrice exécutive du groupe Bayard et fondatrice de Vives, a bien identifié que le rapport entre les femmes et l'argent était particulièrement complexe et les pénalisait fortement. “Mon féminisme s'est révélé tardivement alors que j'ai grandi dans une fratrie de six enfants au sein de laquelle j'étais la seule fille. J'ai été élevée avec l'idée que l'on ne parle pas d'argent à table. L'Éducation nationale délaisse ce sujet. C'est compliqué dans ces conditions d'éduquer les citoyens à la responsabilité financière. Au moment du passage à la retraite, les femmes touchent 40 % de moins que les hommes. Cet écart est dû aux inégalités de salaire bien sûr, mais aussi aux ruptures de carrière, aux temps partiels subis. Quand des jeunes femmes viennent me voir pour passer en temps partiel, je les invite à réfléchir à la répartition de la charge économique avec leur conjoint car en cas de divorce, elles seront pénalisées. Ayant constaté qu'il n'y avait pas de lieu d'éducation aux sujets économiques et financiers, peu de sensibilisation, ni de discussion en famille, j'ai créé un collectif, « Vives », pour aborder la question. La plupart des femmes considèrent qu'elles n'ont pas le temps nécessaire pour s'intéresser à la question. Nous avons conduit une étude sur le manque d'éducation économique et financière. 82 % des femmes sont insatisfaites de leur niveau d'éducation, alors que les hommes le sont aussi mais à 70 %.”

UNE ABSENCE NOTABLE DANS LE NUMÉRIQUE

Si les femmes sont donc encore peu présentes à la tête d'entreprises qu'elles ont créées, une autre réalité sectorielle devient préoccupante : celle de leur présence dans les filières numériques. Or, la révolution digitale constitue la quatrième révolution industrielle. Le numérique est omniprésent dans nos vies. Laurent Giovachini souligne que cette révolution irrigue et transforme l'ensemble de l'industrie de la connaissance et des métiers de l'intelligence productive. L'impact du numérique sur les activités d'ingénierie traditionnelles est massif. Or les femmes sont sous-représentées dans ce domaine. Selon le dernier rapport de la Grande École du numérique, *Gender Scan* 2022, la proportion de femmes dans les emplois de technologie ne progresse pas et reste inférieure à 20 % dans le numérique[1]. D'après une enquête menée en 2021 par l'école d'informatique Epitech et Ipsos, qui analyse les choix d'orientation des jeunes en fonction de leur genre, les stéréotypes des parents éloignent les filles des métiers du numérique. En effet, seulement 33 % d'entre elles sont encouragées par leurs parents à s'orienter vers les métiers du numérique, contre 61 % des garçons, alors que les parents sont les principaux prescripteurs en matière d'orientation. Cette même étude montre que 37 % des lycéennes envisagent de s'orienter vers une école d'informatique ou une école d'ingénieurs, contre 66 % des garçons. Pourtant, 56 % des lycéennes sont intéressées par l'informatique/le numérique[2] ! Alors que les femmes ont été très présentes dans le domaine informatique jusque dans les années 1970, constituant la moitié des effectifs du secteur, elles sont aujourd'hui presque absentes. Rappelons-le, ce fut une femme, Margaret Hamilton, qui conçut le système embarqué du programme spatial de la mission Apollo 11. Pour avancer dans la cause d'une mixité apaisée, il est essentiel que les femmes puissent investir le domaine du numérique. Aurélie Jean souligne que dans les innovations, les biais des concepteurs orientent les technologies, ce qui peut entraîner des discriminations. C'était déjà le cas pour les premiers airbags qui avaient été conçus pour des personnes

1. Extraits *Gender Scan* dans l'innovation, 2022, www.genderscan.org/Docs/Gender_Scan_Synthese_2022_France.pdf.

2. Epitech/Ipsos, "Observatoire sur la féminisation des métiers du numérique", 2021, www.epitech.eu/wp-content/uploads/Epitech-observatoire-feminisation-metiers-numerique.pdf.

de 1,77 m, soit, en général, des hommes. Ils n'étaient plus efficaces pour la plupart des femmes et des enfants. L'absence de diversité dans les équipes de conception des algorithmes conduit à des ratés dommageables pour les femmes qui sont minoritaires dans ce milieu : la première application santé d'Apple permet d'enregistrer ce qu'on mange, sa température, sa tension, ou encore de calculer son nombre de pas journaliers, mais sa première version n'autorisait pas l'enregistrement des dates des menstruations. Devant le tollé, Apple a dû formuler des excuses publiques et le défaut a été corrigé. Parce qu'ils sont inévitables, les biais nous forcent à développer notre esprit critique, ils nous poussent à remettre sans cesse en question les résultats d'autrui ainsi que les nôtres, interprétations et conclusions. Les biais algorithmiques proviennent de nos propres biais et depuis longtemps Aurélie Jean a appris à s'en méfier. Il est d'autant plus facile de les identifier si les équipes sont mixtes et diversifiées en termes d'âge, d'origine sociale…

De plus, les femmes se heurtent à des barrières lorsqu'elles lancent leurs start-up comme le révèle le baromètre réalisé par Sista/BCG[1] : en moyenne, les start-up fondées par des femmes ont 30 % moins de chances que celles fondées par des hommes de lever des fonds. En ce qui concerne les levées de fonds, "l'héritage de l'écosystème continue de peser en faveur des équipes 100 % masculines : tous tours confondus, les équipes 100 % masculines lèvent 4 millions d'euros de plus que les équipes avec au moins une femme. En 2021, 88 % du montant total levé par des start-up est capté par des équipes 100 % masculines". Pourtant, toujours selon la même étude, les start-up cofondées par des femmes ont un meilleur rendement. Les femmes

1. "Startups françaises : les équipes mixtes grandes gagnantes des levées de fonds", 3e édition du baromètre Sista/BCG sur les conditions d'accès au financement des femmes dirigeantes de start-up, mars 2022, https://wearesista.com/wp-content/uploads/2022/10/SISTAxBCG-2022.pdf.

promeuvent la mixité : elles créent leur entreprise à 70 % en mixte quand seulement un homme sur cinq entreprend avec une femme.

Manuelle Malot, directrice du NewGen Talent Centre[1] de l'Edhec, souligne cependant des évolutions dans les aspirations des jeunes. Des progrès ont été réalisés pour ce qui est de l'entrepreneuriat. Toutefois, les fonctions ciblées et les secteurs d'activité restent encore marqués par le genre. “Le travail de l'enseignement supérieur depuis plusieurs années porte ses fruits, les jeunes femmes s'autocensurent moins. En huit ans les aspirations de carrières des hommes et des femmes en termes de statut d'emploi se sont rapprochées : les jeunes femmes sont de plus en plus nombreuses à se projeter dans la création d'entreprise et le statut d'indépendant. Selon ces deux modalités, les femmes sont plus motivées par l'impact qu'elles auront sur la société. Les hommes apparaissent plus spécifiquement intéressés par de meilleures perspectives de rémunération lorsqu'ils privilégient le salariat. Les secteurs et fonctions ciblés restent assez genrés et évoluent peu. Par ailleurs, faire quelque chose d'utile pour les autres et contribuer au développement social et environnemental donnent significativement plus de sens au travail des femmes. À l'heure de la loi Pacte et du développement de la RSE, l'Edhec NewGen Talent Centre fait l'hypothèse d'un véritable choix de conviction de la part des femmes plutôt que d'un choix contraint.”

Une étude conduite par l'Edhec et le cabinet Bearing Point[2] souligne les différences de motivation au travail chez les filles et les garçons.

---

1. NewGen Talent Centre est un laboratoire de recherche sur les nouvelles générations.

2. Bearing Point/Edhec, *La Nouvelle Donne de l'engagement des jeunes générations en entreprise*, livre blanc, janvier 2021, www.edhec.edu/sites/default/files/2022-10/LIVRE_BLANC-La_nouvelle_donne_de_lengagement_edhec_bearingpoint-2021.pdf.

LES CRITÈRES DE MOTIVATION AU TRAVAIL LES PLUS DIFFÉRENCIANT
ENTRE LES FEMMES ET LES HOMMES

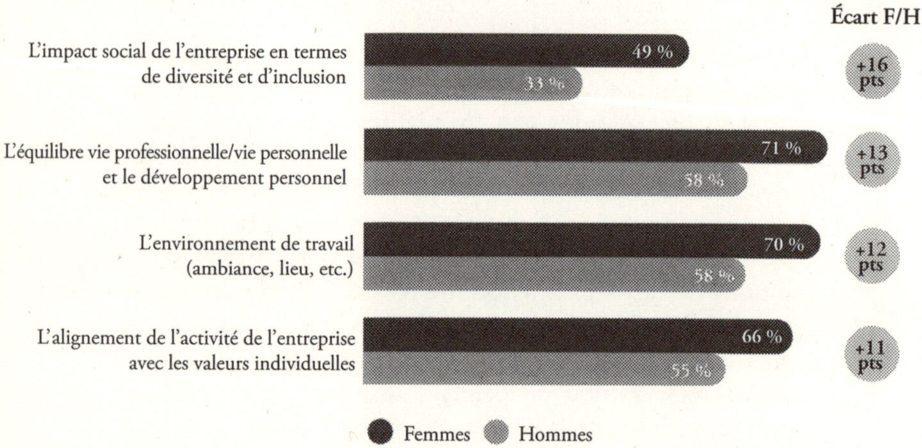

Elle souligne les écarts entre les attentes des femmes et des hommes, particulièrement en ce qui concerne l'impact social de l'entreprise en termes de diversité et d'inclusion. Cet aspect démontre à quel point les entreprises ont tout intérêt à soigner leur politique de diversité et à créer des cultures favorables aux femmes pour attirer et fidéliser les talents féminins.

PARTAGE DES TÂCHES

Un autre facteur vient limiter la progression de la part des femmes dans les instances dirigeantes : celui de la répartition des tâches domestiques au sein des couples. Dans ce domaine, les représentations évoluent lentement et l'impact du Covid a même eu un effet négatif, soulignant la fragilité des avancées en la matière.

"En France aujourd'hui encore, 73 % des tâches domestiques sont réalisées par les femmes. Comme partout dans le monde, la pandémie a entraîné des conséquences massives et disproportionnées sur les femmes. Une sur quatre aux États-Unis a envisagé de revoir à la baisse ses ambitions professionnelles ou de ne plus travailler tandis que selon l'Organisation internationale du travail (OIT), l'emploi des femmes sera beaucoup plus impacté par la crise que celui des hommes dans les années à venir. L'épidémie a souvent été vécue comme une double peine pour les femmes. Charge mentale, double journée, les femmes restent les premières variables d'ajustement du quotidien et de la famille[1]." Le Haut Conseil à l'égalité entre les hommes et les femmes (HCE) note dans son rapport "Égalité, stéréotypes, discriminations entre les femmes et les hommes : perceptions et vécus chez les jeunes générations en 2022" que 51 % des jeunes de dix-sept à dix-neuf ans considèrent que, lorsqu'un enfant naît, il est mieux que la mère arrête de travailler ou réduise son temps de travail pour s'en occuper, ce que seule une femme sur trois souhaite. Face aux diverses injonctions et représentations, les orientations distinctes entre les filles et les garçons traduisent une forte intériorisation des stéréotypes de genre[2].

Les femmes supportent davantage le poids de la conciliation que les hommes. Le passage à temps partiel ou le retrait temporaire du marché du travail apparaissent pour certaines comme une solution pour mieux concilier vie familiale et vie professionnelle. Le Haut Conseil à l'égalité note dans son rapport de 2022 que : "Depuis les dernières décennies, le partage des tâches reste inégalitaire, comme le confirme l'indice d'égalité de genre

1. Élisabeth Moreno et Agnès Pannier-Runacher, *Femmes, ministres et féministes. Notre combat pour l'égalité réelle*, Éditions Point d'Orgue, 2022, version numérique.

2. Sylvie Pierre-Brossolette, Catherine Smadja, Mahaut Chaudouët-Delmas, Alice Apostoly, Coline Rio et Martha Yeghiayan, "Égalité, stéréotypes, discriminations entre les femmes et les hommes : perceptions et vécus chez les jeunes générations en 2022", rapport publié le 28 février 2022, www.haut-conseil-egalite.gouv.fr/IMG/pdf/rapport_egalite_stereotypes_discriminations_entre_les_femmes_et_les_hommes_perceptions_et_vecus_chez_les_jeunes_generations_en_2022-2.pdf.

sexe 2020 de l'EIGE, qui montre une stagnation de la France dans ce domaine. Pour rappel, 80 % des femmes consacrent encore plus d'une heure par jour au travail domestique non rémunéré, contre 36 % des hommes[1]." Lors du premier confinement mis en place au printemps 2020 pour lutter contre l'épidémie du Covid-19, le fait de devoir rester au domicile a induit davantage de tâches ménagères. La fermeture des écoles et des modes d'accueil a aussi entraîné des charges supplémentaires pour les parents. Pendant cette période, les femmes ont continué d'assumer l'essentiel des tâches domestiques et parentales, même quand elles travaillaient à l'extérieur : 19 % des femmes et 9 % des hommes de vingt à soixante ans ont consacré au moins quatre heures par jour en moyenne aux tâches domestiques ; 43 % des mères et 30 % des pères ont passé plus de six heures quotidiennes à s'occuper des enfants. À caractéristiques identiques (personnelles, professionnelles, conditions de travail), les femmes reçoivent le plus souvent le reproche de ne pas suffisamment consacrer de temps à leurs enfants, notamment quand elles ont des enfants mineurs. Pour les femmes, ces difficultés de conciliation entre vie professionnelle et vie privée sont régulièrement associées à une santé et un bien-être psychologique altérés.

Marie Guillemot témoigne aussi du fait que les femmes se censurent souvent elles-mêmes, considérant que les tâches domestiques leur incombent en priorité. "Chez KPMG, on recrute plus de femmes que d'hommes, soit 57 %. Au bout de quatre ou cinq ans, elles deviennent managers et là on en perd 10 %. C'est le moment où elles ont des enfants, où manager veut dire piloter une équipe, être en interface avec vos *partners* et interlocuteurs privilégiés pour vos clients. Il faut gérer un jeu de contraintes. L'entreprise doit prouver aux femmes que non, elles ne sont pas obligées de choisir entre avoir des enfants et travailler dans nos métiers. Elles doivent rompre avec toutes les pensées limitantes

1. *Ibid.*

qui leur ont été inculquées, et je dois dire que moi aussi j'ai dû les dépasser : ce n'est pas raisonnable d'être simultanément maman de jeunes enfants et manager. Vous vous sentez coupable au bureau de ne pas être encore rentrée et coupable à la maison de ne pas être déjà rentrée. Désormais la flexibilité plus grande dans l'organisation du travail et le travail à distance permettent de faire moins de présentiel et de supporter le regard de ceux qui vous voient partir à 19 heures en disant : « Bon après-midi. » Pour ma part, je n'ai jamais voulu faire une coupure étanche vie pro/vie perso. Je considère que j'ai une seule vie. Je parle souvent avec des collaboratrices et je les interroge : « Est-ce que tu as évoqué avec ton conjoint le fait que tu souhaites devenir associée ? Est-ce qu'il t'aide ? Est-ce qu'il t'encourage ? » Souvent, elles me disent non."

Plusieurs femmes interviewées soulignent à quel point une répartition égalitaire des tâches domestiques leur a permis de faire face à leurs responsabilités et, dans certaines phases de leur carrière, ces tâches ont même été portées en intégralité par leur conjoint. Emmanuelle Seyboldt, présidente du conseil national de l'Église protestante unie de France, nous raconte : "J'ai été nommée en 2017. C'est un poste très lourd et prenant. Mon mari est pasteur en paroisse, et pour me soutenir, il porte également l'ensemble des charges domestiques." Il en va de même pour Christel Bories qui a toujours partagé les tâches avec son époux, ce qui lui a permis de se déplacer fréquemment dans les sites d'exploitation à l'étranger pendant toute sa carrière. "Quand des jeunes femmes me demandent comment faire pour s'épanouir dans leur carrière, je leur dis : « Choisissez bien votre partenaire. » Si vous n'êtes pas avec quelqu'un qui partage les tâches et vous accompagne, alors ce sera compliqué. Nous étions interchangeables avec mon mari ayant mis en place à la maison une organisation presque militaire, ainsi que tous les relais nécessaires. Quand je partais une semaine en voyage je n'avais aucune culpabilité, car je savais qu'il s'occuperait parfaitement de tout."

Le développement du congé de paternité devrait permettre aux pères de partager davantage les tâches domestiques. C'était l'esprit de cette mesure adoptée en 2021 qui a fait passer le congé pour le père ou le second parent de quatorze à vingt-huit jours dont sept obligatoires : contribuer aussi à l'égalité entre les hommes et les femmes, en incitant à un rééquilibrage des tâches domestiques et surtout parentales, et en réduisant les inégalités de carrières professionnelles entre les femmes et les hommes. Il peut, par exemple, permettre au second parent de prendre le relais de la mère à l'issue de son congé de maternité.

Face à l'arrivée d'un enfant, la perception de l'employeur continue d'être totalement inégalitaire. Les stéréotypes fortement ancrés sont encore à l'œuvre comme le soulignent les recherches de la chaire Diversité et Inclusion de l'Edhec[1]. Concernant le père, c'est la prise de responsabilités qui sera perçue en premier lieu par son entourage professionnel : il peut alors être vu comme une personne à qui on peut confier davantage de responsabilités dans son travail, ce qui aura un impact positif sur sa carrière. Certains chercheurs parlent de "bonus à la paternité" (Hodges & Budig, Nautet & Piton, Périvier). Pour la mère, au contraire, ce sont les contraintes qui vont davantage être perçues par son entreprise : elle peut alors être perçue comme peu fiable, plus souvent absente et moins attachée à sa progression de carrière, car devant se concentrer sur autre chose que son travail. Les mêmes auteurs évoquent la "pénalité à la maternité". Pourtant, l'enquête récente de la chaire Diversité et Inclusion de l'Edhec[2] montre que la conception du rôle du père influe sur le recours à ce congé. Cette étude souligne le poids des normes et des représentations sociales. Trois principaux facteurs influencent le recours au congé de paternité :

---

1. Hager Jemel-Fornetty, Laura Lacombe et Magalie Vigé, "Le congé de paternité et d'accueil de l'enfant : représentations et attentes", 2022, www.edhec.edu/fr/recherche-et-faculte/centres-et-chaires/chaire-diversite-inclusion/publications/2022-etude-conge-paternite-et-accueil-enfant.
2. *Ibid.*

1. les normes sociales agissent positivement sur le recours au congé de paternité : plus les pères pensent que leur partenaire, leurs ami(e)s ou encore leurs collègues approuveraient leur décision de bénéficier du congé de paternité, plus ils auront tendance à y recourir ;
2. la conception du rôle de père impacte également le recours au congé de paternité : plus les pères ont une vision traditionnelle du rôle de père, moins ils recourent au congé de paternité. Par exemple, les pères qui pensent que "les mères sont naturellement plus sensibles lorsqu'elles donnent des soins aux bébés que les pères" recourent moins au congé de paternité que les autres homme ;
3. la perception de l'égalité femmes-hommes dans l'entreprise influence négativement le recours au congé de paternité : plus les hommes trouvent que leur entreprise est égalitaire, moins ils recourent au congé de paternité.

Ce n'est pas parce que l'on perçoit son entreprise comme égalitaire qu'elle l'est forcément. De plus, de manière globale, les hommes ont tendance à considérer davantage que les femmes que leur entreprise est égalitaire parce que, ne vivant pas les discriminations, ils ne les perçoivent pas nécessairement.

Enfin, une autre explication de ce phénomène vient du fait qu'il existe souvent un recoupement entre les hommes qui ont une vision traditionnelle du rôle de père et ceux qui considèrent que leur entreprise est égalitaire. Certains chercheurs nomment ce phénomène "sexisme moderne". On parle de sexisme moderne ou de néosexisme pour caractériser les attitudes visant à minimiser les discriminations et les différences en jugeant que l'évolution de la société a permis de venir à bout des inégalités entre les femmes et les hommes dans la sphère privée et professionnelle et qu'aujourd'hui chacun a des chances égales de réussite professionnelle. Mais en quoi l'affirmation selon laquelle les femmes ont obtenu une situation égale à celle des hommes serait-elle sexiste ? Au contraire, ne s'agit-il pas d'une opinion plutôt progressiste ? En réalité, c'est une croyance paradoxale : si on a pu constater un recul important dans l'expression publique de préjugés ouvertement sexistes en France ces trente dernières années, les statistiques sur les inégalités de salaire et sur les chances d'accès aux fonctions managériales pour les femmes cadres montrent que la parité est encore loin d'être atteinte. Certains scientifiques ont donc considéré que l'affirmation selon laquelle il n'y a plus de problème de discrimination selon le genre dans le monde du travail pouvait être l'indice d'un sexisme sous-jacent.

Nous venons de le souligner : l'allongement du congé de paternité et la mise en place de réglementations de rééquilibrage ne suffisent pas à eux seuls à provoquer un changement des représentations, même s'ils y contribuent. La modification de ces perceptions prend souvent plusieurs décennies, comme l'indique l'historienne Michelle Perrot reprenant les réflexions de Françoise Héritier face au mouvement #MeToo : "Il est difficile et long de changer les représentations symboliques et les modes de pensée[1]", peut-être, comme elle le souligne, parce que l'idée que l'on puisse effacer la distinction fondamentale entre un homme et une femme alimente une peur profonde[2].

La question fondamentale est-elle encore pour tous les tenants de l'égalité de savoir quand nous parviendrons à cette égalité tant recherchée, ou plutôt, finalement, si nous l'atteindrons un jour. Le doute persiste tant cette quête semble hors d'atteinte. Pourtant, le choix de l'optimisme nous paraît le seul désirable. Le meilleur moyen de se prémunir contre l'inaction en la matière est de faire preuve de réalisme mâtiné de volontarisme.

Cordelia Fine indique dans *Delusions of Gender* qu'un de ses professeurs de mathématiques à l'université d'Irvine en Californie, Alice Silverberg, disait déjà : "On me racontait des histoires d'horreur sur les discriminations mais on rajoutait : « Mais tout a changé, cela ne t'arrivera jamais. » Et maintenant ma génération

1. Michelle Perrot et Eduardo Castillo, *Le Temps des féminismes*, Grasset et Fasquelle, 2023, p. 73.
2. *Ibid.*, p. 69.

le dit pour la suivante. Comment avons-nous pu penser que c'était cela l'égalité[1]." À chaque génération, la même rengaine se fait entendre. Jusqu'à quand ?

Aurélie Jean fait partie de ces femmes qui considèrent que l'égalité n'est pas encore pleinement effective : "J'ai plein d'espoir dans les nouvelles générations, parce que les jeunes veulent sortir des codes pour trouver du sens dans ce qu'ils font. Mais les filles de vingt ans d'aujourd'hui ne se rendent pas toujours compte de tout le travail qui a été réalisé par les femmes avant elles et de la fragilité de ces avancées. Mon arrière-grand-mère a obtenu le droit de vote, ma grand-mère a pu ouvrir un compte à son nom, je suis la première génération de ma famille à aller à l'université. Mais j'ai l'impression que rien n'est acquis. Beaucoup d'hommes et de femmes aujourd'hui considèrent que le féminisme n'a plus de raison d'être parce que les femmes ont réussi à avoir l'égalité. Nous l'avons en droits, mais nous devons encore agir pour obtenir le même pouvoir d'exercice de ces droits. Beaucoup stigmatisent les féministes en les faisant passer pour des personnes antihommes. Le « combat » n'est pas fini et j'observe de plus en plus une sorte de polarisation dans les interventions médiatiques et les articles d'opinion sur le sujet du féminisme."

RÉSISTANCES ET MENACES FACE AU MOUVEMENT POUR L'ÉGALITÉ

Le dernier rapport du Haut Conseil à l'égalité publié en 2023[2] s'alarme d'une situation sexiste qui perdure en France. Il nous paraît important de souligner deux chiffres marquants : parmi

---

1. Cordelia Fine, *op. cit.*
2. Haut Conseil à l'égalité entre les femmes et les hommes, rapport annuel 2023 sur l'état du sexisme en France, 23 janvier 2023, www.haut-conseil-egalite.gouv.fr/IMG/pdf/hce_-_rapport_annuel_2023_etat_du_sexisme_en_france.pdf.

les hommes de vingt-cinq à trente-quatre ans, près d'un quart estime qu'il faut parfois être violent pour se faire respecter, et tous âges confondus 40 % trouvent normal que les femmes s'arrêtent de travailler pour s'occuper de leurs enfants. Donc non, tout n'est pas réglé. L'égalité n'est pas encore atteinte et ce sentiment est largement partagé.

"Comme lors de la première vague du baromètre, les personnes interrogées perçoivent le monde professionnel comme particulièrement sexiste : seule 20 % de la population estime que les femmes et les hommes y sont égaux en pratique, un score en baisse de 3 points." Il s'agit ici de perception, qui, comme nous l'avons vu précédemment en évoquant la menace du stéréotype, influence les comportements. 41 % de ces femmes veillent à ne pas parler trop fort ou hausser le ton, ou encore censurent leur propos par crainte de la réaction des hommes. Près d'une femme sur cinq rencontre des difficultés à prendre la parole au sein d'un groupe. Or la capacité à s'exprimer en public avec aisance est une des compétences essentielles requises pour occuper un poste de premier plan. Avoir la capacité d'exprimer une pensée, un propos clair pour convaincre son auditoire donne un pouvoir important à celui qui la possède. Les premières féministes françaises avaient compris l'importance de l'expression orale et organisaient lors de leurs congrès des groupes de prise de parole pour accompagner les plus maladroites dans l'exercice.

Il existe des mouvements, des idéologies plus ou moins diffuses qui menacent ces avancées déjà décrites (notamment la représentation croissante des femmes dans les instances de direction, la réduction des écarts de salaire...). Pour mieux les contrer, il s'agit de clairement identifier et de décrire ces tendances nouvelles, qu'elles émergent de courants néoconservateurs ou d'opportunistes prêts à fédérer à leur profit les inquiets d'une société déstabilisée par la perte de repères.

Parmi ces mouvements défenseurs du patriarcat, le masculinisme figure en bonne place. Il s'agit d'un mouvement antiféministe et viriliste qui entend soutenir l'idée que nous traversons une crise de la masculinité traditionnelle, préjudiciable à l'ensemble de la société, crise liée à la féminisation de cette même société. Ce mouvement n'est pas nouveau, mais il a trouvé un écho très large avec le développement des réseaux sociaux. Les hommes souffriraient parce qu'ils ne trouveraient plus leur place dans la société, occupée indûment par les femmes. Les hommes se verraient ainsi "castrés" par des femmes de plus en plus volontaires. Leur action préjudiciable produirait une discrimination injuste envers les hommes, induisant notamment des difficultés scolaires. Le gynocentrisme aurait remplacé l'androcentrisme. Ces théories renouent avec le lien entre trois termes : pouvoir, violence (force) et masculin.

Éric Zemmour, dans *Le Premier Sexe*[1], développe de semblables thèses. Son propos est clair : "C'est pour comprendre ce qui s'est passé, ce qui nous est arrivé, à nous les hommes, pour ressusciter cette pensée, cette psyché virile, pour révéler le palimpseste sous le parchemin féminin, que j'ai d'abord écrit ce petit livre. C'est un traité de savoir-vivre viril à l'usage de jeunes générations féminisées." Les hommes sont devenus des femmes ! Quelle déchéance ! Elles auraient essayé de se transformer en hommes, le symbole de la perfection (notre vieux androcentrisme est de retour), mais n'y étant pas arrivées, alors elles ont décidé de transformer les hommes en femmes. Apologie de la virilité associée à l'idée de force, voire de violence. Illustration concrète de ce phénomène : les femmes sont accusées de vouloir débarrasser les hommes de leurs poils. Le poil "nous rappelle que la virilité va de pair avec la violence, que l'homme est un prédateur sexuel, un conquérant[2]". Pour Éric Zemmour, le rapport étroit est évident entre phallus et pouvoir.

"Et si l'on trouve davantage de femmes dans les métiers de service que dans les sphères du pouvoir, ce n'est pas à cause d'un

1. Éric Zemmour, *Le Premier Sexe*, Denoël, 2006.

2. *Ibid.*, p. 30.

système patriarcal mais bien parce qu'elles promeuvent « un modèle féminin » qui rejette le pouvoir comme pulsion de mort… Si on refuse de voir le rapport trouble entre l'argent, le pouvoir et le phallus, on se met volontairement des œillères." Dès que les femmes investissent un domaine, celui-ci se féminise et, par voie de conséquence, se précarise. "Grande ironie de l'histoire d'une féminisation qui n'est en vérité qu'une dévirilisation." En croyant prendre le pouvoir, les femmes le vident de sa substance. Si la substance du pouvoir se résume en captation financière et pouvoir autoritaire, alors il nous paraît intéressant que justement les femmes s'en mêlent. D'ailleurs, rappelons que le pouvoir doit aussi se comprendre comme service, service de l'intérêt général, faisant passer les ego personnels derrière le bien commun. C'est le sens du mot "ministre", dérivé du mot latin *minister*, celui qui accomplit une tâche au service de quelqu'un ou de quelque chose.

Si nous nous déplaçons vers le champ économique, cet auteur déplore également le remplacement d'un management viril, autoritaire, solaire par un nouveau style où la consultation, la concertation permanente, l'écoute et le dialogue de même que la recherche effrénée du consensus et la quête obsessionnelle de la sécurité sont privilégiés[1]. L'homme face à la pression féminisante en aurait perdu ses repères. Il s'agit donc bien d'une peur de perdre leur identité qui pousse certains hommes à autant dénigrer les femmes. Or, les nouvelles générations rejettent massivement les formes de management autoritaires, et leurs aînés qui ont eu à en souffrir leur emboîtent le pas.

Dans notre ouvrage, nous soulignons, à travers les témoignages rapportés, que l'émergence d'une nouvelle conception du pouvoir, débarrassé non pas de la notion d'autorité mais de celle d'autoritarisme, est un fait propre au XXIe siècle, de même que celui d'une recherche d'horizontalité dans la

1. *Ibid.*, p. 39.

plupart des structures de la société : participation au pouvoir politique, économique et même religieux. Ces discours virilistes sont à contre-courant des évolutions récentes des aspirations notamment des jeunes générations. Si l'on s'intéresse aux sphères économiques, ces aspirations traduisent des attentes qui, éloignées des concepts d'autoritarisme et de pouvoir viriliste, sont plutôt le reflet d'attributs traditionnellement considérés comme l'apanage des femmes : bienveillance, collaboration… Les nouvelles générations d'ailleurs n'associent pas directement ces éléments plus particulièrement aux femmes qu'aux hommes. Pour la plupart des entreprises, favoriser ces types d'environnements et de façons de travailler est un enjeu de recrutement et de fidélisation des talents, avec le profit qui lui est associé.

La grande étude menée par l'Edhec et le cabinet Bearing Point de 2021[1] montre que : "Les nouvelles générations sur le marché du travail portent des idéaux et des défis propres à leur époque. Dans leurs choix professionnels, trois priorités émergent :

- participer à une aventure collective, qui dépasse le cadre strict de leur travail, est un puissant moteur d'engagement pour les jeunes collaborateurs, qu'ils perçoivent comme un encouragement à mettre leurs atouts personnels au service de l'entreprise ;
- les jeunes actifs veulent éprouver des méthodes de travail innovantes, favorisant l'esprit d'équipe, au sein d'espaces collaboratifs ;
- ils valorisent un environnement de travail bienveillant et l'acquisition de nouvelles compétences comme facteurs clés de motivation.

L'un des critères de motivation différenciants est désormais l'impact de l'entreprise sur son environnement et sa capacité à

1. Bearing Point/Edhec, *op. cit.*

répondre aux problématiques de diversité et d'inclusion. Un enjeu auquel les femmes sont particulièrement sensibles."

Si les nouvelles générations interrogent le rapport au sens, elles sont cependant particulièrement exposées aux messages relayés par les réseaux sociaux et les médias de manière générale, qui véhiculent une vision parfois dévalorisante du féminin. Les médias jouent un rôle majeur dans la transmission des stéréotypes. Nous en sommes particulièrement convaincus lorsque nous regardons les publicités des décennies précédentes. Il en va de même pour la manière de présenter les femmes dirigeantes. Afin de continuer à progresser sur le chemin de l'égalité, il paraît essentiel de rester vigilants quant aux moyens modernes de communiquer des représentations et donc des stéréotypes.

Le chemin parcouru dans le secteur financier est notable depuis une dizaine d'années : l'observatoire des métiers de la banque, qui associe entreprises et syndicats, a mené une étude qui souligne la féminisation de nombreux métiers, les pas vers l'égalité salariale, la plus forte part de promotions de techniciens à cadres obtenue par les femmes, si bien que la parité parfaite caractérise désormais l'encadrement de ce secteur pourtant réputé très masculin. Sur le plan des stéréotypes, la presse économique a un rôle à jouer en prêtant attention aux portraits de femmes et d'hommes. Maya Atig, directrice générale de la Fédération bancaire française (FBF), s'est intéressée à et a analysé de nombreux articles de presse concernant les personnalités économiques françaises de premier plan. Elle œuvre pour la parité de manière très active dans sa vie professionnelle, par le biais de son mandat au Medef, mais aussi à titre privé au sein de plusieurs réseaux, dont, au croisement des deux, l'association Financi'Elles (femmes de la finance). Elle a remarqué que lorsqu'il s'agissait de femmes dirigeantes et de femmes de pouvoir, les journalistes s'intéressaient davantage à leurs caractéristiques physiques et aux éléments liés à leur apparence que chez leurs homologues masculins. "Odile Renaud-Basso, première femme à diriger le Trésor, a eu droit à sa pleine page dans *Le Monde*, avec force commentaires sur son cadre familial, sa simplicité, son organisation personnelle et son physique, « des colliers à volutes dorées » ! Alors que pour ses homologues masculins, de la photo au texte, c'est le vocabulaire de la puissance qui domine (le costume gris, la corpulence…). La campagne de communication de 2022 de Sista diffusant une vidéo courte présentant des personnalités masculines interviewées par une journaliste femme, leur posant des questions que l'on adresse traditionnellement aux femmes mais jamais aux hommes, est une illustration salutaire de ces pratiques. L'embarras de ces personnalités face aux questions posées souligne les caractères biaisés et genrés de certaines approches journalistiques[1]."

Les médias exercent une influence forte sur les perceptions et continuent de véhiculer des stéréotypes peu favorables aux femmes et à leur capacité à diriger. Des chercheurs ont prouvé que les publicités qui présentent des femmes comme des écervelées réduisent leur capacité à prendre la parole en tant que leaders. Les étudiantes qui ont été exposées à des pubs stéréotypées négatives sont moins à même de prendre le *lead* d'un groupe d'étudiants[2]. Avec le développement d'autres médias comme YouTube, le phénomène s'est accéléré. Mona Chollet, dans son ouvrage *Beauté fatale*, indique que "les films, les feuilletons, les émissions de télévision, les jeux, les magazines, parce qu'ils impliquent une relation affective, ludique aux représentations qu'ils proposent, parce qu'ils mettent en branle les pouvoirs de la fiction et de l'imaginaire, informent en profondeur la mentalité de leur public[3]". Les jeunes femmes investiraient même davantage dans la mode, alimentant un

1. "Et si on posait les mêmes questions aux femmes et aux hommes ?", étude Sista et Mirova Forward, 2022, www.youtube.com/watch?v=STgGmvdoqP8.

2. Cordelia Fine, *op. cit.*, p. 43.

3. Mona Chollet, *Beauté fatale*, La Découverte, 2012, p. 9.

rapport au corps compris comme objet, vision utilitariste exacerbée, corps dont la vocation majeure serait de séduire. Sans projection concurrente d'un idéal, d'une représentation valorisante de leur rôle, les femmes renoueraient avec la fonction qui leur a été longtemps assignée, celle d'auxiliaires décoratives des hommes. Cette remarque souligne l'importance de la présentation aux jeunes filles de rôles modèles attractifs et valorisants. "Dans le film de Géraldine Nakache *Tout ce qui brille* (2009), c'est la mode et non les études qui cristallise les rêves d'ascension sociale des deux jeunes héroïnes de banlieue : elles dévorent *Elle* au pied de leur HLM, et Lila a tapissé le mur de sa chambre de sacs des boutiques de luxe parisiennes. On est loin de *L'Étudiante*, le film de Claude Pinoteau avec Sophie Marceau, en 1988 : on doute qu'un personnage préparant l'agrégation fasse rêver qui que ce soit aujourd'hui[1]."

Selon l'étude du CSA de 2018, l'analyse des deux cents vidéos les plus consultées sur YouTube, en France, en 2017 et 2018, a permis au Conseil d'établir les constats suivants[2] : lorsque des propos à connotation sexuelle sont tenus, ils s'adressent exclusivement à des femmes ; non seulement les femmes sont davantage montrées nues (partiellement ou totalement) ou sexualisées que les hommes, mais, en plus, elles sont les cibles exclusives des propos à connotation sexuelle.

Le rapport "Numérique : le sexisme en liberté[3]" va plus loin et note une aggravation de la situation depuis 2018, renforçant

1. *Ibid.*, p. 33.

2. Conseil supérieur de l'audiovisuel, "Représentation des femmes dans les vidéos les plus vues sur YouTube", 2018, www.csa.fr/Informer/Collections-du-CSA/Thema-Toutes-les-etudes-realisees-ou-co-realisees-par-le-CSA-sur-des-themes-specifiques/Les-etudes-du-CSA/Representation-des-femmes-dans-les-videos-les-plus-vues-sur-YouTube-2018.

3. Fondation des Femmes et Sciences Po, "Numérique : le sexisme en liberté. La représentation des femmes dans les vidéos les plus vues sur YouTube", août 2021, https://fondationdesfemmes.org/fdf-content/

l'idée qu'en termes d'égalité, le combat est loin d'être gagné. L'analyse des deux cents vidéos les plus consultées sur YouTube montre que les clips musicaux demeurent les plus attractifs. Les premiers rôles sont masculins à 62,1 % contre 16,2 % pour les femmes, reflet de la vieille idée que les hommes sont appelés à garder le devant de la scène. Entre 2019 et 2020, on note une hausse de plus de 10 % des stéréotypes genrés. Les stéréotypes masculins sont associés à des valeurs positives (la puissance et le courage), contrairement aux stéréotypes féminins, qui sont connotés négativement (la sentimentalité et la vénalité). "L'hyperviril", "le protecteur" et "le macho" sont les trois stéréotypes les plus fréquents pour les personnages masculins. "L'archétype le plus récurrent est celui de « l'hyperviril », qui revient dans 35,5 % des contenus. Nous avons remarqué que cette hypervirilité était dans la majorité des cas associée à des comportements déviants, présentant un certain nombre d'attributs propres à l'image romancée du gangster (argent, drogue, armes, voitures…)." Les éléments symbolisant la force et la violence sont encore présentés de manière positive, augmentant la désirabilité de ces modèles chez les jeunes hommes tout en considérant que les femmes leur sont subordonnées car dépourvues de force et pouvant être utilisées. En ce qui concerne les stéréotypes féminins, l'archétype le plus courant est celui de "la sentimentale", suivi de "la poupée", "la séductrice" et "la vénale". La représentation faite des femmes renvoie à une conception du féminin comme "sexe faible". Vieille idée aristotélicienne, le masculin est l'actif alors que le féminin est le passif ou reste dans un rôle d'influence négatif. Ainsi, les personnages principaux étant essentiellement des hommes, les représentations du féminin se pensent donc en majorité à travers le prisme d'un regard masculin androcentrique.

---

uploads/2021/08/rapport-fdf-2021-08-26_numerique-le-sexisme-en-liberte.pdf.

Les contenus des vidéos présentent des corps féminins "objets" et sexualisés. "Dans les deux cents contenus, nous avons relevé que 15,2 % des séquences contenaient des propos à connotation sexuelle, prononcés à 96 % par des hommes. [...] Les personnages sexualisés sont, pour la totalité, des femmes... Des procédés suggestifs véhiculent l'idée que les femmes doivent paraître et se comporter d'une certaine manière pour être attrayantes, renforçant ainsi l'image de la femme-objet." Les hommes sont ainsi encore une fois les maîtres du jeu, dictant par les représentations les comportements attendus des hommes et des femmes. De plus, ils contribuent à véhiculer l'idée que la sexualité est le lieu privilégié d'expression des rapports hommes-femmes qu'ils dominent. Les rapports conjugaux sont souvent stéréotypés selon un modèle patriarcal : attitude maternante des femmes, attendant à la maison les hommes, et attitude dominante des hommes, se vouant à leurs activités extérieures.

La violence dans les vidéos étudiées est intrinsèquement reliée à une expression de la masculinité et s'exprime surtout dans les clips musicaux. (73,9 % des vidéos présentent une forme de violence.) Insultes sexistes, propos misogynes, images contribuant à la culture du viol, harcèlement sexuel et violences conjugales.

Autre élément devant susciter notre plus grande vigilance : la situation s'est aggravée dans la période analysée, prouvant, s'il en était besoin, que nous n'avons pas résolu la question de l'égalité de représentation qui elle-même conditionne l'égalité femmes-hommes dans les rapports sociaux et particulièrement au travail. "On note que 30 % des contenus présentaient une image dégradante des femmes en 2019, pour 38 % des contenus en 2020... On observe une augmentation de 13 points des contenus stéréotypés qui continuent d'être visionnés par une large partie de l'audience. On note également un recul dans la représentation de rapports neutres entre les personnages masculins et féminins (22,6 % en 2020 contre 35,1 % en 2019), au profit de représentations stéréotypées montrant un rapport de séduction (+10,4 points) ou un rapport conjugal stéréotypé

(+5 points). On remarque aussi entre 2019 et 2020 une hausse des contenus à caractère sexiste et sexuel (+10 points), ainsi qu'une augmentation des contenus présentant une image dégradante des femmes (+7 points)."

L'hypersexualisation de la société est un phénomène inquiétant car elle s'accompagne souvent d'une vision dégradée de l'image des femmes.

4.

AVANCER FEMMES ET HOMMES ENSEMBLE ?

Malgré les progrès, malgré une meilleure compréhension du sujet, malgré un débat mieux informé et plus serein, la tension demeure. Il ne s'agit pas d'une guerre des sexes mais plutôt de notre incapacité collective à passer sérieusement à l'étape d'après. Nous sommes convaincus que ce à quoi nous faisons face n'est pas le sujet de la parité ou de l'égalité hommes-femmes, mais bien celui de notre envie et de notre capacité à vivre et prospérer ensemble femmes et hommes, et, au-delà, en tant qu'humanité une et diverse sur une planète en alerte.

Nous avons choisi il y a huit ans, en 2015, un modèle de développement pour la planète qui soit durable, résilient et inclusif. Nous l'avons solennellement proclamé à New York en septembre cette année-là en adoptant les objectifs du développement durable (ODD), puis en décembre en signant les accords de Paris sur le climat. Rappelons notamment l'objectif du développement durable numéro 5 : réaliser l'égalité des sexes et autonomiser toutes les femmes et les filles. Il définit des cibles : la lutte contre les discriminations et les violences faites aux femmes, l'accès des femmes à des fonctions de direction et de décision, et l'accès universel aux droits sexuels et reproductifs. Nous sommes – tous les pays du monde ont signé – bel et bien engagés dans cette direction.

Face à un monde complexe, face à des objectifs d'une ambition universelle sans précédent, nous sommes convaincus que nous n'y arriverons qu'en nous mobilisant tous. Il s'agit non seulement de ne pas ignorer le quantitatif : 50 % de l'humanité ne sauvera pas 100 %. Ni même probablement 50 % ! Mais aussi de faire preuve de bon sens : toutes les intelligences, toutes les sensibilités, toutes les énergies, toutes les nuances comme toutes les imaginations sont requises si nous voulons avoir une chance d'y arriver. Et pas seulement la moitié, voire moins. L'égalité hommes-femmes n'est qu'un début, mais cette première marche, aussi haute soit-elle, est indispensable à monter si nous voulons avoir une chance d'aller plus haut.

Notre capacité à œuvrer ensemble est véritablement le test premier de notre aptitude à embrasser la diversité. Nous l'invoquons souvent comme un passage obligé de tout discours mobilisateur ou bien-pensant, mais il s'agit encore parfois de ce que les Anglo-Saxons appellent joliment *"lip service"*, c'est-à-dire se payer de mots en rendant hommage du seul bout des lèvres.

Toutes les études récentes – en particulier dans le domaine économique – démontrent les bienfaits de la diversité. Comme avait coutume de le dire Christine Lagarde au FMI, empiétant pour certains sur le discours de la Banque mondiale : "L'égalité hommes-femmes n'est pas seulement un objectif de justice et d'éthique mais aussi un souci d'efficacité collective." Un document de travail du FMI de 2016[1] nous le rappelle en termes plus techniques : "Nos résultats suggèrent qu'une représentation accrue des femmes aux postes de direction pourrait jouer un grand rôle dans l'augmentation de la production potentielle de l'Europe. Dans la mesure où une plus grande participation des femmes aux postes de direction améliore la rentabilité des entreprises, elle peut également contribuer à soutenir l'investissement et la productivité des entreprises, atténuant ainsi le ralentissement de la croissance potentielle. À cette fin, uniformiser les règles du jeu grâce à des politiques visant à faciliter la

1. Lone Christiansen, Huidan Lin, Joana Pereira, Petia Topalova et Rima Turk, "Gender Diversity in Senior Positions and Firm Performance: Evidence from Europe" ["Diversité de genre dans des postes de direction et performance de l'entreprise"], IMF, document de travail 16/50, 2016.

participation à plein temps des femmes au marché du travail [...] pourrait aider à constituer le vivier de femmes pour des postes de direction dans les entreprises, avec des implications macroéconomiques importantes."

À l'heure où nous nous interrogeons encore parfois sur "le monde d'après" – même si c'est souvent avec moins d'enthousiasme, moins d'imagination et moins d'espoir qu'au cœur de la pandémie –, la question de la relation hommes-femmes et du leadership collectif que nous saurons ou non adopter demeure cruciale. Michel Houellebecq avait ironisé aux débuts de la pandémie sur ce monde d'après en prophétisant que "le monde d'après serait le monde d'avant en pire[1]". Il est un domaine où nous pouvons démentir cette annonce cynique : notre sujet devient en effet, de manière peut-être inattendue, une des clés de cette économie inclusive, résiliente et durable que nous appelons de nos vœux et pour laquelle nous avons parfois oublié nous être engagés quand la France avec tous les États de la planète ont souscrit aux accords de 2015. Nous sommes bien liés même si nous n'en avons pas toujours pleine conscience. Si nous travaillons main dans la main, nous avons une chance d'y parvenir. Le combat est individuel, national et mondial. Il est délicat. Il ne s'agit pas que les "bobos de la planète" – lire les Occidentaux ou les Européens – imposent un mode d'emploi au reste du monde au risque d'aggraver des lignes de fracture déjà trop visibles. La marche forcée ou le déni sont également inopérants. Nous nous intéressons dans cet ouvrage à la France et au-delà aux économies avancées, mais gardons à l'esprit les autres pays et les cultures différentes. Trouvons les mots et les actes pour embarquer toute l'humanité, hommes et femmes. Chacun de nos gestes compte.

---

1. Déclaration rendue publique sur France Inter le 4 mai 2020, www.radiofrance.fr/franceinter/podcasts/lettres-d-interieur/je-ne-crois-pas-aux-declarations-du-genre-rien-ne-sera-plus-jamais-comme-avant-michel-houellebecq-5139741.

Cela commence tôt. Et se poursuit tout au long de la vie. L'éducation est la "mère de toutes les batailles" mais pas la seule. La famille est le lieu où prennent racine ambitions et projets de vie. Sont-ils encouragés ou contrecarrés ? L'école et l'orientation exercent un rôle déterminant. Mais l'affirmation de la place égale des femmes se joue à chaque instant. Elle se joue dans les mots, les gestes, le regard. Elle se joue dans la relation avec les hommes, collègues, mentors, leaders. Elle se joue dans l'évolution personnelle de ces derniers. Il faut savoir utiliser les symboles mais aussi être pratiques, basiques même, si nous voulons que femmes et hommes deviennent solidaires et "alliés" face aux défis de notre monde, selon la belle expression d'Aurélie Jean. Ces étapes font l'objet des pages qui suivent. Elles seront illustrées par des témoignages importants auxquels nous voulons donner toute leur place. Nous ne parlons pas d'un corpus de règles – même si celles-ci sont parfois nécessaires – ni de commandements mais bien d'un cheminement à faire ensemble. Les voix que nous avons recueillies permettent d'y voir plus clair et nous rassurent : oui, il est possible d'y arriver. En gardant les yeux grands ouverts et en luttant contre tous les reculs, même les plus insidieux.

AU COMMENCEMENT ÉTAIT L'ÉDUCATION : CELLE DES AUTRES COMME LA NÔTRE

Nous avons vu au début de notre réflexion le poids respectif, de mieux en mieux compris, de l'inné – faible – et de l'acquis – essentiel pour notre sujet. De même qu'il ne faut pas regretter un inné clair qui nous aurait simplifié la vie en fléchant très tôt les options de chacun et de chacune, il ne faut pas considérer l'acquis comme mauvais en soi parce qu'il serait par essence conservateur et voué à la reproduction de modèles intangibles. Nous devons être capables dans notre analyse de séparer un acquis qui perpétue les stéréotypes et un acquis d'ouverture qui contribue à la diversité et à la richesse de nos sociétés. Le rôle de la famille apparaît chez chacun comme essentiel. C'est au sein de cette première cellule, grâce au soutien apporté, aux encouragements donnés aux moments décisifs, que les obstacles sont surmontés, que les ambitions naissent. Nous le savons tous intuitivement et cela peut paraître comme une banalité, une évidence, mais le degré de liberté laissé dans ses choix, les modèles proposés, comme aussi parfois la pression mise, ont permis des orientations de vie délibérées et choisies. À rebours de ce que la ligne de plus grande pente aurait favorisé.

La famille est la matrice première où s'enseigne ou non la liberté et où s'apprend ou non la confiance. Ce refrain est revenu dans la plupart de nos échanges. C'est le lieu où beaucoup, pour ne pas dire tout, se décide. En accord avec ses parents comme en opposition parfois. Les options éducatives retenues comme les choix de jeux ou de sports vont avoir dans la structuration de la pensée des futurs leaders un rôle essentiel. Il ne s'agit pas d'une diversité *a priori* fléchée et organisée mais bien de la reconnaissance des potentialités de chaque enfant, de son unicité et de sa capacité à faire preuve de leadership avec d'autres plus tard.

Le rôle du père est incidemment toujours mentionné par les femmes que nous avons interrogées et le plus souvent pour être mis en avant : il apparaît comme la figure qui encourage, libère ou élève parfois avec sévérité le niveau d'ambition. Cela ne devrait pas nous surprendre. Dans une société où, nous l'avons vu, traditionnellement le père a incarné l'autorité, c'est cette figure qui peut avoir une responsabilité particulière en légitimant des choix qui vont à l'encontre des lignes de plus grande pente sociales.

Fabienne Dulac, alors dirigeante d'Orange, souligne le soutien et parfois la pression mise par son propre père : "Mon père considérait que la connaissance et le savoir étaient des leviers d'affranchissement et de liberté. Cela se traduisait par une forte exigence dans l'éducation, créant une pression forte mais que je n'ai jamais vécue négativement. Il avait la conviction que les femmes accéderaient bientôt à des postes d'exception. Cette éducation m'a structurée et a forgé pour moi les principes suivants :

– la volonté d'être autonome pour garder ma liberté ;

– la croyance qu'il n'y a pas de limites, que je n'ai pas de limites."

Fabienne Dulac poursuit en indiquant comment ces principes lui ont permis de construire sa carrière à contre-courant en faisant deux choix de parcours peu "féminins" dans le contexte de l'époque : la sociologie et le digital. "J'ai fait des études que j'ai choisies : une maîtrise d'histoire et de lettres puis un DEA de sociologie politique à Sciences Po. J'ai commencé une thèse de doctorat et travaillé sur des sujets assez atypiques à l'époque. J'ai analysé comment les associations homosexuelles, en s'emparant du sujet de l'émergence du sida, avaient retardé la prise en charge par l'État français et la mise en place de politiques publiques. Au bout de deux ans de thèse, alors que je travaillais avec un groupe de chercheurs au ministère de l'Intérieur sur les questions sécuritaires en pleine évolution, je me suis rendu compte que mon avenir n'était pas dans l'enseignement ou la recherche. Sans doute par manque d'action opérationnelle. J'ai alors candidaté auprès de deux entreprises : L'Oréal et VTcom, petite entreprise de deux cent cinquante personnes et qui s'intéressait aux services multimédias. J'ai choisi de commencer ma carrière dans le digital, à contre-courant de beaucoup d'autres dirigeants. J'y ai passé vingt ans, notamment chez Wanadoo. Puis j'ai structuré l'activité digitale de l'opérateur Orange. En 2007-2008, j'ai proposé à l'entreprise de regrouper toutes les activités digitales de l'opérateur, de la relation client à la vente en ligne, au sein d'une même direction. Cette démarche était assez précurseur pour l'époque.

En 2011, Stéphane Richard et Delphine Ernotte m'ont proposé de reprendre une direction opérationnelle dans le Nord de la France. J'ai dirigé huit mille personnes et géré toutes les activités opérationnelles : service, client, boutique, réseau. J'ai un parcours assez atypique. J'ai appris sur le terrain. Quand on sort d'une thèse, on est très loin du monde de l'entreprise. J'ai appris par mes études à regarder la société, à essayer de la décrypter, de la comprendre, de voir les enjeux qui la traversent et d'anticiper les mouvements. Cela m'a aidée à faire mes choix professionnels, à être au bon endroit au bon moment. Chez Orange, cela m'a aidée aussi pour accompagner la transformation de l'entreprise (technologique, sociale, sociétale). J'ai opéré ces transformations avec un regard de dirigeante mais aussi à travers le prisme de la sociologie, que j'avais découvert pendant mes années d'études."

La liberté livrée en héritage a été pour Fabienne Dulac, comme pour beaucoup, une clé tout au long de sa vie. Acquise très jeune. Les parents ont la possibilité de reconnaître un potentiel et de le libérer. De faire découvrir à l'enfant l'autonomie. Fabienne Dulac est lucide et ne méconnaît pas la part dure, voire brutale, au quotidien de cette liberté héritée. La liberté livrée en héritage a été la clé toute sa vie. Autonomie : à toi de faire ta propre loi, de ne pas te laisser dicter tes choix. C'est un écho que nous avons souvent entendu. Au cœur de l'acquis de nombre de ces femmes qui ont su bousculer les cadres, ou de ces hommes qui ont œuvré pour une vraie mixité. "Je suis attachée à une certaine vision de la société, je suis dirigeante, mère et citoyenne, j'essaye de ne renier aucun de ces rôles. Il y a une forme de brutalité dans le management des dirigeants. Je l'entends, je me l'approprie, mais elle ne me conduit pas à renier mes valeurs. C'est une tension que j'ai eue tout au long de ma vie et je l'ai encore. Je suis attachée à cette dialectique avec moi-même.

Dès vingt-huit ans, j'ai compris que je ne voulais pas me perdre. J'ai toujours tenu à rester libre : libre d'être là, d'agir, de rester ce que je veux être, libre vis-à-vis de l'emprise d'un poste, d'une fonction. Très tôt j'ai été capable de démissionner quand je n'étais pas en accord avec les valeurs de mon patron.

Mon père m'a donné cette autonomie. Je ne suis pas attachée à la fonction, à la réussite, mais plutôt à ce que je fais. C'est un combat avec soi-même." Dans ce combat il faut savoir garder de la distance, ne pas égarer sa boussole. “J’écris beaucoup, cela m’aide à poser et structurer ma pensée pour arriver à la clarifier. L’écriture m’aide à rester lucide. Je m’oblige à formaliser mes idées par écrit car se relire permet de voir si on se ment ou pas. Je n’aime pas être sous la pression de la décision et la pression des faits, je cherche à dégager du temps pour anticiper et rester lucide. J’essaye de privilégier les rencontres et me nourrir du dialogue avec les autres, voir comment d’autres dirigeants du CAC 40 prennent des décisions. Je cherche à vérifier que ma boussole correspond à d’autres, à ne pas céder à certaines tentations. Je me pose souvent la question : Est-ce que je peux raconter cette histoire à mes enfants et à mon mari sans rougir ? Mes enfants me challengent beaucoup, ils sont un bon critère.”

Les années initiales structurent et façonnent. Il n’est pas besoin de s’interroger longtemps pour identifier les moments décisifs, ceux qui nous accompagnent toute une vie : “Le style de leadership n’est pas lié au fait d’être femme ou homme mais à l’histoire de chacun. Chez les hommes, comme chez les femmes, il existe des modes de leadership très différents. C’est avant tout la résultante de l’histoire de chacun, de ses expériences, celles de la petite enfance, de l’adolescence. Il est lié à l’éducation, à la formation reçue, à la forme qu’a pu prendre la vie professionnelle et personnelle. Les heurts personnels et les ruptures construisent et impactent les managers que nous sommes. La différence hommes-femmes est une différence acquise et non innée. Je ne me reconnais pas dans un leadership féminin mais j’exerce un leadership qui est le résultat de mon expérience.

À l’école les garçons s’expriment plus que les filles et deviennent plus à l’aise à l’oral. On les remarque, ou les soutient et on les promeut plus. Cet acquis crée une segmentation qui va amener à ce que les hommes soient plus poussés, plus visibles, ce qui leur permet d’émerger davantage. Les femmes se sentent moins à l’aise. Elles se mettent moins en avant. Le plafond de verre pour ces dernières se construit au fil du temps, année après année, avec ces micro-expériences qui ont tendance à nous donner l'impression que ce n'est pas pour nous."

Le père de la pasteure Élisabeth Parmentier a lui aussi dissipé par avance les obstacles que pourrait rencontrer sa fille et lui a également fait ce cadeau de la liberté : "Pour ma part je ne voyais pas le problème d'être une femme jusqu'à ce que je finisse mes études de théologie. Cela ne m'avait jamais posé de questions peut-être parce que mon père lui-même ne s'était jamais posé la question de savoir si je ne pouvais pas faire ce que d'autres faisaient. Il ne voyait pas d'obstacles et moi non plus. C'est à la fin de mes études de théologie que j'ai découvert que pour les femmes ce n'était pas si simple. Je suis arrivée dans une paroisse où il n'y avait jamais eu de femme pasteure. Mais heureusement, on m'a très bien reçue et j'ai senti que j'avais une grande liberté d'action. Et quand je suis partie on m'a dit : « Mais on aimerait bien avoir une femme après vous. » Pour moi, ça a été un grand cadeau de découvrir qu'il y a eu une ouverture et de réaliser que s'il y avait eu des craintes, elles s'étaient dissipées."

Le cadre familial est le lieu de ces apprentissages par excellence. Celui qui donne ou pas la force et parfois le courage de sauter les obstacles qui vont se présenter. Les propos d'Anne-Marie Idrac font écho à ceux de Fabienne Dulac et d'Élisabeth Parmentier, et sont d'autant plus intéressants qu'elle appartient à la génération précédente. Ministre, elle a été la première et à ce jour la seule femme PDG de la RATP puis de la SNCF. Elle a grandi dans une famille engagée où l'on se fait confiance. Son père, André Colin, était l'un des piliers du MRP (mouvement démocrate-chrétien centriste ayant existé entre 1944 et 1967) et il avait joué un rôle important sous la IVe République et en Bretagne. Un environnement familial ouvert et exigeant qui a contribué à façonner sa forte personnalité : "Mes deux parents ont joué un très grand rôle, surtout mon père [...]. Il m'a toujours énormément encouragée et poussée. Il disait : « Il faut toujours viser plus haut pour retomber moins bas. » Et aussi : « Tu n'auras pas de dot autre que tes études. » J'ai été dès l'enfance féministe. J'étais scolarisée dans une école de filles où l'on nous disait : « Vous serez les femmes de l'élite. » Moi, je pensais pouvoir faire partie de l'élite par moi-même. J'ai été renvoyée de ma classe de 3e pour l'avoir dit." Anne-Marie Idrac souligne la part importante d'un cadre intellectuel inspiré et de son éducation catholique sociale. L'idée d'être utile l'a conduite à Sciences Po, puis à l'ENA où elle entre à vingt ans. Elle n'a cessé de s'appuyer sur la confiance qui lui a été faite très tôt. Celle-ci est essentielle. Elle ne se décrète évidemment pas. Elle est tissée au quotidien. Elle ne s'est pas laissé déstabiliser par des hommes qui auraient pu chercher à lui faire perdre confiance en elle et en ses compétences alors qu'elle a pu voir beaucoup d'hommes très sûrs d'eux mais pas toujours à leur place. Elle se souvient avec émotion comme beaucoup de femmes (et d'hommes) du mot célèbre de Françoise Giroud qui disait que "la femme serait vraiment l'égale de l'homme le jour où, à un poste important, on désignerait une femme incompétente".

Meka Brunel, directrice générale de Gecina quand nous l'avons interviewée, et aujourd'hui présidente de l'Université de la Ville de Demain, soulève le voile d'une autre approche qui a profondément influencé l'éducation qu'elle a reçue et ouvre des perspectives sur les modèles non patriarcaux : "Parmi les principes de la foi bahaïe, il y a le primat de l'éducation et le principe de l'égalité des droits des hommes et des femmes. La foi bahaïe est née en Iran au milieu du XIXe siècle. La grande poétesse persane, Tahereh, était une femme libre, qui s'est engagée. Quand Baha-Allah a fait sa révélation, elle a enlevé son voile, car dans la foi bahaïe il ne doit pas y avoir de signe d'appartenance. Condamnée à la décapitation en 1852, elle a déclaré : « Vous pouvez me tuer mais vous n'empêcherez pas l'émancipation des femmes. » Ce n'est pas l'habit qui fait le moine. Les croyants s'engagent à accepter et à comprendre les autres. Le plus grand péché dans la foi bahaïe, c'est la médisance. Elle empêche d'avancer et constitue beaucoup de perte de temps. Il n'y a pas de clergé. Les fidèles sont invités à revenir sans cesse au texte et doivent réfléchir, penser et échanger entre eux sans se référer à un dogme. Nous sommes pacifistes et la foi bahaïe nous engage à servir l'humanité."

L'éducation, ce ne sont pas seulement des principes ou les règles posées par les parents, éventuellement influencés par l'environnement religieux ou la foi des éducateurs. Il y a aussi le quotidien plus ou moins perméable aux pressions sociales. Les codes couleurs "rose pour les filles, bleu pour les garçons" nous sont ainsi familiers. À tel point que nous avons tous à l'esprit des parents qui ont pu vouloir connaître le sexe de leur enfant pour déterminer la couleur de la peinture dans la chambre du bébé. De même nous identifions les poupées aux filles et les petites voitures aux garçons... Philippe Darmayan, dirigeant dans l'industrie, ancien président de l'UIMM[1], évoque à cet égard l'industrie du jouet : "Le travail le plus intéressant que j'ai fait avec Agnès Pannier-Runacher, à l'époque ministre de l'Industrie, portait sur l'industrie du jouet. Il est passionnant de voir comment les fabricants essayaient de se dépêtrer de la question de la robe rose et des associations de femmes qui épluchent les catalogues de Noël. Matel, le fabricant de la Barbie, essayait d'expliquer qu'à côté de Barbie et Ken, ils avaient proposé le pompier, mais tous les pompiers avaient quand même de gros muscles. Ils n'avaient pas élargi la gamme avec un homme sans muscles ou une femme avec muscles. Le fabricant a vraiment joué le jeu mais on se rend compte que les préjugés sont profondément enracinés et cela ne changera pas tant que l'État ne traitera pas cela au niveau de l'éducation."

Il poursuit notre échange en évoquant le temps qui lui a été nécessaire pour cristalliser sa réflexion sur le rôle et la place des femmes aux côtés des hommes. Et *in fine* sur la manière dont il a abordé son rôle de père. Son éducation a été

1. Syndicat patronal membre du Medef.

très traditionnelle. Sa réflexion accompagnant sa prise de responsabilités l'a fait lentement évoluer : "Je suis protestant. Nous sommes dans une culture d'opposition et je le suis d'autant plus que les trois quarts de ma famille sont catholiques. J'ai également une tendance à m'opposer à tout ce qui est dans l'air du temps. Je ne supporte pas quand quelqu'un prend position uniquement parce que c'est conforme à cet air du temps. Sur le sujet hommes-femmes, je me pose autant de questions que ce que j'ai de certitudes.

J'ai pris un engagement public sur ces questions et cela m'aide. Il y aura certainement dans le futur des prises de conscience comme celles qui ont lieu dernièrement sur le harcèlement. Il y a des hommes qui sont en plein désarroi parce que des comportements qui étaient pleinement assumés sont aujourd'hui dénoncés. Je peux le comprendre, car j'ai été élevé dans une vision du rapport hommes-femmes très traditionnel, mes deux grands-mères étaient à la maison, ma mère aussi, ma femme aussi. Ma sœur a été éduquée pour prendre un mari. Pourtant quand je suis devenu père, je n'ai eu aucun doute sur le fait que mes filles devaient être éduquées dans le but d'avoir un métier."

La manière dont les filles sont éduquées, dont elles se perçoivent en lien direct avec la manière dont elles sont perçues par leur entourage, influence leur future carrière. Julie Bishop constitue un autre exemple.

Après avoir été notamment première femme responsable au Parti libéral en Australie, première femme ministre des Affaires étrangères, elle est aujourd'hui première femme chancelière de l'Australian National University et s'efforce de secouer ce qui doit l'être. Son éducation personnelle a été une force reçue à laquelle elle rend grâce : "Mes parents étaient très aimants et partenaires dans la vie. Ma mère jouait un rôle assez traditionnel de mère au foyer, mais elle était ambitieuse pour ses trois filles et son fils et nous encourageait à poursuivre nos rêves. Elle a fait un certain nombre de sacrifices pour que nous puissions avoir la meilleure éducation possible."

Être vigilant à ne pas transmettre trop de stéréotypes de genre pendant les premières années constitue une véritable gageure. À la maison, à l'école, dans l'offre de jouets… Et partout promouvoir l'égalité des opportunités est une responsabilité sociale partagée. Pauline Bebe rappelle sa chance d'avoir eu ce qu'elle appelle une éducation "égalitaire" : "Je fais partie de l'association les Filles de Rachi dont la fonction est de promouvoir la réflexion et la représentation des femmes dans le judaïsme à travers le monde. Cette association réunit des femmes docteures en Bible, Talmud, Midrash entre autres. Pour ma part, j'ai reçu une éducation égalitaire de mes parents qui étaient juifs mais qui n'ont pas eu d'éducation juive. Ils fréquentaient la synagogue de la rue Copernic, car ils cherchaient un lieu rationnel et égalitaire."

L'histoire personnelle de Myriam El Khomri, ministre du Travail sous François Hollande, est passionnante à plus d'un titre. Ses ascendances pour le moins diverses donnent un éclat particulier à ses choix de vie, à la manière dont elle a passé outre les stéréotypes, à sa lucidité quant aux obstacles placés sur sa route tout au long de sa vie, mais aussi aux chances et aux mains tendues dont elle a bénéficié.

"Les personnes sont façonnées par les stéréotypes de genre : aux garçons, on apprend le courage et l'autorité, et aux filles, la douceur, l'élégance, l'empathie, la bienveillance. Les femmes vont donc ensuite devoir diriger leurs entreprises comme la société attend qu'elles le fassent. […] Ma mère est bretonne. Je suis petite-fille d'éleveurs de cochons. Mon grand-père avait une ferme polyvalente dans le Nord-Finistère. Il était courageux, travailleur, catholique très pratiquant. Ma grand-mère priait le Rosaire et ma mère a été élevée dans une école de religieuses. Mon père est marocain et mon grand-père était homme à tout faire à l'office des blés. Il a appris très vite la langue française dont il était amoureux. Au début de sa vie professionnelle, il a été interprète dans une ferme viticole, puis à Rabat à l'office du blé. C'était un musulman très pratiquant.

Mes deux grands-pères avaient un profond respect et beaucoup d'estime l'un pour l'autre. Ils s'entendaient parfaitement bien et les questions de religion n'ont jamais été un sujet.

J'ai deux grands-pères et deux grands-mères qui ont cherché à tout donner à leurs enfants, qui nous ont transmis ces mêmes valeurs de détermination. Ils nous ont poussés à croire en nos rêves et au fait qu'il n'y avait pas de différence de considération entre les filles et les garçons.

Mon père faisait ses études en France et était en même temps veilleur de nuit dans un hôtel. Il a rencontré ma mère qui à ce moment-là suivait une licence d'anglais. Elle est tombée enceinte de mon grand frère et ils sont repartis au Maroc. J'ai grandi à Tanger, ma mère est devenue professeure d'anglais au lycée et mon père a monté la première école d'informatique du pays. À l'âge de neuf ans, nous sommes allés rejoindre mon oncle à Bordeaux, chef d'escale de la Royal Air Maroc, et mon père a ouvert un magasin d'artisanat marocain.

J'ai fait mon collège et mon lycée à Bordeaux, j'étais très studieuse et j'adorais lire. Comme j'étais très timide, mes parents ont décidé, alors que j'étais en sixième, de m'inscrire à un cours de théâtre. Ils ont bien fait puisque deux ans après, j'ai été élue déléguée de classe sans me présenter. J'ai été élue conseillère générale des jeunes de Gironde quand j'étais en quatrième. Ma première réussite politique a été de faire voter des travaux dans mon collège pour que les portes des toilettes des filles aillent jusqu'en bas. J'ai ensuite été déléguée de classe jusqu'au lycée et j'ai adoré ça.

Mon père avait arrêté le magasin d'artisanat et avait monté un magasin de reprographie. Je l'aidais les mercredis après-midi et les samedis, ce qui m'a permis de progresser en calcul mental. Mes filles adorent les maths, c'est aussi une petite victoire pour moi. Puis mon père a monté un deuxième magasin de reprographie à côté de la fac et m'a proposé de le tenir. Je m'en occupais tous les jours de 9 à 14 heures parallèlement à mes cours de licence de droit public. Je me suis tout de suite intéressée aux enjeux des quartiers populaires et à l'insertion de ces jeunes en difficulté. À côté de la fac de droit, il y avait une cité et on avait décidé avec quelques étudiants d'être écrivains publics. Les mamans nous disaient être inquiètes pour leurs enfants et j'ai commencé à être sensibilisée à ces questions-là."

Isabelle Kocher de Leyritz est un autre exemple de réussite. Au-delà de la liberté de choisir ses orientations de carrière et de la confiance que les autres lui ont portée, elle met en avant un autre élément : avoir reçu continûment le message que le monde des possibles était vaste. Première femme dirigeante du CAC 40, directrice générale d'Engie, elle se souvient avec la même émotion de ce qu'elle doit à ses parents et à ceux qui lui ont ouvert les portes non parce qu'elle était femme, mais parce qu'elle était elle-même. Sa force vient de loin : "Je pense que dans mon éducation j'ai reçu de la part de mes deux parents quelque chose de très important, un énorme cadeau : l'idée que tout est possible dès lors qu'on travaille. Ils ont porté sur moi une qualité de regard qui a enraciné au plus profond de moi l'idée que, dès lors que je m'en donnais les moyens (ce qui est très exigeant !), ma vie serait ample. Mon père détestait l'arrogance, appréciait la compétence et plus encore l'humanité. Il me répétait souvent : « Tu sais, l'entreprise c'est un édifice humain. » Ma mère rajoutait à cela une bonne dose d'exigence et d'allergie à la médiocrité.

Ce regard de robuste confiance que mes parents ont porté sur moi a été prolongé dans le monde professionnel. J'ai eu une chance énorme d'avoir des patrons qui ont prolongé ce trait de confiance en me donnant systématiquement des choses très difficiles à faire. J'ai beaucoup travaillé, aucune nomination n'a été pour moi un aboutissement. Je me suis plutôt sentie dans les chaussures d'une relayeuse qui devait passer le témoin au suivant dans les meilleures conditions possibles. Ces positions, je ne les ai pas cherchées et chaque fois je questionnais : « Est-ce que vous êtes bien sûr ? » Et dès que la réponse était oui, j'y allais. D'une certaine façon moi aussi j'ai fait confiance à ceux qui me voyaient dans les responsabilités qu'ils me proposaient."

Les parents créent les conditions premières : liberté, confiance, neutralité éducative ; ils accompagnent dans les moments de doute et proposent une ouverture aux choix des possibles. Tout cela est nécessaire mais insuffisant quand arrive le temps des choix de vie. La navigation commence comme nous le rappelle Marie Guillemot, présidente de KPMG, qui nous fait entrapercevoir le Cap Horn. Les encouragements familiaux à dépasser le cap, à repousser les horizons ont été au cœur de sa réussite personnelle et professionnelle. Face aux éléments, pas de déterminisme, mais du travail et de l'action. "J'ai bénéficié d'une très forte solidité familiale avec un encouragement et un amour inconditionnels. C'est un terrain pour prendre confiance en soi. La chance la plus formidable que l'on puisse avoir.

Pour la Bretonne que je suis, c'est un phare, une invitation pressante à écouter ses convictions et son cœur. Ne pas chercher à correspondre à une image de soi, et aller là où l'on se sent entraîné. J'ai été élevée dans cette approche : vivre ses rêves et être aligné avec ses valeurs, ses convictions. Ne pas chercher à s'inscrire dans un regard modélisant ou stéréotypé ou dans le regard des autres. J'ai dû chercher mon propre modèle. J'ai pu travailler avec des modèles masculins inspirants. Je n'ai jamais eu le sentiment de devoir mettre un masque et un costume de scène. Cela ne m'intéressait pas et je ne voulais pas me renier, d'autant que le naturel serait revenu au galop. J'ai une forme d'énergie positive, confiante et passionnée pour la vie.

Il y a des rencontres qui vous mettent sur le chemin. Dans la famille de mon père, ils sont tous capitaines au long cours, cap-horniers depuis des générations avec des aspirations assez fortes. Dans la famille de ma mère, ils sont entrepreneurs. J'ai une grand-mère maternelle qui, à la fin de la guerre, s'est retrouvée seule avec ses trois enfants et une fabrique d'ameublement. Elle y a fait face. Ce qui m'a marquée, c'est qu'elle avait autant de détermination que de sensibilité. J'ai pu observer l'attention qu'elle portait à chacun de ses collaborateurs. Elle les connaissait en tant que personnes. Elle ne lâchait rien de la marche de son entreprise. C'était un équilibre intéressant et elle ne pratiquait pas les injonctions contradictoires. Son entreprise marchait bien et les gens lui étaient fidèles. Mes parents portaient les mêmes principes et je n'ai pu réaliser que récemment, à l'occasion des parcours de mentoring[1], ce qu'ils m'ont apporté. Quand on mentore des femmes, on se pose ces questions-là mais je ne l'avais pas encore réalisé pour moi, même si je le sentais. Je n'avais pas compris combien ces racines étaient profondes, constituant une véritable colonne vertébrale." Et une fois le cap passé il ne s'agit pas d'affaler et de passer à autre chose mais bien de garder ferme le compas en main. Ce qu'elle a acquis lui sert encore. Et plus que jamais.

QUELS CHOIX PROFESSIONNELS, QUELS CHOIX DE VIE : UNE ORIENTATION PRÉDÉTERMINÉE OU NON ?

Faire des choix, c'est notamment confronter son désir et ses ambitions à la capacité de la société à les accepter et à les faire prospérer. L'ouverture et l'engagement des parents sont essentiels. Ils ne se décrètent pas même si l'acculturation de la société, aidée par des campagnes de sensibilisation répétées, peut y contribuer. En revanche, l'orientation devient une affaire publique-privée. Le combat commence à l'école et se poursuit toute la vie à chaque bifurcation. À chaque fois les stéréotypes sont présents, comme une forme de routine de la pensée. "Les filles vont par là et les garçons par ici."

---

1. Mentoring : action d'accompagnement par une personne d'expérience (le mentor) d'une autre personne (le mentoré) qui a des objectifs notamment professionnels à atteindre.

Nous n'arriverons pas à une diversité vraie et sincère si nous ne luttons pas contre les déterminismes. C'est une exigence d'efficacité mais aussi un souci moral. Déconstruire, comprendre et reconstruire. Chacun a vocation à faire ses choix en liberté et chacun a vocation *a priori* au leadership. Il s'agit d'ouvrir les portes, d'éclairer les horizons. Et de vanter encore et toujours les mérites de la diversité. Comme disait le poète René Char : "Impose ta chance, serre ton bonheur et va vers ton risque. À te regarder ils s'habitueront[1]." Nous souhaitons pourtant éviter l'établissement d'un nouveau normativisme rigide. La prise de risque doit être saluée. Elle n'est pas et ne peut pas être une norme qui rejetterait dans les ténèbres celles et ceux qui n'en veulent pas. En revanche, il nous apparaît essentiel d'encourager la réflexion sur les risques à prendre, sur les vocations à ne pas écarter. Cela passe par la promotion d'exemples, de cas, de modèles. C'est possible puisque cela a été fait. La porte a été entrouverte. Cela commence par ne pas traiter les questions d'orientation à la légère.

Meka Brunel a fait carrière dans un univers supposé être masculin. Elle nous entraîne à Téhéran où tout a commencé pour elle et nous bouscule. Pour elle, impossible n'est pas plus persan que français. Elle souligne avec gourmandise y compris dans les situations les plus improbables son goût pour les sciences et les mathématiques que son genre ne perturbe pas au contraire.

"Je suis née dans une famille où on ne s'est jamais posé la question : garçons-filles, est-ce qu'on est différents ? Je suis de religion bahaïe et l'égalité des hommes et des femmes s'inscrit dans ma culture. Je n'ai jamais voulu faire semblant d'être un garçon. Dans mon enfance, dans ma famille, je n'ai pas du tout ressenti cette différence hommes-femmes avec des rôles très définis. Par contre, j'ai grandi avec une grande exigence. Quand

1. René Char, "Rougeur des matinaux", in *Les Matinaux*, Gallimard, 1950.

je revenais avec une note de 19/20, mon père me disait : « Pourquoi pas 20 ? » Avec le temps je me dis que c'était peut-être trop et que finalement 19, c'était pas mal. Cette exigence peut créer une inquiétude permanente. Mais cette inquiétude, je ne l'ai pas ressentie, probablement grâce à ma foi. Je refuse de m'arrêter à ce qu'on m'impose comme une évidence et je cherche toujours une solution : d'accord vous me dites que je ne peux pas déplacer un objet de 100 kg, pourquoi est-ce que je ne prendrais pas un instrument de levage, et pourquoi je ne pourrais pas trouver quelqu'un qui pourrait me rendre ce service-là ? Je n'ai pas cette barrière, cette fermeture naturelle qui empêche beaucoup d'entreprendre.

Mon père était ingénieur dans les travaux publics. Il a fait de longues études. Il était professeur d'université et occupait des fonctions gouvernementales. Il a créé la direction de l'urbanisme à la ville de Téhéran. Avant la révolution, il était expert auprès de la Cour de cassation sur les sujets d'urbanisme, de construction et d'immobilier. Ma mère ne travaillait pas officiellement mais elle a toujours eu plus ou moins une activité. Elle animait une émission de télévision qui parlait de couture, cuisine et éducation des enfants.

J'étais bonne en maths, car les réponses sont justes ou fausses, pas entre les deux. Et j'aimais bien la construction. Mon amour pour les mathématiques vient aussi du fait que cette matière sert à résoudre des problèmes concrets. Ma mère disait : « Les mathématiques ne servent à rien si elles ne te rendent pas capable de résoudre les problèmes de l'existence. Les problèmes qui n'ont pas de solutions, il vaut mieux les laisser de côté et passer à autre chose. » J'avais trouvé son raisonnement trop simpliste mais je dois dire qu'elle avait dix mille fois raison. À quoi ça sert d'apprendre des formules si on ne peut pas les appliquer ? Je suis mère de trois enfants. Quand j'ai dû accoucher, la sage-femme a voulu m'apprendre à respirer et je ne comprenais pas à quoi servait la respiration jusqu'à ce que je me dise : « Bon sang ! Mais c'est ça, bien sûr ! » C'est la loi de Mariotte.

À température constante le produit du volume par la pression est constant[1]. Quand on augmente le volume, la pression tombe donc la douleur baisse. À partir du moment où j'ai réalisé cela, j'ai compris l'intérêt de respirer d'une certaine manière. On peut prendre des exemples de la vie courante pour expliquer les phénomènes physiques aux enfants et leur donner le goût des sciences. À la sortie des écoles, on oriente souvent les femmes vers des métiers du bureau, moi, j'ai demandé à aller travailler sur un chantier et j'ai adoré ça. Les sciences s'insèrent dans la vie. Je me souviens, quand j'ai fait ma première échographie, je croyais que c'était une radio. Je ne voulais pas de rayons. On m'a répondu qu'il ne s'agissait pas de rayons mais d'ultrasons et là j'ai dit « Ah ! un essai non destructif ! », parce que je l'avais vu à l'école. Ce que je veux, c'est comprendre comment ça marche. Si on explique aux femmes que l'échographie, c'est juste un essai non destructif, que l'on utilise aussi dans les ailes d'avion pour voir s'il n'y a pas de fissure, elles comprendront que la physique sert à quelque chose dans la vie de tous les jours."

Julie Bishop, en Australie, souligne la combinaison gagnante détermination personnelle/efforts scolaires/rôle des parents, mais aussi le caractère unique et non nécessairement reproductible de sa situation et des profils souvent mis en exergue. Nous sommes au cœur de ce sujet délicat. Il y a des conditions favorables et elles se développent mais elles ne se décident pas. "Lorsque j'ai commencé mes études de droit, peu de femmes se forgeaient une carrière dans ce domaine. Et elles ne devenaient certainement pas associées.

Il y avait peu de modèles féminins inspirants à cette époque, mais mes parents ont continué à m'encourager à me fixer des objectifs élevés et à travailler dur pour les atteindre.

1. La loi de Mariotte ou Boyle-Mariotte est une des lois de la thermodynamique et relie la pression et le volume d'un gaz parfait à température constante.

Je n'ai jamais eu l'impression que mon genre était un obstacle à la réalisation de mes objectifs. J'ai toujours travaillé dans des environnements compétitifs, et j'ai rarement eu l'impression que le fait d'être une femme était un obstacle. Beaucoup d'autres femmes ont une expérience différente."

Le parcours d'Agnès Pannier-Runacher, ancienne ministre de la Transition énergétique, que Bertrand a eu la chance de préparer au concours de l'ENA, illustre les difficultés mais aussi les ambiguïtés de l'orientation et des choix qui peuvent être faits à tel ou tel moment de la vie. Pourquoi va-t-on là plutôt que là ? Quelles sont nos influences ? Agnès Pannier-Runacher est une combattante aux idées arrêtées, dotée d'une volonté de faire (de fer…). Tout commence par le père une fois encore et se poursuit avec une foi dans les études au cœur de la culture familiale. Mais la mère est aussi présente : "L'élément qui m'a permis de me projeter très fortement, c'est d'avoir eu un père qui considérait que si on n'était pas le premier de la classe, on n'existait pas. Il nous répétait sans cesse : « Moi, j'étais le premier, moi, j'étais le premier. » Il a eu cette formule assez marquante aussi : « Il faut qu'à tout moment tu puisses dire merde à ton mec. » Dans sa famille, le salut était dans les études. C'était une croyance très forte qui venait de ma grand-mère qui n'avait pas pu faire d'études. Elle était issue d'un milieu modeste pour qui le certificat d'études suffisait bien assez, ensuite il fallait se marier. Elle qui était très bonne élève et voulait enseigner a été blessée de ne pas pouvoir aller jusqu'au bout de ses aspirations. Elle a fait un mariage qui socialement était réussi : un médecin militaire, issu d'une famille bourgeoise parisienne, d'un milieu plus élevé que celui auquel elle appartenait et c'était un mariage d'amour. Mais elle n'a eu de cesse de faire travailler ses trois fils pour qu'ils « fassent Polytechnique ». Aucun n'a réussi mais il y a quand même un centralien et un ingénieur des Ponts et Chaussées. Les études étaient une obsession et cette obsession a été reportée sur mon père. Comme il était vexé de ne pas avoir fait Polytechnique, il a travaillé pour sortir major des Ponts et Chaussées, devant les polytechniciens de sa promotion. J'ai entendu mille fois l'histoire et à cinq ans, j'étais capable de classer les écoles d'ingénieurs françaises par leur niveau d'excellence putatif.

Mon père, avec cette même obsession, considérait que sa fille devait faire les meilleures études. Mais surprise, en terminale il m'a dit : « Tu devrais faire une école de commerce. Ton frère a fait une école d'ingénieurs et finalement il n'est pas ingénieur. Moi, j'ai fait une école d'ingénieurs et aujourd'hui, je fais autre chose, donc est-ce que ça vaut le coup de t'embêter à faire une classe préparatoire maths-physique ? Toi, tu vas réussir brillamment en école de commerce. » Finalement, malgré son ambition et sa confiance en moi très forte, c'est mon frère, le garçon, qui a fait ingénieur et moi la fille commerce !" Moment paradoxal avec le recul. Émancipation par des études réussies, mais aiguillage paternel s'agissant de la destination initiale. La réussite scolaire, dans son cas aussi, ouvre les portes, permet des choix même si ceux-ci peuvent rester, à la marge ou pas, balisés. Là aussi condition nécessaire mais pas totalement suffisante. Il faut y ajouter la détermination individuelle et un minimum d'acceptation sociale et familiale. La liste des ingrédients indispensables se complète ainsi peu à peu. Elle reste longue.

Agnès Pannier-Runacher en a conscience. "Cette exigence m'a été utile. Mes parents se sont rencontrés très jeunes. Ma mère n'a jamais travaillé mais elle a terminé ses études. Elle est docteure en littérature comparée. Elle m'a soutenue mais par un autre moyen, en me disant : « Il faut que tu sois indépendante. » Tout cela produit une croyance très forte de ma part que je transmets à mon tour à mes enfants : l'école, c'est le meilleur endroit pour choisir son destin quand on n'a pas de dons innés artistiques, sportifs ou autres. Et puis la culture est essentielle pour être un citoyen éclairé, ne pas se faire manipuler. Qu'on soit attiré par l'histoire, la géographie, la littérature ou la philosophie, peu importe pourvu qu'on ait une culture humaniste qui donne du recul et permet de comprendre l'altérité.

Quand j'ai démarré ma vie professionnelle au service de l'État, j'étais animée par le souci de servir l'intérêt général. Engagée politiquement, j'allais manifester pour diverses causes. J'étais la bonne élève, émotive, avec le souci de la perfection pouvant être un élément bloquant. J'étais très timide, ne voulant pas faire de bruit, d'éclat. Un côté très perfectionniste qui pesait sur mes équipes à l'APHP ou à la Caisse des dépôts. Si je regarde ce parcours-là, je m'aperçois que j'ai des pathologies de comportement qui sont typiquement féminines."

Muriel Pénicaud, qui se trouvera avec Agnès Pannier-Runacher au gouvernement comme ministre du Travail, témoigne de l'énergie qu'elle a dû déployer dès son plus jeune âge pour "pousser les murs", titre du livre qu'elle a publié après son expérience gouvernementale[1] : "J'ai cru un temps avoir une éducation égalitaire quand je ne savais pas qu'il y avait un sujet. Je suis née dans une famille nombreuse : 5 enfants, 95 cousines et cousins germains. Enfant, je n'ai pas su qu'il y avait une différence de traitement entre les filles et les garçons. On ne faisait pas d'activité périscolaire : pas de danse classique ou de foot. Un petit passage dans le scoutisme. Dans un camp de jeannettes, j'ai refusé d'aller à la messe si je ne servais pas la messe, et finalement, j'ai eu gain de cause. J'ai cru que ce refus que les filles aient un rôle était une bizarrerie du prêtre, et non un dogme de l'Église. Je n'ai pas vraiment compris jusqu'à l'âge de dix ans qu'il y avait un sujet d'inégalité envers les filles. J'ai eu un choc en sixième, dans une école catholique de filles pourtant assez ouverte. Nous devions faire une rédaction sur le sujet suivant : « Que voulez-vous faire quand vous serez plus grande ? » La musique était ma passion. J'avais reçu, à ma demande, mon premier disque pour Noël :

1. Muriel Pénicaud, *Pousser les murs*, Éditions de l'Observatoire, 2021.

Casse-Noisette de Tchaïkovski que j'écoutais pendant des heures avec ravissement. Je voulais alors être chef d'orchestre, donc je décide de décrire cela en détail dans la rédaction, en évoquant tous les instruments avec beaucoup de passion. J'avais l'habitude d'être en tête de classe et là, c'est la directrice qui vient remettre les copies. Elle annonce toutes les notes et j'ai la plus mauvaise : 5/20. Je ne comprends pas, je suis choquée, humiliée. Elle me dit : « C'est extrêmement bien écrit mais c'est hors sujet. Vous avez trop d'imagination. On vous demandait de dire ce que vous voulez être quand vous serez plus grande. Or, c'est impossible. Les femmes ne peuvent pas devenir chef d'orchestre. » Le ciel m'est tombé sur la tête. J'ai raconté cela à mes parents, qui n'ont pas eu l'air étonnés et n'ont pas réagi. À l'époque il n'y avait pas Internet (je précise pour les plus jeunes !) alors j'ai écumé les bibliothèques municipales pendant deux ans. J'ai réussi à trouver l'existence de cinq femmes chefs d'orchestre dans le monde. Cela a provoqué un mouvement profond en moi. Je me suis dit : plus jamais personne ne me dira ce que je peux faire ou ne pas faire. Cette prise de conscience a eu lieu à dix ans. Elle a déclenché quelque chose qui serait peut-être venu mais plus tard, plus insidieusement, plus lentement. Grâce à cet événement, j'ai également réalisé que, si les filles rencontraient déjà des limites, alors il devait y en avoir encore d'autres auxquelles elles se heurteraient en grandissant. Je me suis intéressée à la question sociale. Mon engagement social a commencé vers quinze ans. À cette époque, j'étais animatrice de clubs d'enfants dans les bidonvilles de Versailles. Je lisais la Bible, le Coran, Marx, Mao Tsé Toung et Freud en même temps. Par principe, j'interrogeais, voire je doutais de la parole des adultes. L'idée que la société pouvait nous interdire de réaliser nos rêves et de tracer notre propre chemin parce que nées femmes m'était intolérable. Je dis cela parce qu'il y a beaucoup de femmes, même à de très hauts niveaux, qui pensent qu'en étant de bons soldats et de bonnes élèves, elles seront reconnues. C'est parfois erroné, et toujours insuffisant. On ne devient pas libre ou leader en se conformant simplement aux prescriptions d'en haut. La recherche d'une parole d'autorité, voire d'une autorisation à être et agir, peut induire chez certaines femmes un comportement qui donne à l'autre le pouvoir de les déclarer légitimes ou non."

Au-delà de ces cas individuels, par essence uniques même s'ils peuvent être représentatifs et/ou inspirants, plusieurs enquêtes confirment que beaucoup se jouent autour des questions d'orientation et que si les lignes bougent, le mouvement est loin d'être achevé. On voit un clair manque d'éducation à l'égalité dès le plus jeune âge. Si les jeunes générations sont sensibles aux stéréotypes et discriminations, la persistance d'une culture du viol et le décalage avec certaines notions fondamentales du sexisme sont à déplorer. L'éducation à l'égalité, à l'école, dans les familles, dans l'entreprise, grâce aux associations, dans les médias, dans le sport… doit être une priorité pour non seulement lutter contre le sexisme dès le plus jeune âge, mais encore le prévenir tout au long de la vie. Reconnaître les problèmes, les affronter, pour mieux désassembler et réassembler. Puisqu'il s'agit d'une grande cause nationale depuis 2017 réitérée en 2022, il faut faire feu de tout bois – éducation, communication, soutien aux initiatives, poursuite de ce qui doit l'être –, ne rien laisser passer. Être cohérent surtout. L'action publique peut beaucoup, mais pas seule. La mobilisation doit être nationale.

La prise de conscience des stéréotypes est une première étape déterminante au cœur de la révolution de la mixité que nous prônons. L'Insee[1] offre à cet égard des renseignements précieux et suivis dans le temps. L'analyse de la prégnance des stéréotypes est limpide. Elle se fonde sur une analyse détaillée du Crédoc[2] :

---

1. Insee, "Femmes et hommes, l'égalité en question", art. cité, www.insee.fr/fr/statistiques/fichier/6047805/IREF_FH22.pdf.

2. Crédoc, "Conditions de vie et aspirations", janvier 2020. Les détails de l'enquête sont reproduits en annexes.

les représentations stéréotypées s'expriment notamment en matière d'éducation et de travail. En 2020, selon l'enquête "Conditions de vie et aspirations", les filles s'orientent moins vers les filières scientifiques et techniques dans l'enseignement supérieur, d'abord en raison du manque de visibilité des femmes ayant choisi ces filières (38 % des personnes âgées de quinze ans ou plus considèrent qu'il s'agit de l'un des deux principaux freins à l'orientation dans ces filières), mais aussi du fait de la moindre attirance des filles pour celles-ci (32 %), de l'influence des professeurs et psychologues de l'Éducation nationale qui conseillent d'autres filières (31 %) ou encore de l'influence des parents, de la famille (30 %)[1].

Sans surprise, malheureusement, une part importante de la population, hommes et femmes confondus, partage ces stéréotypes. Ainsi, 47 % des hommes sont convaincus de la moindre attirance des garçons pour les filières paramédicales et sociales, contre 36 % des femmes. De même, 36 % des hommes le sont de la moindre attirance des filles pour les filières scientifiques, contre 28 % des femmes. Pour expliquer la moindre présence féminine dans les filières scientifiques et techniques, les femmes pointent d'abord le manque de modèles féminins (40 %) et l'influence de l'institution scolaire (33 %). Elles citent aussi, beaucoup plus souvent que les hommes, le manque de confiance en soi dans ces domaines (30 % contre 22 %), sans opérer le même constat pour l'orientation des garçons.

Les modèles sont appelés à jouer un rôle important. S'identifier donne confiance. En ce sens, les témoignages que nous avons recueillis, aussi spécifiques soient-ils, offrent un horizon et ont en soi une valeur importante.

---

1. Les principaux freins identifiés à l'orientation des garçons dans les filières paramédicales et sociales sont leur moindre attirance pour celles-ci (41 %), puis le manque de visibilité des hommes les ayant choisies (33 %), l'idée que les garçons ne se sentiraient pas à l'aise dans un milieu essentiellement féminin (32 %) et l'influence des parents, de la famille (31 %).

Interrogées sur le premier conseil qu'elles donneraient à des jeunes dans leur recherche d'emploi, 28 % des personnes citent pour les jeunes femmes la possibilité de concilier vies familiale et professionnelle, puis l'intérêt ou le contenu du travail (27 %), tandis que les jeunes hommes, aussi incités à considérer l'intérêt du travail (26 %), sont invités à se documenter sur l'avenir du secteur d'activité (25 %).

Toutefois, les femmes âgées de moins de quarante ans invitent davantage les jeunes femmes à tenir compte de critères de rémunération (17 % contre 11 % des femmes âgées de quarante ans ou plus) et de carrière (18 % contre 14 % des femmes âgées de quarante ans ou plus). Passé la quarantaine, les femmes conseillent plus souvent aux jeunes femmes de prendre en compte la conciliation entre vies privée et professionnelle (32 % contre 24 % des femmes âgées de moins de quarante ans). Les hommes de moins de quarante ans encouragent les jeunes hommes à mieux concilier les temps de vie personnels et professionnels (22 % contre 17 % chez les hommes âgés de quarante ans ou plus). Ils prodiguent même davantage ce conseil que celui de considérer en premier l'intérêt du travail (20 %), alors qu'ils font l'inverse avec les jeunes femmes : 30 % leur conseillent de privilégier d'abord l'intérêt du travail contre 22 % la conciliation des vies professionnelle et familiale.

Les lignes bougent avec les générations et ce n'est pas une surprise. Nous trouvons peut-être là le facteur le plus encourageant pour l'avenir. Les représentations changent, mais cela reste fragile. Et ces représentations ne sont pas homogènes. Il faut poursuivre la diffusion et l'enracinement de ces approches nouvelles.

En 1979, les deux tiers des personnes estimaient que le travail des femmes n'était pas forcément souhaitable. En 2020, la place des femmes sur le marché du travail fait bien plus largement consensus : huit sur dix estiment que les femmes devraient pouvoir travailler dès lors qu'elles le désirent, ou qu'elles devraient toujours travailler[1]. Mais ce point de vue n'est pas partagé de manière homogène dans la population. Les personnes peu ou pas diplômées expriment moins souvent cette opinion (71 % contre 87 % parmi les titulaires d'un bac + 3 ou plus), de même que les moins de quarante ans (75 % y sont favorables, contre 84 % des quarante ans ou plus). Enfin, les personnes vivant en couple avec des enfants pensent plus souvent que les femmes ne devraient jamais travailler quand elles ont des enfants en bas âge (13 % contre 5 % des personnes en couple sans enfants).

Nous étions heureux de pouvoir, avec ces résultats sous nos yeux, rencontrer Élisabeth Crépon, directrice générale d'ENSTA Paris. Elle aime témoigner de son combat dans le monde des écoles d'ingénieurs. Encourager, ouvrir, faire découvrir, normer quand il faut ou quand c'est possible : il n'y a pas de murs, mais des horizons à repousser : "ENSTA Paris est une école d'ingénieurs généraliste, la première créée en France en 1741 pour construire des vaisseaux. Historiquement centrée sur la mécanique, elle a par la suite élargi ses domaines d'enseignement. L'école a toujours eu beaucoup d'étudiantes. Un pourcentage régulièrement supérieur à la moyenne des écoles d'ingénieurs, ce qui doit rassurer les étudiantes qui se renseignent (elles ne sont pas isolées). Aujourd'hui, elles sont près de 30 %. Ce n'est pas suffisant bien sûr, mais cela augmente progressivement. Là où il y a le plus de femmes, ce sont dans les filières agronomie et chimie et là où elles sont le moins présentes, c'est dans le BTP et surtout dans le numérique."

Au-delà d'ENSTA Paris, Élisabeth Crépon exerce des responsabilités nationales. Elle préside la Commission nationale des titres d'ingénieurs, chargée par la loi depuis 1934 d'évaluer toutes les écoles d'ingénieurs en vue de leur accréditation, de développer la qualité des formations, de promouvoir le titre et

1. Insee, "Femmes et hommes, l'égalité en question", art. cité, www.insee.fr/fr/statistiques/6047767?sommaire=6047805#figure3.

le métier d'ingénieur en France et à l'étranger. Cette Commission a l'obligation de demander aux établissements de rendre compte de leurs actions menées en matière de diversité et de parité. Elle doit surtout analyser les résultats de ces actions : le pourcentage de femmes recrutées et la nature de l'insertion professionnelle de ces femmes. Élisabeth Crépon précise : "Nous faisons des recommandations aux écoles quand les actions sur la parité ne sont pas suffisamment ambitieuses. Le salaire moyen des femmes à la sortie de l'établissement est encore un vrai sujet. Ce que nous pouvons constater, en particulier dans le domaine agroalimentaire, alors qu'il y a beaucoup de femmes présentes dans certains établissements, est que leur salaire moyen à la sortie reste inférieur à celui des hommes et l'accès ou non à la position de cadre demeure un vrai sujet. [...] Les femmes ne se valorisent pas suffisamment lors des entretiens. Elles ne sont pas assez exigeantes dans la négociation salariale. Pour tenter de remédier à cette situation, nous avons un système de coaching à leur intention comportant un module spécifique sur la négociation salariale. Le fait de mettre en œuvre ce dispositif tend à corriger le salaire moyen.

Ainsi, le fait d'attirer l'attention des écoles sur cet écart de salaire les aide à mettre en place des actions et à les mesurer. Il faut également continuer à attirer en amont et montrer aux élèves de collège et lycée que les mathématiques que nous faisons dans nos écoles sont des maths appliquées et sont très différentes des maths de l'enseignement secondaire. Nous suscitons l'intérêt avec des témoignages de jeunes femmes ingénieures passionnées (pas uniquement des personnes connues comme Élisabeth Borne ou Isabelle Kocher de Leyritz). J'ai aussi constaté que les étudiantes ingénieures avaient un attrait particulier pour la filière santé. L'un des points sur lesquels j'insiste dans mes interventions, c'est que santé ne signifie pas nécessairement médecine, mais peut aussi résonner avec ingénierie. À ENSTA Paris, nous avons un laboratoire d'ingénierie système et une des équipes de recherche travaille sur la robotique sociale. C'est une application de la robotique en lien direct avec la personne humaine comme pour l'accompagnement de l'autisme, ou la rééducation des personnes après des AVC…

Pour susciter l'intérêt auprès des élèves du secondaire, nous allons dans les classes avec une enseignante-chercheuse, accompagnés d'un robot à des fins de démonstration. Nous faisons également réfléchir les étudiants sur ce qui les intéresse : la relation avec le patient ou le domaine de la santé et si c'est davantage ce dernier, alors l'ingénierie appliquée peut les intéresser.

Je réfléchis actuellement à monter un parcours pour les étudiants qui au bout de deux ans ne seraient pas rentrés en médecine afin de les recruter à ENSTA Paris puisque nous avons une orientation vers le domaine de la santé. Enfin, nous avons créé très récemment un master dédié aux internes en chirurgie, car il y a un lien avec la robotique, et nous ciblons particulièrement les étudiantes.

Les étudiants sont aujourd'hui sensibles aux sujets environnementaux et en particulier les étudiantes. Pour répondre à cet enjeu de société, ENSTA Paris a initié en 2021 une démarche transition écologique en lien avec notre raison d'être visant à introduire sur l'ensemble du cursus de formation des savoirs afin de leur permettre d'agir en tant que futurs ingénieurs responsables. C'est important d'expliquer aux élèves qu'on peut agir sur l'environnement aussi en faisant des études d'ingénieur. Tout cela est assez modeste, mais nous sommes dans un cercle vertueux."

Être pratique et précis : parler de santé, d'environnement, de lien avec l'homme, dédramatiser, tout cela participe de la consolidation des tendances. Installer un pont entre le secondaire et le supérieur. Puis entre le supérieur et la vie professionnelle, car la course d'obstacles continue. Comme le rappelle Philippe Darmayan, le travail de banalisation et de dédramatisation ne doit pas s'arrêter à la formation initiale. Il s'est beaucoup interrogé sur la bonne manière d'attirer les femmes vers les métiers dits "techniques", à rebours des stéréotypes bien identifiés. "Aujourd'hui, je ne vois rien qui corrige cela. Je parle d'un « apartheid naturel ». [...] Quand on part à 10 % de femmes et que l'on doit arriver à 40 %, il faut regarder ce que ça veut dire en termes de promotion interne. En fait, cela veut dire surtout des promotions externes. Le politique ne peut pas mettre des quotas avec des engagements de durée sans regarder ce problème-là : celui de la ressource et des conséquences sur l'ensemble du personnel. Il faut traiter les causes profondes et cela passe par le ministère de l'Éducation. Dès la classe de 3e, il faut proposer aussi aux jeunes filles de rejoindre des filières techniques, communiquer sur ces métiers et repenser la description des métiers techniques en ayant en arrière-plan la notion de préjugés qui effectivement conduisent les femmes vers des métiers « de l'intérieur », souvent des métiers du soin. [...] Les proviseurs ne devraient plus être jugés sur le nombre de jeunes qu'ils arriveraient à conserver au lycée jusqu'au bac, afin qu'ils puissent les inciter à rejoindre l'enseignement professionnel et des formules d'apprentissage. Il faut peut-être penser à une discrimination positive pour les proviseurs à ce niveau-là, un partenariat du ministère de l'Éducation avec toutes les associations qui visent à la promotion des femmes. Comme les associations Elles bougent[1] ou Capital filles[2] qui font un travail de terrain extraordinaire. Il faut mettre en avant des femmes et par exemple profiter de la semaine de l'industrie pour faire venir les jeunes filles dans les usines." Il fait aussi référence à son expérience de patron d'industrie chez Arcelor Mittal : "Arcelor Mittal a été fortement incité à proposer quelque chose dans le cadre de cette semaine de l'industrie. Nous avons donc décidé de présenter les femmes

1. Association qui vise à susciter des vocations féminines pour les métiers d'ingénieurs dans l'aéronautique, le spatial, le transport ferroviaire...
2. Association qui permet à des jeunes filles issues de quartiers populaires ou de territoires ruraux d'être accompagnées par une marraine du monde de l'entreprise.

qui travaillent sur le site de Fos : une lamineuse à chaud et une des techniciennes de l'entretien. Nous avons mis en avant des femmes qui représentaient les métiers d'ingénieurs ou de techniciens. Il y a une politique de recrutement de femmes avec des quotas à ce niveau-là. Mais plus on monte dans la hiérarchie et plus le pourcentage baisse. Ce constat est généralisé, ressenti et documenté. Les manières d'y faire face varient. Dans mon dernier poste de direction opérationnelle, chez Aperam, j'ai nommé la DRH directrice opérationnelle de la distribution. Le symbole a été fort et bien reçu. Dans les comex ou les comités de direction, la seule chose que l'on puisse vraiment faire pour le moment, ce sont des mutations transversales. Il s'agit d'abord de faire monter les femmes dans les fonctions dans lesquelles elles sont majoritairement, comme le juridique, les RH, la communication, et ensuite faire des passages vers d'autres types de fonctions."

Le rôle du leadership dans l'entreprise est déterminant. Nous y reviendrons. Il y a bien une ligne d'efforts qui nous conduit depuis l'école jusqu'au sommet des institutions. La mobilisation de tous que Philippe Darmayan appelle de ses vœux est difficile, dans un pays où les efforts se font souvent en silos, mais indispensables. Les questions d'orientations et de choix professionnels sont au cœur des représentations collectives sur la place de la femme. Les efforts doivent porter là-dessus, dans la durée. Ils sont l'étape naturelle qui suit l'ouverture manifestée par la cellule familiale qu'il faut encourager, mais qui relèvent d'outils différents et plus liés ou plus sensibles à l'évolution sociale et culturelle profonde discutée et rappelée précédemment.

RESTER DÉTERMINÉ ET TRACER SA ROUTE MALGRÉ UN SEXISME ENRACINÉ ET PARFOIS TRÈS ORDINAIRE

Les témoignages recueillis font chorus. Relèvent-ils pour autant de l'anecdotique ou d'une – belle – collection de faits inédits ou uniques ? Nous donnent-ils suffisamment de munitions pour croire à des avancées irréversibles quand bien même elles ne seraient pas assez rapides ? En fait, ces avancées se font mais en milieu encore adverse. Le sexisme que certains qualifient d'ordinaire demeure présent. Le premier "baromètre sexisme" 2022 publié par le Haut Conseil à l'égalité entre les femmes et les hommes[1] vient cruellement nous rappeler le chemin à parcourir, mais aussi en creux d'où nous venons.

Ce premier "baromètre sexisme" révèle en effet un décalage constant entre d'un côté le vécu du sexisme, persistant, systémique et massif, et la conscience qu'il faut y répondre, quasiment unanime ; et de l'autre l'incapacité à le déceler réellement, notamment lorsqu'il se manifeste au quotidien. Le sexisme est à la fois perçu comme un fléau à combattre et vécu comme un état de fait quasi imperceptible. "Notre premier baromètre révèle à quel point il faut encore faire preuve de pédagogie pour lutter contre le sexisme et amplifier les politiques destinées à le faire régresser et le sanctionner", précise Sylvie Pierre-Brossolette, présidente du HCE.

L'année 2021 voit déferler une deuxième vague #MeToo. Près de cinq ans après la première vague, l'année est marquée de nouvelles dénonciations d'actes sexistes. Selon le "baromètre sexisme", 78 % des Françaises ont vécu personnellement un acte sexiste ou ont été destinataires de propos sexistes. Les indicateurs des violences sexistes et sexuelles sont également alarmants : 13 % des femmes ont subi un viol ou une agression sexuelle – taux qui monte à 20 % pour les dix-huit-trente-quatre ans. Plus de la moitié (53 %) des Français·es considèrent que les actes

1. Haut Conseil à l'égalité entre les femmes et les hommes, "Rapport 2022 sur l'état du sexisme en France. Sexisme en 2022 : le 1er baromètre révèle les raisons de sa persistance malgré une forte volonté des Français·es de le combattre", 7 mars 2022, www.haut-conseil-egalite.gouv.fr/stereotypes-et-roles-sociaux/actualites/article/rapport-2022-sur-l-etat-du-sexisme-en-France-sexisme-en-2022-le-1er-barometre.

et les propos sexistes sont en augmentation, un sentiment validé par la hausse, selon les dernières statistiques, d'un tiers des violences sexuelles. Ce ressenti est également dû à une sensibilisation croissante de la population, puisque, depuis le mouvement #MeToo, 22 % des Français ont pris conscience des inégalités entre les femmes et les hommes.

Pour autant, ils ne se sentent majoritairement pas informés sur les lois et sanctions existantes pour lutter contre le sexisme (53 %), et 77 % considèrent que le sexisme reste impuni en France, ce qui explique que la réponse aux violences sexistes et sexuelles passe majoritairement par une stratégie individuelle d'évitement (86 %). Une des explications de ce dysfonctionnement réside dans le fait que le sexisme n'est pas toujours bien identifié comme tel, puisque, par exemple, 16 % des hommes considèrent encore qu'une femme agressée sexuellement peut, en partie, être responsable de sa situation ; et seul un Français sur deux reconnaît les féminicides comme meurtres singuliers d'une femme de par sa condition de femme. Face à ces constats, la lutte contre l'impunité des violences sexistes et sexuelles doit devenir la priorité.

Ces situations, importantes en nombre, sont des situations de crise extrême. Elles rendent compte d'une société qui se cherche. Elles impactent évidemment les représentations et trouvent un écho dans le sexisme du quotidien dont toutes nos interviewées ou presque ont été amenées à parler.

Aurélie Jean est claire : il ne faut rien laisser passer. Être ferme et bienveillant. Ce n'est pas une guerre mais un cheminement collectif, dans lequel la vigilance s'impose. Figure féminine rare dans le domaine de l'IA et des algorithmes, elle insiste aussi sur les dérives de ce qu'elle appelle le "sexisme ordinaire". Sa vigilance est de chaque instant. Pas besoin de beaucoup de temps pour percevoir sa détermination : "Il est important d'identifier les stéréotypes pour mieux les contrer. J'ai eu la chance de ne pas avoir vécu d'expérience difficile comme ce qu'on peut entendre et ce qui est arrivé à certaines de mes amies, mais j'ai eu et j'ai toujours affaire au sexisme ordinaire. C'est très difficile de l'identifier et d'en parler car il est plus discret et plus subtil. On ne parle pas ici de harcèlement, de geste déplacé ou d'une phrase clairement sexiste comme : « Les femmes sont beaucoup moins compétentes que les hommes. » Tout le monde est d'accord pour dire que c'est mal. En revanche, toute la question porte bien sur ce sexisme ordinaire. Avoir mis un mot dessus m'a personnellement beaucoup aidée à comprendre les situations dans lesquelles je pouvais me trouver. [...] J'ai un client pour lequel j'ai travaillé qui était extrêmement dithyrambique dans ses mails sur mon travail. Une des personnes du projet me dit alors : « Ah oui ! Il est comme cela avec toi parce qu'il est amoureux. » Je lui réponds : « Non. En fait, je crois que c'est plutôt parce que j'ai fait du bon boulot. » Je ne dis pas que cette personne a voulu être méchante, mais elle a été maladroite. J'attends qu'elle le reconnaisse et qu'elle réalise qu'elle n'aurait probablement pas dit cela si j'avais été un homme. Autre exemple : j'ai soumis un article dans une revue de recherche. Un mois avant qu'il ne sorte, l'éditeur me contacte en me demandant de changer le titre de l'article car le chercheur qui écrivait l'article suivant voulait un titre similaire. Je lui ai répondu qu'il était hors de question que je change mon titre car ce titre était très efficace. Mon article avait déjà été accepté, et je ne me suis pas démontée. Il y a encore quelques années, j'aurais voulu être arrangeante. J'aurais dit : « Mais oui, bien sûr, je peux changer. » Pourtant je ne peux pas m'empêcher de m'interroger : si j'avais été un homme, aurait-il osé me demander de changer mon titre pour que quelqu'un d'autre puisse l'utiliser ? J'essaye de ne pas tomber dans le stéréotype inverse et de voir du sexisme ordinaire partout, cependant chaque fois, j'ai un doute."

Aurélie Jean appuie sur un point délicat. Les cultures des pays restent différentes. Et l'égalité hommes-femmes, même proclamée dans les déclarations internationales ou avec l'objectif du développement durable numéro 5, reste un marqueur des différences entre les cultures et les pays. Elle s'exprime évidemment dans la vie professionnelle. Les pays avancent sur l'égalité à une vitesse et selon des modalités différentes. Les États-Unis sont ainsi souvent considérés avec une certaine condescendance sur ces sujets où leur formalisme paraît décalé ou excessif. Le coauteur du présent ouvrage, Bertrand Badré, se souvient ainsi en particulier des premiers entretiens qu'il devait faire passer à New York il y a vingt ans. Le DRH de l'entreprise l'appelle avant pour lui dire : "Tu es français… donc, s'il te plaît, laisse la porte ouverte quand tu interviewes une femme." Bertrand imagine déjà l'image du Français prédateur qui pourrait être la sienne… Il ne comprend pas vraiment, mais obéit à l'injonction et laisse la porte ouverte pendant les entretiens. L'explication viendra plus tard : le souci du DRH n'était *a priori* pas la personne de Bertrand mais bien que, dans un contexte déjà difficile, il ne souhaitait pas qu'une candidate recalée argue de comportements inappropriés venant, circonstance aggravante, d'un Français. Aurélie Jean souligne pourtant les aspects positifs de ce systématisme encore éloigné de nos pratiques : "J'étais dans une entreprise et je travaillais avec un homme qui manifestait des signes de machisme envers moi. J'étais une des seules femmes dans l'équipe de scientifiques ingénieurs. Il faisait tout pour retarder mon travail en me donnant ses instructions à la dernière minute. Je lui ai demandé de me donner les éléments plus tôt car il me bloquait et que je n'arrivais pas à m'organiser en conséquence. Il m'a alors répondu par mail : « Ne te comporte pas comme une fille. » Je lui ai alors répondu qu'on était là pour travailler ensemble, qu'on devait trouver un langage commun et je lui ai demandé de ne jamais réécrire ce type de phrases. Il en a parlé à son manager qui en a parlé au mien. Mon responsable a considéré que j'avais très bien réagi et que ce qu'il avait écrit était inacceptable. C'était la deuxième fois qu'il faisait ce genre de choses. À la prochaine situation de ce type, une décision serait prise car l'entreprise ne pouvait pas accepter ce genre de comportement. Mon supérieur (N + 3) est venu à mon bureau et m'a dit : « Tu es ici chez toi. » Cet épisode m'a affectée car en deux secondes avaient été remis en cause douze ans de carrière. Je suis pour une tolérance zéro dans le milieu professionnel. Chacun doit avoir un comportement approprié et inclusif."

L'univers politique n'est pas en reste. Anne-Marie Idrac comme Myriam El Khomri l'ont vécu sans filtres. Cette dernière rappelle avec émotion mais aussi une certaine distance plusieurs anecdotes révélatrices. "Quand je suis rentrée au gouvernement, à la politique de la ville, le journal *Libération* avait titré « L'évidence parisienne » avec un article très flatteur. Le JDD m'appelait « la chouchoute du gouvernement ». J'ai été la ministre qui a fait le plus de déplacements : trois cents en trois ans, pas pour se montrer mais pour voir sur le terrain ce qui marchait et ce qui ne marchait pas.

Et du jour au lendemain, alors que les commentaires de mon action au ministère de la Ville avaient été plutôt favorables, avec mes nouvelles fonctions au ministère du Travail, pour les journalistes, ce bilan ne comptait quasiment pas. C'était comme si je n'avais rien fait auparavant, un petit côté « ardoise magique » ! Il y avait des journalistes sur des plateaux qui disaient : « En plus, vous imaginez, elle n'a même jamais travaillé ! » Mon père m'appelait et me disait : « Tu veux que j'aille sur les plateaux leur dire que tu as travaillé avec moi depuis toute petite ! » Peut-être que ces journalistes considéraient qu'être conseiller technique, c'était faire trois notes à un maire."

Quelques années plus tard, les alliances et les soutiens dont a pu bénéficier Myriam El Khomri ont pu faire place à des trahisons ou au retour d'un certain naturel, soulignant qu'en cette matière plus qu'en beaucoup d'autres, il ne faut jamais relâcher l'attention et que les acquis doivent encore et toujours être consolidés : "En février [2016], au moment de la loi travail, je glisse sous la douche. J'étais seule à la maison. Mon officier de sécurité m'attendait en bas car je devais passer dans l'émission *Les Quatre Vérités* ce matin-là. N'arrivant pas à me relever, je lui envoie un message. Il appelle les secours, qui décident de m'hospitaliser pour faire des examens. Les médias annoncent alors que mon absence sur le plateau de France 2 est due à une hospitalisation. Dans la journée, des élus, des députés parfois même socialistes, déclarent : « Oui, on le sait, elle était fragile », laissant entendre que j'avais craqué. François Hollande, en voulant tuer cette rumeur, déclare un peu plus tard dans la journée qu'il s'agit d'un « accident domestique », accélérant alors les choses, certains allant presque jusqu'à m'enterrer. C'était devenu un fait politique ! C'était grotesque et horrible à la fois puisque mes parents et mon mari ont appris par la radio que j'étais hospitalisée. La suite n'a pas été plus calme : dans les manifestations qui ont suivi, il y avait beaucoup de slogans haineux, des simulacres de décapitation… J'ai notamment très mal vécu la manif en bas de chez moi : une manifestation très matinale, émanant d'intermittents du spectacle alors même que nous étions, avec Audrey Azoulay, en train de travailler au sauvetage de leur régime, gravement déficitaire. Un collectif d'intermittents précaires était ainsi venu manifester sous les fenêtres de mon domicile en publiant dans des communiqués de presse mon adresse personnelle dans le 18e, pas très loin de la porte de Saint-Ouen. À 7 heures du matin, je n'ai pas pu emmener les filles à l'école. Après cette divulgation, j'ai reçu de nombreuses lettres de menaces de mort : « Vos filles, elles finiront sur des grilles », etc. Charmant. À l'époque, la violence envers les politiques, tout le monde s'en foutait. La prise de conscience est venue plus tard. Je suis tout de même reconnaissante à certains, comme Xavier Bertrand qui avait déclaré au *Figaro* pour un portrait qui m'était consacré bien après mes responsabilités ministérielles : « On aurait dû mieux défendre Myriam El Khomri, cela nous aurait peut-être évité les problématiques que l'on a aujourd'hui. » Mais aussi à François Hollande, Manuel Valls, Bertrand Delanoë, Laurent Berger, qui m'ont également toujours soutenue. J'ai surtout la chance d'avoir une famille et des amis qui ne sont absolument pas dans la politique et ont toujours répondu présents. Mon mari est top, il a vendu son entreprise quand j'étais ministre pour s'occuper des filles. Être bien accompagnée a été une véritable chance pour moi !"

Le combat n'est jamais gagné définitivement. La cohérence et l'exigence sont essentielles. Encore une fois nécessaires mais pas suffisantes quand cela dérape. La situation est d'autant plus délicate que les crises successives – financières, économiques, sociales et sanitaires – ont fait payer un lourd tribut aux femmes, ont fragilisé certaines avancées et encore renforcé les tensions.

Myriam El Khomri revient aussi sur un épisode qui avait brièvement, à raison, suscité la polémique : "Les femmes doivent toujours en faire dix fois plus pour être légitimes. La loi travail a nécessité de grands arbitrages entre François Hollande, Manuel Valls, Emmanuel Macron et moi-même. Nous étions tous les quatre embarqués dans cette affaire. Certains de mes collègues se sont alors carapatés. C'est ça le courage. Et vous vous retrouvez finalement seule à porter loyalement ce projet. Le courage est pour moi une qualité que l'on ne découvre que dans l'adversité. Les femmes souffrent trop souvent d'une suspicion d'incompétence. Elles ne sont clairement pas traitées de la même manière que les hommes. Je vous cite un exemple. Je me retrouve face à Bourdin, il me demande combien de fois le CDD peut être renouvelé. Je réponds trois car, dans ma tête, je pense à trois contrats. Il me dit : « Vous êtes sûre ? » Je perds pied et je réponds : « Je ne sais pas. » Comme si j'avais même inconsciemment intégré ce procès en incompétence. J'ai évidemment beaucoup souffert des retentissements de cette interview. Elle m'a fait perdre le peu de crédibilité que j'avais à ce moment-là, quelques mois seulement avant la loi travail. Pourtant, au ministère, je me suis toujours employée à prendre les sujets à bras-le-corps, à les traiter avec détermination et abnégation car quand on est à ce poste-là, on a le privilège de servir le pays."

Les femmes sont, en effet, les perdantes économiques d'un monde postcrise-postpandémie. Dans le travail, les écarts salariaux continuent de se creuser : les femmes se spécialisent dans des métiers plus précaires, alors même qu'ils sont les plus socialement utiles, les exposant à la pauvreté au travail. Les plafonds et parois de verre persistent : plus d'une femme sur cinq a déjà vécu un écart de salaire avec un collègue homme à poste égal ou à compétences égales, une proportion qui s'élève à plus d'un tiers (37 %) pour les cadres. 74 % des Français considèrent que les femmes ne sont pas traitées comme les égales des hommes au travail.

Le télétravail renforce ces tendances, puisqu'il implique davantage la charge domestique dans l'environnement professionnel. Or, encore 27 % des Français considèrent comme normal que les femmes arrêtent de travailler pour s'occuper de leurs enfants. En favorisant le retour des femmes à domicile où les déséquilibres sexistes persistent donc sans être identifiés, le télétravail risque de renforcer l'éloignement des femmes de l'emploi.

Enfin, le sexisme prospère toujours en entreprise : selon le "baromètre sexisme" cité précédemment, près de la moitié des Françaises (46 %) ont déjà été victimes d'actes ou de propos sexistes au travail. Les femmes renoncent aussi plus souvent à un métier ou à une envie professionnelle : cela concerne une femme sur quatre (27 %) chez les vingt-cinq-trente-quatre ans. Face à ces constats, le conditionnement des financements publics dans l'économie à des engagements pour l'égalité et la parité – ce que l'on appelle le "principe d'égaconditionnalité" – doit devenir la norme.

Les femmes restent des intruses dans les sphères de pouvoir, de savoir, de parole. En politique, la parité et l'égalité sont encore loin d'être atteintes, notamment en raison du sexisme endémique qui y domine. Dans les médias et le numérique, les femmes sont toujours minoritaires, et là encore le discours sexiste y prospère et le sexisme lui-même y est une notion particulièrement mal traitée. Un chiffre résume tout cela : seulement 6 %

des Français·es considèrent que le sexisme est présenté correctement dans le débat public[1].

PETITS PAS CONSTANTS : AVANCER PARFOIS DE MANIÈRE CRÉATIVE ET SURTOUT NE PAS RECULER MAIS TIRER VERS LE HAUT

Les questions culturelles se traitent par avancées successives. De temps en temps une règle s'impose. Et les progrès se poursuivent. Depuis les choix de couleurs à la naissance jusqu'à celui des dirigeantes et dirigeants de nos pays, entreprises ou religions. Muriel Pénicaud reprend ces points un à un depuis la cour de récréation jusqu'à la création de l'index Pénicaud en s'appuyant sur son expérience personnelle diverse. Son parcours illustre à merveille la dureté de la course d'obstacles mais aussi la joie de passer l'un après l'autre ces obstacles. Le passage en situation de responsabilités, en capacité de rendre plus rapide l'accès au leadership, permet de faire bouger sérieusement les lignes. "Le stéréotype commence dès la petite enfance, à l'école et dans les activités périscolaires, avec les jouets et les couleurs de vêtements. On n'a pas beaucoup progressé sur ce sujet. Lorsque Nicole Abar, avec mon soutien, a proposé que l'on favorise les jeux mixtes dans les cours de récréation, le gouvernement a reculé parce qu'il y a eu des pétitions de protestataires considérant que l'on voulait « faire mettre des jupes aux garçons ». Ces questions-là sont réglées dans les pays nordiques depuis longtemps. Occuper l'espace physique donne de la force psychologique. Le deuxième stéréotype est celui des métiers : avant la réforme du bac, il y avait plus de filles que de garçons en bac S, et avec de meilleures

1. Haut Conseil à l'égalité entre les femmes et les hommes, "Rapport 2022 sur l'état du sexisme en France. Sexisme en 2022 : le 1er baromètre révèle les raisons de sa persistance malgré une forte volonté des Français·es de le combattre", art. cité.

notes, mais elles choisissaient de devenir avocates, médecins, juges. Beaucoup s'interdisaient mentalement d'aller vers la finance, le numérique, l'industrie et la technologie, métiers qui créent beaucoup d'emplois et de richesses. La désaffection des filles pour la technique et la science (sauf la biologie) a empiré avec le nouveau bac. Ces stéréotypes bloquent également les garçons. Ainsi, certains voudraient s'orienter vers des métiers du soin et n'osent pas au regard de la pression familiale et sociale.

La loi pour la liberté de choisir son avenir professionnel a imposé que de la classe de 5e à la classe de 1re il y ait chaque année cinquante-quatre heures de découverte des métiers. Les régions et l'Éducation nationale doivent la mettre en œuvre. Cela permettra à tous les élèves de rencontrer des entrepreneurs, des apprentis, des professionnels passionnés par leur métier dans de très nombreux domaines. Il est primordial qu'une femme ingénieure du numérique puisse parler à ces jeunes de même qu'un homme infirmier ! Tous les jeunes doivent pouvoir se dire : « J'ai le choix. »"

En 2010, alors directrice générale des ressources humaines du groupe Danone, elle a créé et inauguré le programme Eve auquel contribuait le Crédit agricole, dont le coauteur Bertrand Badré était alors directeur financier. Il participait cette année-là à la première session. Il en était revenu transformé. Minoritaire dans un environnement organisé par et pour les femmes, son regard n'est plus le même.

Anne Thévenet, qui accompagne chez Danone Muriel Pénicaud, rappelle les bases du programme Eve qui repose sur "trois piliers :

– moi : ce qui m'anime, qui est important pour moi, qui me donne envie de me lever le matin ;
– moi et les autres : leadership, intelligence collective, faire passer ses idées, l'art de la négociation ;
– moi et le monde : des témoignages de femmes qui n'ont pas forcément beaucoup d'atouts au départ et qui donnent envie de se dépasser.

Nous avons mis, avec jubilation, un quota… un quota d'hommes, pour changer, de 20 % d'hommes (20 % étant généralement le pourcentage de femmes au plus haut niveau) afin qu'ils fassent, eux aussi, l'expérience de la minorité". Pari gagné et au-delà. Bertrand Badré se décentre jour après jour. Être minoritaire est une expérience inattendue et positivement déstabilisatrice. Muriel Pénicaud enfonce le clou : "Dans Eve, j'ai voulu dès le départ qu'il y ait 80 % de femmes mais aussi 20 % d'hommes, c'est-à-dire l'inverse de ce qui se passe dans le top management. Les femmes se sentaient ainsi légitimes, osaient formuler leur ambition et développer leur leadership. Lors du premier rendez-vous, lorsque Franck Riboud est venu parler, il y avait dans la salle 280 femmes et 40 hommes, et il me dit : « J'ai peur. » Je n'avais jamais vu Franck Riboud avoir peur devant les actionnaires ou les investisseurs internationaux. « Qu'est-ce qu'elles vont penser de moi ? Et si je ne leur plaisais pas ? » Il a fait un tabac en parlant avec ses tripes.

Quand ces hommes rentrent chez eux après Eve, selon leurs propres dires, ils ne se conduisent plus de la même manière avec leurs collaboratrices, leur femme et leurs filles, et témoignent : « Je ne me rendais pas compte. » Il faut multiplier les événements où on déconstruit les stéréotypes ensemble."

TOUCHER DU DOIGT LA QUESTION DES SALAIRES ET MESURER

Muriel Pénicaud poursuit : "Avant que je devienne DGRH de Danone, les écarts de salaire et de carrière entre hommes et femmes n'avaient jamais été mesurés. Il y a quatorze ans, grâce à l'analyse que j'ai fait faire mondialement, nous nous sommes rendu compte qu'il y avait 40 % de femmes parmi les managers, 17 % parmi les directeurs et 11 % parmi les dirigeants. Le plafond de verre était là, bien solide.

Quand on traçait les courbes sur un diagramme, on s'apercevait, avec un peu d'humour et d'imagination, qu'elles formaient une sorte de gueule de crocodile. J'ai lancé un défi dans toute l'entreprise : « Fermer la gueule du crocodile », c'est-à-dire renverser la tendance pour atteindre l'égalité. Toutes les divisions et filiales se mesuraient les unes aux autres : c'était à qui fermerait le plus la gueule du croco. Ce n'était plus une question des femmes contre les hommes, mais une compétition vertueuse qui les impliquait tous pour un même résultat et avec une même fierté. Quand j'ai quitté Danone, ils m'ont offert une grande peluche crocodile dont un ruban lui fermant complètement la gueule."

Le crocodile est un symbole qui dure. Arrivée au gouvernement en 2017, Muriel Pénicaud poursuit ses réflexions et veut aller plus loin en élargissant le champ de cette compétition vertueuse. Elle le fait avec la création de l'index qui porte aujourd'hui son nom. Le but de la nouvelle compétition : être le meilleur dans l'index Pénicaud.

L'ancienne ministre le souligne, cette compétition est sérieuse, "on sait que lorsqu'il y a plus de mixité dans les entreprises, elles sont plus performantes comme le démontrent beaucoup d'études[1]. Si les entreprises étaient purement rationnelles, elles promouvraient donc la mixité, ne serait-ce que pour des raisons économiques. Si cela n'est pas le cas, c'est parce que les résistances sont beaucoup plus profondes que cela". C'est une évidence que souligne également Meka Brunel : "L'égalité salariale ? Je n'ai jamais compris que ça puisse fonctionner autrement. À travail égal, salaire égal et quand on a travaillé sur cette égalité salariale chez Gecina, on a aussi augmenté de

1. "The Pursuit of Gender Equality" ["La poursuite de l'égalité hommes-femmes"], OCDE, 2018 ; "Femmes d'affaires et femmes cadres : les arguments en faveur du changement", OIT, 2019 ; McKinsey, "Women Matter" ["Les femmes comptent"], 2012, 2016, 2017.

33 % le salaire de certains hommes. Aujourd'hui, les écarts de salaire ne dépassent pas + ou – 3 %."

Les études se succèdent et confirment les bénéfices d'une vraie mixité. L'analyse faite par McKinsey en 2015 induit un gain potentiel de 12 000 milliards de dollars de PNB pour l'économie mondiale à l'horizon 2025. Soit 1 % de croissance supplémentaire annuelle. La clé du succès dans les entreprises est la persistance des actions et des programmes engagés. Et des indicateurs bien sûr. L'engagement du leader – du PDG – est indispensable. Il donne le ton. Et surtout il faut être ancré dans la réalité de l'entreprise et de son secteur, ce que le plus souvent et inévitablement la loi générique ignore.

L'index vient donc utilement compléter et incarner les règles du jeu. Il fournit année après année de la matière aux observateurs de toutes natures, investisseurs, agences de notation financière et extrafinancière ou médias. Personne ne veut se retrouver en bas. C'est au total assez simple et efficace. Ce qui n'est pas mesuré ne change pas, ce qui est mesuré change parfois. En tout état de cause, l'index et les autres outils qui se mettaient en place, au même titre que les analyses de l'Insee ou du Crédoc, fournissent les éléments qui justifient les investissements de ceux qui veulent que ça change. Cela accompagne et balise leur parcours, donne un autre outil à ceux qui veulent agir.

AU-DELÀ DES QUOTAS : NOMMER UNE FEMME PARCE QUE FEMME ET LA VALORISER COMME INDIVIDU ET COMME MODÈLE

La question de la parité est encore souvent réduite à la prise en compte ou non de quotas, comme nous l'avons vu au chapitre 2. On reste rarement indifférent à ce sujet. Mais au total, le quota légal et systématique apparaît comme un mal transitoire mais nécessaire. D'autres outils ou approches peuvent être utilisés.

Ainsi une forme d'*affirmative action*[1] peut jouer un rôle similaire.

La pasteure Élisabeth Parmentier le reconnaît facilement et voit tous les bénéfices que cela a pu induire. Elle assume et d'une certaine manière s'en réjouit, même si cela n'a pas été pour autant toujours simple. Être poussée dans la lumière a un coût : "Si j'ai été pionnière dans tellement de positions, c'est parce que l'on m'a mise en avant à cause du fait que j'étais une femme. On a enfoncé les portes pour moi et on m'a poussée en permanence. J'ai toujours dû monter au créneau et c'est très fatigant, stressant d'être toujours en pleine lumière et de devoir prendre la parole. Il est alors difficile de se positionner comme autorité envers soi-même. Je dois prendre une position d'autorité que l'on veut en permanence me donner, je suis toujours poussée et je ne me sens pas à l'aise avec cela. Je crois que c'est une résistance que vivent beaucoup de femmes. Maintenant, quand je repense à mon parcours, je me demande comment j'ai fait tout ça. C'était presque malgré moi et je ne comprenais pas ce qui m'arrivait. J'ai toujours dit oui parce que j'ai toujours eu cette mystique de l'envoi, comme Pierre et Paul[2]. Il ne s'agit pas de suivre mon ego et vouloir faire uniquement ce que j'ai envie de faire. Cela a été très dur car je n'ai pas vraiment eu de temps de repos. J'ai deux enfants et j'ai toujours maintenu une vie de famille tout à fait classique. Je me suis également occupée de personnes très malades dans ma famille. C'était souvent le grand écart mais mes enfants m'ont toujours soutenue. Mes deux garçons sont assez féministes et très fiers de leur maman."

La loi joue cependant et évidemment un rôle. Elle est nécessaire, ne serait-ce que pour acter des progrès ou catalyser des

---

1. Politique américaine qui pousse, sur une base volontariste, la représentativité de certains groupes à l'université par exemple.

2. Pour les chrétiens, l'envoi en mission par le Christ est essentiel. Les Apôtres Pierre et Paul ont ainsi contribué à diffuser le christianisme au-delà de la Palestine.

évolutions, mais tous nous l'ont dit, elle est insuffisante si les esprits ne changent pas, si ne se fait pas jour comme une évidence l'idée que la diversité réelle est la stratégie gagnante. "*Win-win*[1]", comme il est d'usage de dire. Les combats individuels et les alliances entre gens de bonne volonté restent essentiels et pourront ensuite conduire à de nouvelles évolutions réglementaires et législatives. L'idée de proposer des modèles est générale : montrer que cela est possible sans cacher le coût ni les difficultés. Même si cela conduit aussi comme le rappelle Fabienne Dulac à forcer son naturel : "J'ai mis du temps à pouvoir imaginer que je pouvais être un modèle. J'ai été très réservée sur les prises de parole dites « féminines » pendant très longtemps. Je sens aujourd'hui l'importance de le faire beaucoup plus pour donner à voir le champ des possibles ; même si la notion de rôle modèle ne me plaît pas trop. Mon éducation m'a transmis l'idée que rien n'est impossible, que tout est permis. Quand j'interviens pour Eve ou d'autres programmes pour les femmes, je leur dis : « Regardez d'où je viens, regardez le parcours que j'ai fait qui est atypique, regardez comme il y a un champ des possibles complètement extraordinaire. »"

Au fond il s'agit de promouvoir la singularité de chacun et non les stéréotypes associés à la collectivité indifférenciée des femmes ou à celle non moins indifférenciée des hommes. De reconnaître les qualités individuelles et de promouvoir le respect de chacun, de créer des règles informelles puis formelles.

Philippe Darmayan dont nous avons rapporté la lente prise de conscience se rappelle comment il a pu agir à plusieurs niveaux et diversifier les outils. Peu naturellement à l'aise avec l'idée de quotas, cet ingénieur l'est beaucoup plus avec celle de la reconnaissance et de la valorisation de la compétence. Il a su faire feu de tout bois et a utilisé tous les outils à sa disposition et sa capacité à le faire sans se cacher, en complète transparence :

1. "Gagnant-gagnant".

“La croyance que j’ai, c’est que cela ne bougera que s’il y a des indicateurs et qu’on les communique. Ainsi, j’ai voulu instaurer un quota au Conseil de l’UIMM : 20 % de femmes à l’horizon 2025. Mais malgré cela, je n’ai vu arriver que des hommes lors des élections locales ultérieures, et les pires adversaires de mon initiative furent les quelques femmes déjà présentes : « Nous ne sommes pas là parce que nous sommes des femmes à quotas. » J’ai alors abandonné l’idée du quota et j’ai dit à mon Conseil : « Ce ne sera pas un quota mais un engagement que l’on prend tous collectivement. Pour vos conseils, allez chercher des femmes chefs d’entreprise, dans une logique de discrimination positive. Nos ‘femmes quota’ on va les trouver à la base. On ne prend pas un engagement pour 2025 mais pour faire bouger les choses tout de suite et de manière transparente. » Pour moi, il était capital d’allier plusieurs éléments :

– premièrement : ne pas nier la discrimination positive ;
– deuxièmement : ne pas mettre de quotas mais un engagement qui donne de la souplesse ;
– troisièmement : travailler en transparence.

Cela n’allait pas assez vite et il fallait mettre en place une discrimination positive d’une manière ou d’une autre.”

On retrouve l’idée d’un engagement de chaque instant dont on peut mesurer les effets et rendre compte. Mais cet engagement doit être attentif à tout ce qui se passe à côté et qui n’est pas nécessairement mesurable ou visible. Là peut être le danger.

Philippe Heim, ex-président du directoire de La Banque postale[1], fait écho à Philippe Darmayan : “Ce qui donne des raisons d’espérer, c’est la loi Copé-Zimmermann, qui nous a montré que lorsqu’on a réussi à l’imposer, en l’espace de cinq-six ans, on a atteint 40 % de féminisation des conseils d’administration.

Dans une vie antérieure, j’ai eu la chance de présider le conseil d’administration d’un grand groupe de gestion de flottes

1. Jusqu’en août 2023.

automobiles. Un business historiquement masculin. En mettant une bienveillante pression sur le CEO, par touches successives, et en faisant émerger des talents dans l'organisation, ils ont atteint 30 % de femmes au comex, alors que quelques années auparavant il n'y en avait aucune. Au niveau de La Banque postale, nous avons atteint les 40 % et continué à travailler dans la bonne direction."

Meka Brunel enfonce le clou : "C'est compliqué parce que nous avons tellement d'*a priori* dans la vie. Je vous donne un exemple : il y avait deux femmes et deux hommes au sein d'une équipe. Une des femmes a eu une promotion mais pas le titre qui allait avec. J'appelle le patron qui me dit : « Ah non, mais ne vous inquiétez pas. Elle ne le veut pas. Elle est bien comme ça. » J'appelle cette jeune femme. Elle me répond : « Mais vous savez, ce n'est pas très grave. » Je lui dis : « Si, si, c'est grave ! Vous allez exercer plus de responsabilités. Si vous refusez, vous n'allez jamais vous faire respecter ! N'acceptez pas la demi-mesure. Prenez le poste et le titre. À vous de faire vos preuves par la suite. » Nous, les femmes, nous sommes dans l'autocensure, nous nous créons nos propres modalités de censure. J'ai remarqué que souvent, dans les conseils d'administration, les femmes sont les pires ennemies de celles qui dirigent, car leur propre souffrance dans le passé les amène à penser que cela doit être transmis."

Muriel Pénicaud ne dit pas autre chose. Il faut être pratique et direct et jouer sur toute la gamme des leviers y compris l'humour. Au-delà des quotas il y a plein d'outils. Dans son livre *Pousser les murs*, elle évoque ces leviers de même que son combat pour l'égalité. Au total, elle voit trois outils essentiels :

– mesurer ;
– coacher/mentorer ;
– développer des réseaux.

Elle explicite : "Mesurer. C'est pour cela que j'ai voulu créer cet index d'égalité femmes-hommes. Une entreprise ne progresse que si elle mesure. L'index doit s'inscrire dans les objectifs de management à tout niveau. Le cœur du management, c'est de partager une vision et de définir une ambition, de la traduire en objectifs et de chercher à les dépasser tous ensemble, puis de reconnaître et valoriser les résultats collectifs et individuels. Si tout le management s'y met, avec les équipes et les partenaires sociaux, là on a des chances de les dépasser. Mais aucune chance si ce ne sont que des « y a qu'à » venus d'en haut. Il en est de même pour l'index, qui représente à la fois une obligation légale et un outil de management et de pilotage de la performance de l'entreprise en matière d'égalité professionnelle." L'index Pénicaud joue sur l'effet cliquet comme elle le rappelle : il donne un horizon mesuré année après année, et donc à dépasser année après année.

"Coaching et mentoring. Ils peuvent être faits par une femme ou un homme, mais ils sont importants. Le plafond de verre extérieur, lié à l'organisation et au management, est un obstacle puissant. Mais il y a aussi le plafond de verre intérieur, cette petite voix qui dit : « Je ne suis pas légitime, je ne suis pas assez compétente. » Cela concerne au moins 95 % des femmes. Je me demandais initialement si c'était franco-français et lié à notre système d'éducation qui est basé sur le jugement et la sanction et qui ne cultive pas la confiance en soi. Mais chez Dassault Systèmes comme chez Danone (groupe qui couvre quatre-vingt-dix pays), j'ai pu voir que ce doute et cet empêchement intérieurs sont presque universels. Cet inhibiteur est puissant et effrayant à tous niveaux. C'est le syndrome de la peur, et la peur, il me semble que pour la dépasser, le plus efficace est de lui faire face par l'action. Quand je suis devenue DGRH, il y avait beaucoup de règles que je ne connaissais pas en matière de finances et de systèmes de rémunération internationaux, mais j'ai vite appris. Pour une fois les hommes ont raison : pourquoi ne prendre des responsabilités que lorsqu'on possède déjà 100 % des compétences ? Apprendre en permanence est la clé de tout, et les coachs, formateurs, collègues et collaborateurs sont aussi là pour vous apporter cela. Le mentoring est très utile et permet de travailler sur des situations précises, spécifiques à chacune, des situations d'échec ou d'humiliation, des traumatismes suite à des phrases malveillantes, mais aussi sur l'analyse des leviers de succès. Il faut progressivement déconstruire les stéréotypes intérieurs, et bâtir sur ses propres forces.

Les réseaux enfin. À Eve, il y avait 80 % de femmes et 20 % d'hommes et quand je posais la question de savoir quel était le niveau de compétences nécessaire pour postuler à un emploi, les femmes me répondaient presque toujours 120 %. Elles disaient : « Déjà qu'on n'est pas légitimes, si on n'est pas hyper-compétentes, on va être prises comme cibles. » Les hommes répondaient en général 80 % et certains même 50 %, avec l'argument : quel est l'intérêt de prendre un job pour lequel on sait déjà tout faire ? Avec Eve, on a créé un premier réseau de femmes travaillant chez Danone et dans d'autres entreprises comme Orange, L'Oréal, Google, ou encore la SNCF. Ces réseaux donnent de la force aux femmes et ouvrent une voie. Ils promeuvent l'entraide et la solidarité, la sororité."

Le réseau et le mentoring sont des outils souples et adaptés aux modes de vie contemporains. Les deux auteurs de ce livre sont à cet égard engagés auprès d'une association qu'ils ont rejointe dès sa création. Equaleaders, créée par Véronique Saubot, systématise le mentoring pour les femmes qui ont le potentiel de rejoindre un comité exécutif en organisant la relation avec un dirigeant mentor – homme ou femme – qui lui-même va proposer à une femme de sa propre équipe d'être mentorée par le dirigeant ou la dirigeante d'une autre entreprise. Nous en sommes à la troisième promotion de mentorées et le vent souffle dans les voiles !

SUS AUX STÉRÉOTYPES : ÊTRE LUCIDE ET FAIRE FEU DE TOUT BOIS, TOUT LE TEMPS ET PARTOUT

Ces petits pas peuvent paraître frustrants. Beaucoup aimeraient une baguette magique, un grand soir. Certes les plus enthousiastes verront le verre dès aujourd'hui à moitié plein et souligneront les avancées, les réussites individuelles, la production intellectuelle ou les débats publics, les engagements politiques et la vivacité des prises de position. Il peut encore malheureusement apparaître à moitié vide pour beaucoup quand nous prenons la mesure du chemin qu'il reste à parcourir. Il ne faut pas pour autant se décourager mais continuer d'agir partout où nous sommes en position de le faire. Dans les familles, les salles de cours, les conseils de classe et les cours de récréation. Dans les magasins de jouets comme dans les usines et les bureaux. Il n'y aura pas de grand soir mais une succession – souhaitons-le – accélérée de petits matins. Il ne s'agit pas de déconstruire de manière revancharde et punitive, mais bien de construire ensemble et d'amener le balancier à un point d'équilibre.

Au commencement était l'action. Tester, se tromper, recommencer.

Clotilde Coron[1] souligne que jusqu'à aujourd'hui, les organisations ont valorisé des qualités et compétences dites "masculines", se retrouvant davantage chez les hommes car elles leur sont inculquées largement plus qu'aux femmes. Parmi ces qualités nous retrouvons notamment l'autorité, la mise en avant de soi et de ses réalisations… Il s'agit de briser l'adage *"think manager, think male*[2]*"*, c'est-à-dire que la représentation d'un bon manager correspond aux représentations de la masculinité.

Marie Guillemot, patronne dans un métier de services, se rappelle comment elle a passé les étapes successives et les

1. Clotilde Coron, *op. cit.*

2. "Penser manager, penser masculin".

promotions dans sa carrière et comment elle a aussi su ouvrir les yeux sur son propre cheminement : “J'ai réalisé progressivement les difficultés auxquelles faisaient face les femmes dans la vie professionnelle quand je suis devenue associée en 2001. Je me suis retrouvée signataire de grands comptes du CAC[1]. Il y a des salles de réunion intimidantes, et une fois on s'est adressé à moi de la manière suivante : « Messieurs les commissaires aux comptes, c'est à vous » et là je me suis dit : il y a encore du chemin à parcourir. J'ai plus particulièrement perçu les limites et les inconforts d'être femme quand j'ai dû socialiser ou *networker*. Quand deux hommes vont dîner ensemble, cela paraît naturel. Quand vous êtes une femme, inviter un client de dix à trente ans de plus que vous, c'est un peu moins facile et moins bien perçu. Sans me décourager, pour contourner la difficulté, j'ai souvent fait des dîners en élargissant le cercle, en y conviant d'autres associés par exemple.”

Les femmes ont appris à ne pas se mettre en avant dès la cour de récréation. Être fières de leurs réalisations et le dire, ce n'est pas ce que l'on attend d'elles et elles se conforment souvent à cet attendu. Elles sont souvent perçues comme “bonnes élèves” ou “dociles”. N'ayant pas appris à se mettre en avant, dans le monde de l'entreprise, des organisations, elles ont tendance à minimiser leurs réalisations ou à se cacher derrière un “Mais ce n'est pas moi, c'est mon équipe”. Certains hommes en profitent pour s'approprier une partie de leur travail. Marie Guillemot nous donne un exemple : “Autre difficulté : au début de ma carrière, j'ai souvent trouvé que je ne me débrouillais pas bien pour faire connaître mon travail et mes réalisations. J'avais le sentiment qu'on me spoliait de ce que j'avais fait, on le présentait pour moi, on récupérait facilement mes idées et mon travail. Ce n'est pas forcément facile de trouver sa place car je n'avais

1. Dans un cabinet d'audit, l'associé est celui qui signe la revue des comptes des entreprises clientes. C'est une responsabilité éminente au cœur du métier de l'audit et du commissariat aux comptes.

pas imaginé qu'il faudrait que je me batte pour cela. On peut tenter plus facilement de récupérer le travail d'une femme que d'un homme. C'est ce que j'ai pu observer. Parfois on m'a fait des remarques surprenantes ! Au début je ne disais rien et puis au bout d'un moment j'ai réagi : « Si j'étais un homme, tu crois que tu m'aurais dit ça ? » Dans des entretiens combien de fois j'ai vu des questions qui se posaient pour les femmes qui ne se posaient pas pour les hommes comme : « Est-ce que tu crois vraiment qu'elle veut devenir associée ? Elle a des enfants en bas âge. Est-ce que tu crois que ça l'intéresse ? » On ne se dit pas ça quand il s'agit d'un homme. Sans mauvaise intention, il y a des biais inconscients. Chez KPMG, nous avons formé tous nos associés à ces biais inconscients.

En politique, les choses semblent avoir changé également. Le gouvernement a de nouveau été dirigé par une femme et l'Assemblée nationale est présidée par une femme[1].

Si le chemin semble plus aplani pour les femmes en politique ces dernières années, cela n'a pas toujours été le cas. Muriel Pénicaud revient pour nous sur son parcours devenu politique uniquement sur le tard même si la conduite des affaires publiques et le souci de l'intérêt général l'ont toujours animée. Son parcours livre aussi leçons et enseignements. Il s'est passé quelque chose pendant ces cinquante dernières années… Elle n'est pas devenue chef d'orchestre comme elle le rêvait enfant mais a orchestré avec talent quelques réformes dans les entreprises où elle est passée comme au ministère du Travail. Elle revient sur les moments de son parcours où elle a dû dire stop : “Quand je suis entrée dans le monde du travail, j'ai eu un patron qui a voulu abuser de sa position. C'était un établissement public, présidé par un parlementaire et élu local. J'avais vingt et un ans (j'ai travaillé jeune car à partir de vingt ans, je n'ai plus voulu

1. Élisabeth Borne, Première ministre du gouvernement Macron de mai 2022 à janvier 2024, et Yaël Braun-Pivet, présidente de l'Assemblée nationale depuis juin 2022.

dépendre financièrement de mes parents). Cet établissement public formait les personnels communaux (le CFPC, aujourd'hui CNFPT). J'étais arrivée depuis trois mois dans un poste subalterne, mais j'avais proposé une stratégie pour la formation continue des personnels communaux, un modeste texte de deux pages. De façon surprenante, compte tenu des très nombreux échelons hiérarchiques au-dessus de moi, on me demande de le présenter au conseil d'administration. Juste avant, une RH et une syndicaliste me préviennent : « Fais attention, le président du CA utilise le droit de cuissage comme chantage à la promotion des femmes. Il est très lourd. » J'arrive tremblante à ma première prise de parole professionnelle. Je fais mon petit topo devant une trentaine de personnes très gradées et ayant le triple de mon âge. À la fin, le président me dit : « C'est très intéressant, Muriel, mais nous n'avons pas le temps d'en discuter maintenant. Je vous propose de venir à la fin du conseil d'administration dans mon bureau, nous pourrons en parler tranquillement tous les deux. » Et là, je me dresse d'un coup. J'ai souvent le sens de la répartie qui fuse avant de réfléchir, et parfois c'est préférable. Je réponds : « Eh bien, Pierre (personne n'avait jamais appelé le président par son prénom), c'est quand vous voulez, dans mon bureau ! » Je n'avais pas de bureau à moi d'ailleurs. Les membres du conseil sont restés saisis. Pétrifiée, tremblante comme une feuille, je me suis dit : je suis virée. Il n'a pas osé car il y avait trop de témoins. Beaucoup de salariées souffraient de son comportement. Mon texte a quand même été repris sur le plan national par la CFDT."

Il est frappant de voir comme les stéréotypes s'incarnent dans les mots, les attitudes et les images. Un travail de fond doit être engagé aussi sur ce front-là. Sans tomber dans la caricature contre-productive mais en ne refusant pas les obstacles. Comme nous l'avons déjà souligné, les stéréotypes sont des processus involontaires hérités de notre éducation, notre culture, notre histoire personnelle. Notre première responsabilité consiste à les reconnaître, à en prendre conscience (à partir notamment du test d'association implicite [TAI], outil développé par l'université d'Harvard) pour ne pas les activer dans nos décisions et pour débusquer tous les travers de langage. Le TAI, largement utilisé en psychologie sociale, est une méthode permettant d'étudier les associations d'idées automatiques, souvent inconscientes et présentes dans la mémoire implicite. Il permet, par exemple, de voir si une personne associe naturellement plus facilement le leadership aux hommes ou aux femmes. Plusieurs entreprises proposent d'accompagner les organisations à former leurs salariés sur ces sujets pour que les échanges entre collaborateurs soient plus respectueux de chacun.

LE CHOIX DES MOTS ET DES IMAGES

Nous le voyons en partageant les expériences, étonnements, déceptions, comme en analysant ce qui a permis les succès de nos témoins : le changement systémique passera par une somme de changements systématiques individuels et collectifs. Certains peuvent être encouragés, voire sanctionnés par la loi, d'autres promus par l'école ou l'entreprise. D'autres enfin vont relever de la diffusion de normes culturelles qui ont commencé à évoluer. À cet égard, les mots jouent un rôle particulier. Le rabbin Pauline Bebe souligne ainsi le rôle du langage : "Le langage est porteur et expression de nos valeurs, de notre manière de penser et de notre idéal. Il exprime la réalité mais contribue aussi à la transformer. La grande majorité de la tradition juive a été jusque récemment imaginée, élaborée et formulée par des hommes. Le résultat est que la norme est masculine, la communauté a été pensée comme composée d'hommes uniquement, et la femme considérée comme un phénomène extérieur à cette tradition normative. La littérature juive dans l'ensemble est l'expression d'un point de vue masculin. Des généralisations sont faites sur les femmes et sur les hommes, les comparant souvent et les opposant ; elles sont évidemment sources de sexisme. C'est pourquoi tant dans le contenu que dans l'expression, il est important de redonner aux femmes leur place légitime. Dans cette entreprise, l'utilisation d'un langage inclusif est impérative dans la prière, qui doit être l'expression de la communauté tout entière aussi bien dans les sermons que dans l'exégèse. Préférer parler de l'être humain plutôt que de l'homme, par exemple, permet à une femme de se sentir l'égale de l'homme dans une tradition qui l'a jusqu'à présent exclue.

Dans la plupart des cas, Dieu est décrit en termes masculins et, en tant qu'idéal, ces métaphores sont également sources d'exclusions. Il existe aussi des appellations neutres que l'on peut préférer à des termes qui auront des connotations masculines ou féminines pour un Dieu qui théoriquement transcende la sexualité. Il nous reste à présent à réunir les deux aspects féminins et masculins dans un Dieu qui restera incorporel et à redéfinir les caractéristiques masculines et féminines dans un monde qui n'est plus patriarcal mais égalitaire."

L'influence du discours religieux est soulignée, s'agissant de l'islam, par Asma Lamrabet : "En catégorisant les femmes dans des registres particuliers, à l'instar du statut de la femme musulmane, on conforte l'idée que les femmes auraient des droits et un statut à la fois particuliers et distincts de ceux des hommes musulmans. Assigner à toutes les musulmanes un statut particulier de la femme en islam est en contradiction avec le discours coranique, qui est un message adressé à l'ensemble de l'humanité et qui transcende de ce fait toutes notions de genre masculin ou féminin, de race, d'origine ethnique ou de classe sociale. Cette catégorisation induit forcément l'idée d'une norme universelle, incarnée par un idéal masculin qui représenterait à lui seul la nature humaine ou l'être humain dans toute sa complétude. C'est un peu ce que disait Pierre Bourdieu quand il affirmait que « la force de l'ordre du masculin se voit au fait qu'il se passe de justification ». Et donc, afin de justement réinterpréter aujourd'hui – et à la lumière des profondes métamorphoses sociétales actuelles – ce que dit le Coran, il s'agirait de replacer cette vision de la femme dans son cadre normal originel qui est celui d'une vision coranique de l'ensemble de l'humanité. Autrement dit, il convient de recentrer la thématique des femmes au sein de cette vision coranique globale des droits et des libertés humaines, conformément à la théologie humaniste du message spirituel symbolisé par le concept d'*insân*, l'« être humain »."

Il y a les textes et leur contexte. Leur lecture et leur relecture. Celles-ci demandent un effort et la capacité à vaincre les habitudes et les routines. À aller contre pour aller pour. Le même écho se retrouve dans la bouche de la pasteure Élisabeth Parmentier : "Je n'ai jamais eu à me battre dans ma vie en tant que femme, mais pour moi la reconnaissance des charismes des uns et des autres est une question de justice et de vrai partenariat. Reconnaître les individualités, au-delà du genre, aide aussi les hommes à sortir des stéréotypes. Cela doit être très dur d'être un homme qui doit tout savoir, être efficace, diriger et toujours avoir la solution. Nous avons écrit *Une bible des femmes* pour montrer que le récit biblique n'encourage pas les stéréotypes. Ce n'est pas la femme avec un grand F ou sa nature qui serait limitée. Dans les récits bibliques, il y a très peu de femmes cuisinières ou au foyer, de femmes représentées dans des rôles stéréotypés. Nous avons également écrit un ouvrage en 2021, *Une Bible. Des hommes*, où l'on peut découvrir une multiplicité de figures masculines, et non pas l'homme avec un grand H. Les hommes ont des fragilités et des failles et dans la Bible ils le reconnaissent.

Je soutiens une théologie qui regarde de près les textes, qui a le courage de se confronter au réel. J'aime cette diversité qui déborde les modèles et les stéréotypes. Dans le protestantisme, ces derniers ont été largement critiqués, remis en question après la génération de Karl Barth[1] qui était encore très traditionnelle

1. Pasteur réformé et professeur de théologie suisse (1886-1968). Considéré comme l'un des plus grands théologiens protestants.

sur le sujet du mariage, alors qu'il ne l'était pas dans sa lecture de Genèse. Il était un homme de sa génération qui considérait que la place des femmes était à la maison et qu'elles n'étaient pas capables d'intelligence. Puis il est tombé sur une femme intelligente qui l'a aidé à remettre en cause ses certitudes. Il a découvert qu'il était possible d'avoir une véritable connivence, complète, non seulement humaine mais aussi intellectuelle avec une femme. Ce sont des expériences qui ont permis au protestantisme classique de sortir des stéréotypes. Dans certaines Églises protestantes, il y a encore beaucoup de chemin à parcourir."

Pauline Bebe se remémore aussi un acte fondateur qui a brusqué la communauté avant peut-être plus tard de l'élargir. Elle a imposé une image nouvelle et d'une certaine manière forcé pacifiquement le changement du regard de certains : "La question du commentaire du texte autorisé aux femmes est essentielle. On a vécu récemment une bat-mitsvah au cours de laquelle la fille a pu commenter le texte. Commenter le texte, c'est être héritier de la tradition. On la transmet et on est capable de l'interpréter. On a beaucoup exclu les femmes du savoir quelle que soit la religion pour que justement elles ne puissent pas interpréter. Ce sont exactement les mêmes arguments qui sont cités dans toutes les religions pour interdire l'accès des fonctions de gouvernement aux femmes et donc on peut s'inspirer les uns des autres pour faire changer les choses aussi. Tout ce travail, on ne devrait pas le faire chacun de notre côté."

Parfois pour changer la vision, il faut savoir passer par le texte et la norme. Pour Agnès Pannier-Runacher, les choses bougent quand il y a une règle du jeu qui est mise en place et appliquée, et seulement dans ce cas-là. Cette règle cependant nécessite pour être adoptée d'avoir passé le point de bascule à partir duquel elle va avoir un effet d'entraînement et réduire les oppositions les plus frontales. Il ne faut pas rater ce moment : "Dès lors que l'on ne met pas une règle du jeu en place, les femmes se font avoir. Pourquoi est-ce que cela a bougé en politique ? Parce qu'on a établi des règles. C'est la même chose pour les conseils d'administration et dans l'administration et les organisations syndicales. Ce qui n'empêche pas des déviances, comme le fait que l'on mette une femme en position de titulaire dans une élection professionnelle et quand elle est élue, on lui demande de laisser sa place à son suppléant."

Il est encore trop tôt pour savoir dans quelle mesure le succès quasi mondial du film *Barbie*[1] va faire évoluer les mentalités et inverser la lecture traditionnelle des rôles de Ken et de Barbie, mais il est indéniable que ce succès commercial a brusquement remis la question de la place des femmes à la une des médias. Et en première analyse de manière plutôt positive. Des mots et un regard bousculés par le code couleur rose vif complètement assumé et qui a déferlé sur la planète.

Rééquilibrer les rôles peut aussi emprunter des voies plus discrètes et relever de décisions de gestion quotidiennes répétées jour après jour. En Australie, Julie Bishop y contribue à petits pas déterminés : "À l'Australian National University, je m'efforce de donner l'exemple. Nous avons un bon équilibre entre les genres au sein de l'organe directeur de l'université, le Conseil, et nous avons un mélange diversifié d'âges et de personnes d'origines ethniques différentes. Mes valeurs et mes convictions se sont d'abord formées à la maison, puis se sont développées au fil de ma scolarité et de mes études universitaires, et c'est le cas pour la plupart des gens. L'éducation est la clé pour garantir que les nouvelles générations d'étudiants apprennent l'importance de la connaissance, de la diversité et du respect des différentes perspectives."

Ces temps de traversée sont difficiles et créent des tensions. Envie d'aller plus vite, de tout bousculer. Ou à l'inverse, lassitude devant les obstacles. Les analyses se sont multipliées sur l'affirmation, l'évitement, le déni, la conciliation. Toutes les

---

1. Réalisé par Greta Gerwig et sorti en salle à l'été 2023, il est le premier film d'une réalisatrice à avoir dépassé 1 milliard de dollars de recettes au box-office. Il a été interdit dans un certain nombre de pays.

personnes que nous avons pu interroger connaissent le prix à payer pour aller de l'avant.

Même si cela apparaît comme une évidence, le travail sur les mots et les images, fondements de nos représentations, est une œuvre de longue haleine, mais essentielle. Elle va demander la coordination d'efforts de toutes origines, religieuses, politiques, académiques et intellectuelles. Les débats seront et sont déjà vifs. Ils peuvent être instrumentalisés, devenir otages d'autres débats plus idéologiques comme on le voit aujourd'hui autour de l'approche *"woke"* encensée ou vouée aux gémonies, symbole pour certains d'une société en régression à combattre et pour d'autres d'une société qui laisserait enfin tomber ses œillères et s'éveillerait. C'est un autre débat, qui dépasse largement le cadre de ce livre, mais il peut emporter le sujet de l'égalité hommes-femmes.

Il faut quand tout s'agite et que parfois le ton devient menaçant, voire guerrier, accepter de changer de perspectives. Les hommes ne doivent pas se défendre face à des femmes à l'attaque. Il s'agit de gagner ensemble même si cela exige de chacun renoncements et abandons de certitudes ou du confort.

ALLIÉS ET PAS ENNEMIS

Ce renversement de perspectives est souligné largement par nos témoins. Malgré l'envie d'en découdre parfois, la guerre totale n'est pas la solution. Aurélie Jean parle d'alliés. De plus en plus d'hommes sont heureux de se revendiquer supporters de l'égalité femmes-hommes au travail.

Mettre des mots, comprendre, identifier, nommer. Ne pas être aveugle ni muet. Ce sont ces petits combats quotidiens qui sont importants. Ce sont des combats pour lesquels il faut trouver des alliés. "Alliés" : le mot est magnifique. Il s'agit bien de forger une alliance entre femmes et hommes, d'avancer ensemble, pour le meilleur et contre le pire, aussi petit soit-il.

Paul Polman, ancien PDG d'Unilever, fait aussi le récit de ses combats. Il a joué de la solidarité. Il a organisé les alliances. Il ne s'agit pas d'être un allié passif, voire juste gentil, mais d'être un partenaire actif qui accepte d'avancer les yeux grands ouverts et de prendre des risques. Il sait qu'il faut dire et agir, pas juste parler. "Le problème du harcèlement sexuel, c'est qu'il est souvent non visible tout en étant ressenti. Il peut y avoir beaucoup de lois et de règles mais finalement ce qui compte, ce sont les comportements. Et souvent les entreprises n'en tiennent justement pas compte. Certaines personnes appellent cela les biais inconscients mais moi je le refuse car maintenant, avec tout ce qui s'est passé, on doit considérer que ces biais sont totalement conscients. Quand vous n'avez que 20 % de femmes dans les conseils d'administration et que vous n'avez pas de femmes CEO, il ne s'agit plus de biais inconscients. C'est comme les remarques que j'ai pu entendre : « Oui, elle est très compétente, très performante mais je ne suis pas sûr de son style de leadership » ou « Je ne suis pas sûr qu'elle puisse résister à la pression », « Parfois elle est trop agressive, elle parle fort avant même que tous les hommes aient pu se faire une opinion ». Quand j'ai rejoint Procter & Gamble en 1979, l'entreprise avait un code vestimentaire qui précisait aux femmes comment elles devaient s'habiller. On a lancé une campagne de pub, alors que j'étais au conseil d'administration de UN Women[1]. Jusque-là dans la pub, il y avait une machine à laver, une femme dans la cuisine et un homme qui regardait la télé dans la pièce d'à côté. On a changé cela et on a lancé une campagne « sans stéréotypes ». Il y a encore beaucoup à faire pour faire évoluer les représentations ; si vous regardez la publicité ou le cinéma, les héros sont à 80 % des hommes. On doit régulièrement faire un arrêt sur image et pointer du doigt tous les comportements non conformes. Nous devons joindre le geste à la parole. Une femme

1. ONU Femmes, agence spécialisée des Nations unies.

chez Unilever, dont je suis toujours aujourd'hui le mentor, a été abusée sexuellement. Elle a accepté de témoigner dans le cadre de l'organisation One Young World[1]. On l'a soutenue, on s'est engagés et on a décidé de faire comprendre à tous que, quoi qu'ils en pensent, ce problème devait être résolu."

L'histoire à écrire est une histoire de coopération : nous ne changerons pas de modèles sans commencer à travailler ensemble, de manière sincère, engagée et pragmatique. La question des quotas ou celle de l'*affirmative action* sont importantes. Elles ne peuvent servir ni d'excuse à la procrastination, ni de cache-misère ou de satisfaction du service minimum accompli. Le travail des pionniers est indispensable. Ils ont souvent bénéficié de la bienveillance d'alliés qui leur ont permis de traverser les moments difficiles ou dangereux et d'éviter de se perdre dans des voies de traverse. Rares sont celles qui ont réussi seules. Les succès collectifs doivent nous éclairer et nous encourager à jouer à plusieurs.

Meka Brunel le souligne avec une émotion intacte : "En y réfléchissant, *a posteriori*, j'ai globalement été entourée de beaucoup de bienveillance tout au long de ma carrière. Jean-François Roverato, PDG d'Eiffage, m'a envoyée sur les chantiers. Il me disait : « Si vous avez une question, venez me la poser et je vous recevrai très tôt le matin. » Il me recevait entre 7 et 9 heures, avant que les autres arrivent. Il me servait un café et prenait le temps de m'écouter. J'ai d'ailleurs dû poser des questions d'une grande naïveté et aujourd'hui encore je me demande pourquoi j'ai mérité cela."

Anne-Marie Idrac précise qu'être une femme est très exigeant y compris dans ce qui pourrait apparaître comme d'insignifiants détails et qui, en réalité, pèsent lourd quand l'heure des comptes sonne : "Arriver à une réunion matinale l'esprit clair, maquillée,

1. One Young World est un sommet annuel pour les jeunes leaders de demain. Surnommé le "Forum de Davos des jeunes".

en s'étant occupée des bols de céréales, des cartables, des affaires pour le sport et de la jeune fille au pair, cela rend meilleure [...] Ni un atout ni un handicap, mais une exigence personnelle et professionnelle."

Elle insiste elle aussi sur la bienveillance dont elle bénéficiait et sur la confiance et la prise de risque de ses alliés lors de certaines nominations : "Le lendemain de l'accouchement de ma troisième fille, mon patron m'appelle pour me proposer un poste pour lequel il était clair que je n'avais pas les compétences techniques. « Vous êtes la plus intuitive de tous », m'a-t-il dit pour me convaincre d'avoir confiance en moi et en sa prise de risque sur ma tête. Cela a joué un rôle très important dans ma vie."

Les comportements stéréotypés sont des révélateurs collectifs. Y faire face exige un effort. Celui-ci sera d'autant plus couronné de succès qu'il sera collectif. Les mains tendues et les mains jointes ont toutes leur place. Il nous faut apprendre ensemble à opposer à la fausse évidence des stéréotypes les bénéfices attendus pour tous si nous savons passer outre. Il ne faut pas pour autant nier la transition. Nous ne parlons pas d'un tour de rôles aux avant-postes, ni d'un passage de relais. Les hommes puis les femmes puis les hommes puis les femmes... Nous souhaitons être inclusifs : une nouvelle étape qui, face aux défis, nous fait jouer ensemble, en combinant éthique et efficacité, comme le soulignaient Christine Lagarde et les équipes du FMI. Nous visons l'unicité d'un leadership élargi qui repose sur la prise en compte de tous les talents et les aspirations du plus grand nombre. Et les hommes dont nous avons peu parlé jusqu'ici ont toute leur place dans ces évolutions.

Il y a bien sûr des femmes qui soutiennent des femmes[1]. Il y a en effet, et cela ne devrait pas être une surprise, aussi des hommes qui soutiennent les femmes. Certains immédiatement, d'autres après une épiphanie. Pour beaucoup de nos témoins femmes, ce sont entre autres des hommes qui ont fait la différence.

Hubert Joly vient de publier *L'Entreprise, une affaire de cœur*[2], dans lequel il partage notamment son expérience du redressement de Best Buy[3] : "Si l'on met vraiment l'homme et la femme au cœur de l'entreprise, alors créer les conditions pour que chacun puisse s'épanouir n'est pas un sujet marginal mais un sujet stratégique. J'ai été inspiré à ce sujet par *How Women Rise* de Sally Helgesen[4]. C'est le meilleur livre sur la progression des femmes dans les entreprises que j'aie eu l'occasion de lire. Elle y décrit les comportements des femmes qui peuvent freiner leur développement et en identifie douze[5]. Elle souligne notamment l'attitude différente des hommes et des femmes face à une

1. Certains souligneront que le front n'est pas toujours uni.

2. Hubert Joly et Caroline Lambert, *L'Entreprise, une affaire de cœur*, Plon, 2022.

3. Équivalent étasunien de Fnac Darty.

4. Sally Helgesen, *How Women Rise* [*Comment les femmes montent dans la hiérarchie*], Arrow Books, 2019.

5. Trois croyances : 1. L'ambition est une mauvaise chose. 2. Être une personne bien voudrait dire ne pas froisser les autres. 3. Les femmes devraient toujours être des rôles modèles pour les autres femmes. Et douze habitudes à bannir : 1. Incapacité à valoriser ses réussites. 2. Imaginer que les autres remarquent spontanément votre "bon" travail. 3. Survaloriser l'expertise. 4. Développer plus que jouer de ses relations. Viser le *win-win*. 5. Ne pas se faire d'alliés dès l'origine d'un nouveau travail. 6. Mettre son travail devant sa carrière. 7. Le piège de la perfection. 8. La maladie de faire plaisir. 9. Se minimiser. 10. *Too much*. Trop exprimer ses émotions. 11. Ruminer. 12. Laisser votre radar vous distraire.

opportunité de promotion. Voici une histoire pour illustrer ce point.

Dans le cadre des plans de développement des dirigeants, quand je suis arrivé chez Best Buy, Corie Barry, ma successeur, était tout juste une jeune VP. Au cours du temps, nous lui avons confié des responsabilités croissantes comme la stratégie et puis la direction financière. Elle m'avait dit, quand elle parlait de ses aspirations, qu'elle ne souhaitait pas devenir un jour directrice générale de l'entreprise – alors qu'elle avait des compétences incroyables. Au moment où je pensais que le sujet de ma succession devenait un sujet d'actualité, elle représentait pour moi la meilleure candidate. Mais j'étais resté sur l'idée qu'elle ne serait pas intéressée. Avant d'annoncer à mon conseil que le moment était venu, j'ai approché Corie en l'encourageant à avoir une vraie réflexion sur le sujet : « Je suis à ta disposition. Tu peux me confier tes préoccupations. Organisons-nous pour que tu puisses aller au bout de ta réflexion. » À la suite de cette conversation, elle m'a remis un document de sept pages explicitant toutes les raisons pour lesquelles elle n'était pas intéressée mais avec tout de même une page où elle exprimait un doute. Nous avons passé toute une soirée à évoquer en profondeur chacun des points puis je l'ai mise en contact avec différentes personnes comme Marylin Carson qui avait été l'une des premières femmes à diriger un grand groupe mondial. Celle-ci lui a déclaré : « Si tu ne le fais pas, tu le regretteras toute ta vie. »

Elle est revenue au bout de quatre semaines en me signifiant finalement son intérêt. Elle avait quarante-trois ans et je considère qu'elle est exceptionnellement qualifiée pour diriger la soixantième plus grosse entreprise américaine. Elle combine réflexion stratégique et capacités opérationnelles, leadership humain… J'ai pourtant commis une erreur dans ce processus. Alors que je pensais qu'elle allait être exceptionnelle, je l'ai en réalité sous-estimée car elle a été plus qu'exceptionnelle. Aujourd'hui, elle est reconnue comme telle aux États-Unis. Si je n'avais pas lu le livre de Sally, je n'aurais peut-être pas eu l'idée de forcer le destin, nous serions passés à côté de ce choix. La tortue pour progresser avance sa tête. Pour se développer, nous devons sortir de notre zone de confort et prendre des risques. Corie a fait cela. Elle avait parfois besoin d'être rassurée mais elle avait cette capacité à prendre des risques et à en prendre de plus en plus.

Je voudrais souligner l'importance des sponsors internes pour occuper les premières positions. Corie a ainsi été accompagnée par la directrice financière de l'époque, Sharon. Elle l'a coachée et sponsorisée y compris en lui faisant des suggestions sur la manière de se coiffer et de s'habiller. Elle l'a invitée à ne pas hésiter à exposer son point de vue sans trop chercher à faire plaisir et à faire attention à la relation. Elle lui faisait des mémos de six pages lui prodiguant des conseils avec à la fois une grande fermeté mais aussi beaucoup de bienveillance."

Les aventures réussies sont collectives. Muriel Pénicaud parle de solidarité. Elle en souligne l'importance en évoquant le tout début de sa carrière : "On a créé en France le corps des administrateurs territoriaux. Pour la première promotion, l'admission s'est faite par concours sur titres. J'ai été candidate. Quand ils ont annoncé les résultats, il n'y avait que des hommes nommés au CFPC. Je réfléchis pendant deux jours puis j'envoie ma lettre de démission. Je reçois une convocation de la directrice générale adjointe, Geneviève Cahour, qui me rencontre et me demande de retirer ma lettre de démission. Elle me dit : « Donnez-moi quarante-huit heures, faites-moi confiance. » Quarante-huit heures après, j'étais nommée et non seulement j'étais la seule femme sur la promo de cinquante salariés, mais j'étais aussi de loin la plus jeune. J'avais vingt-trois ans et tous les autres avaient entre trente-cinq et cinquante ans. Je ne connaissais pas le mot « mentor » à l'époque et j'ai eu deux ou trois réunions avec la directrice adjointe, qui a joué un rôle essentiel pour moi. Elle m'a encouragée, conseillée, et m'a expliqué certains pièges et codes. Elle m'a donné ma chance. Pendant la formation de huit mois, j'ai dû supporter beaucoup de grosses blagues salaces. Dans ces moments-là, il faut piocher dans tout ce que l'on a comme expérience pour résister. Moi, j'avais vécu dans une famille nombreuse, donc peur de pas grand-chose et une certaine capacité à me faire des alliés. Dans la promo, je me suis fait quatre copains qui sont devenus quasiment mes gardes du corps, des hommes qui se sont découverts féministes. Je n'avais plus rien à faire. Tous ceux qui commençaient à me parler mal, ils les remettaient à leur place. Ils sont devenus des amis. Il faut aussi compter sur la solidarité des hommes."

Cette solidarité doit compter avec le réel pour être efficace. Elle a besoin de symboles. Bien sûr il y faut aussi de la sagesse et parfois, au-delà du sens de l'à-propos, un talent pour provoquer juste ce qu'il faut. Pour faire bouger les lignes et le faire de manière pérenne. Le rabbin Pauline Bebe témoigne : "Pour ma part, quand il faut allumer les bougies de shabbat, je fais attention à ce que ce soient tantôt des hommes tantôt des femmes. Il y a toujours cette idée que les bougies du shabbat doivent être allumées par les femmes, ce geste évoquant l'intérieur, la maison. Elles sont cantonnées à cet intérieur-là. Pour soulever la Torah on dit souvent qu'il faut faire appel à des hommes forts, or moi je demande souvent à des femmes de remplir ce rôle. Il y a beaucoup de gestes que l'on associe aux hommes mais qui sont en fait des questions d'équilibre. Je crois que c'est très important de montrer à nos enfants, et aux adultes aussi, que tous ces gestes qui ont été réservés aux hommes, les femmes peuvent les accomplir aussi. Non seulement elles le peuvent, mais elles le doivent car certaines ont à se donner l'autorisation et ce n'est pas facile. Je porte la kippa mais il y a des femmes qui ont du mal à le faire car elles ont l'impression qu'on les regarde et elles ont raison. Il faut pouvoir supporter ce regard-là, celui de l'implicite critique qui dit : « Mais en fait, vous voulez être comme les hommes ! Vous voulez les singer ! » J'ai entendu cela des milliers de fois. Or, pour moi, il ne s'agit pas de comparer. Le port de la kippa est un beau symbole, un symbole juif et non masculin. Il faut avoir l'esprit un peu frondeur pour supporter ces critiques et aussi parfois se boucher les oreilles."

La coopération à tous les étages est ce qui est requis. Nous ne pouvons, nous l'avons vu, tout attendre des textes et d'une évolution du cadre. Cela suppose de ne pas craindre pour soi comme pour les autres. Et d'accepter parfois d'être regardée et, pire encore, d'être prise en exemple, pour modèle, comme l'avait rappelé Fabienne Dulac.

Bousculer les lignes, c'est non seulement mettre en avant tel ou tel parcours individuel, mais c'est aussi aller sous la surface des choses, questionner les évidences. Il ne faut pas se contenter d'un constat sur les écarts salariaux, la faiblesse des candidatures sur un poste réputé masculin ou des disparités d'attraits pour certaines formations. Il faut aller au bout de l'analyse pour en tirer les leçons et les conclusions à mettre en œuvre. Ne pas faire les choses à moitié. Refuser le *"lip service"*, comme le disent joliment les Anglo-Saxons, c'est-à-dire dire sans faire, du bout des lèvres. Fabienne Dulac poursuit et on retrouve dans son propos des échos de Philippe Darmayan sur la nécessité de construire les flux dans la durée. Il faut être pratique et pragmatique, ne pas avoir peur de parler horaires et localisations : "Mais il y a un vrai travail à mettre en œuvre dans l'entreprise pour aider à cette recherche de parité. Nous avons beaucoup travaillé ces huit dernières années sur la parité salariale et aujourd'hui nous n'avons quasiment plus d'écart salarial entre un homme et une femme à postes équivalents. Nous avons décidé il y a quelques années avec Delphine Ernotte[1] d'allouer des enveloppes destinées au rattrapage des écarts. La première année où j'ai distribué ces enveloppes dédiées, je les ai toutes vues revenir telles quelles, les managers argumentant qu'il n'y avait pas d'écart salarial. Je leur ai montré les nuages de points

1. Alors dirigeante d'Orange. Depuis présidente de France Télévisions.

des équipes, femmes versus hommes. Je n'ai pas eu besoin de le dire plusieurs fois et les enveloppes ensuite ne sont plus revenues. Il faut travailler à l'identification des femmes à tous les niveaux pour les pousser à devenir managers, et ce même dans les premiers niveaux hiérarchiques. Des managers de demain se cachent parmi les téléconseillères et techniciennes d'intervention. Pour avoir des femmes dirigeantes demain, il faut qu'il y ait une poussée qui vienne du cœur de l'entreprise. Nous avons pris le sujet à tous les niveaux de la hiérarchie. Dans les premiers niveaux managériaux où nous avons mis en place une formation dédiée et mené des campagnes de promotion pour identifier des femmes managers.

Un autre indicateur est parlant : le taux de participation des femmes aux formations. Dans toutes les entreprises, ce taux est très en dessous de celui des hommes car souvent les formations exigent que les femmes s'absentent de chez elles (séminaires non résidentiels). Nous avons conçu des formations pour les femmes sur des horaires adaptés.

Sur tous les postes qui sont ouverts, je demande à avoir des candidatures féminines. Au comité de direction d'Orange France, je suis moi-même allée identifier des femmes pour les nommer aux plus hauts postes de direction. Parmi les cinq directeurs de région, trois sont des femmes. Il faut anticiper et préparer les plans de succession avec des profils féminins. Cette étape clé doit s'accompagner en amont d'une identification des femmes à potentiel et travailler leur montée en compétences afin de compléter leurs parcours. Être prête aux plus hautes fonctions, se préparer, anticiper, comme pour un homme."

AUX PLUS HAUTES FONCTIONS. UNE FOIS NUMÉRO 1 : UN LEADERSHIP AU FÉMININ ?

À l'issue du parcours, la femme peut en effet arriver au sommet et devenir numéro 1. Cela laisse rarement indifférent. On tient des statistiques, comme si cela restait incongru. Comme s'il y avait une question spécifique adressée à ce leadership inattendu.

C'est bien une fois arrivée là que tout change. Isabelle Kocher de Leyritz, première femme dirigeante du CAC 40, s'est déjà exprimée sur le sujet.

Mais comme Fabienne Dulac et beaucoup d'autres, Isabelle Kocher de Leyritz va utiliser ses responsabilités pour faire avancer le sujet de manière efficace et surtout envoyer les bons signaux à tous les niveaux : "Je me suis attelée à une tâche essentielle : créer les conditions dans l'entreprise pour que les femmes puissent se sentir encouragées et bénéficient de la confiance qui m'a permis de donner le meilleur de moi-même.

Je me suis mise à travailler sur le système et à réfléchir à la manière de bâtir un écosystème plus mature. D'abord, j'ai concrètement nommé des femmes. Comme le regard n'est pas habitué, il faut l'habituer. Je n'ai pas du tout raisonné par quotas, j'ai nommé des femmes à des postes importants. J'ai nommé une femme CFO (Chief Financial Officer) et une femme responsable de l'ensemble des activités de production renouvelable. Deux postes absolument clés. Je n'aime pas les quotas car ils sont la plupart du temps d'application immédiate. Je n'aime pas non plus leur caractère automatique. Ils sont de mon point de vue à appliquer en tout dernier recours. Nommer des femmes à des postes clés, c'est une question stratégique sur le long terme. Ce sont des objectifs qui s'atteignent en créant des conditions, c'est un résultat auquel on parvient et ce n'est pas quelque chose qui se décrète. Pour parvenir à ce résultat faut-il encore se fixer des objectifs et je l'ai fait. Ils couvraient toutes les strates de l'entreprise, y compris les métiers techniques. Sur cette base, nous avons établi une stratégie de recrutement massif de femmes, notamment *via* l'apprentissage. Il faut commencer très tôt, à la racine, dans les lycées, dans des formations de reconversion aussi. Nous avions dans le groupe un programme exceptionnel de formation des techniciens. Nous l'avons mis au service de l'intégration de plus de femmes dans ces métiers, réfléchi aux meilleures conditions de réussite. J'étais fière de voir sur le terrain des femmes techniciennes battantes, parfaitement à l'aise dans leur tenue de travail. Elles faisaient forte impression dans les collèges auxquels nous avions accès pour parler de nos activités. Elles ont contribué à changer le regard sur le métier."

C'est bien d'une attention de tous les instants qu'il s'agit : envoyer les bons messages, ne rien laisser passer, mais aussi comprendre les hésitations et les réticences. Le responsable qui veut agir n'a pas de livre de recettes mais doit faire travailler tout le corps social de l'entreprise ou de l'institution dont il a la responsabilité.

TRANSFORMER DURABLEMENT, POUSSER SON ROCHER ET NE RIEN LAISSER PASSER, SINON À QUOI BON ?

Aujourd'hui directeur général d'Adecco, Denis Machuel évoque son engagement précédent chez Sodexo. Dans les services comme dans l'industrie, il faut penser dans la durée et sur toute la hauteur de la pyramide. "J'ai fait des études d'ingénieur. Il y avait alors une proportion de femmes limitée : entre 10 et 20 %. Quand vous êtes en école d'ingénieurs, les rapports sont assez égalitaires car il n'y a pas encore de poste de pouvoir. J'ai commencé ma carrière professionnelle avec une proportion d'hommes plus forte. Heureusement il y a eu plusieurs moments importants dans ma vie qui m'ont fait réfléchir aux questions d'égalité. J'ai notamment épousé une femme qui était extrêmement sensibilisée à ces sujets d'égalité hommes-femmes, de parité et d'équité. Ce n'est qu'en échangeant avec elle que j'ai réalisé qu'il y avait un problème. Au départ, je ne l'avais pas perçu. J'avais eu une éducation très ouverte qui n'a jamais été genrée. Au début de ma carrière, quand j'ai commencé à être manager, je n'ai pas vu le sujet. Je traitais les hommes et les femmes de la même manière. Mon épouse m'a aidé à identifier les stéréotypes que j'ai découverts de plus en plus prégnants au fur et à mesure que j'avançais dans ma vie professionnelle, jusqu'au moment où je suis arrivé chez Sodexo. Mon prédécesseur, Michel Landel, avait œuvré pour la diversité depuis très longtemps. Il avait déjà engagé l'entreprise de manière très forte sur ce sujet. Quand j'étais directeur général chez Altran, j'ai eu dans mes équipes une femme remarquable. Karine avait une puissance incroyable, une capacité à emmener ses équipes, un leadership différent. Différent car elle était une femme et fière de l'être. Dans ma carrière, j'ai vu des femmes qui cherchaient à adopter ce qu'on appelle un « leadership masculin » (« J'en impose, je suis *top-down*[1] », « Je n'ai pas de doutes »). Mais attention, quand on emploie ce terme, on est déjà sur une pente glissante. J'ai trouvé que le leadership de Karine, tout en étant très puissant, était différent, libre, et m'inspirait."

Denis Machuel devient un allié bienveillant. *Quid* ensuite de l'équilibre dans les instances dirigeantes ? "Il s'est agi pour moi d'une prise de conscience progressive. J'ai participé à des forums, plusieurs fois au Women's Forum. Ces moments poussent à la réflexion, à la prise de conscience et à l'action. J'ai commencé à mettre le sujet au cœur des conversations et à m'impliquer personnellement. J'ai, comme on dit parfois, mouillé le maillot. Il ne s'agit pas uniquement de nommer quelqu'un responsable de la diversité, mais de savoir expliquer pourquoi on le fait dans des débats et des échanges. Dès que l'on baisse la garde, on recule. Avec les années, la conscience que la diversité est cruciale, qu'elle est aussi une question de performance, devient naturelle. C'est ainsi que le sujet apparaît petit à petit plus évident pour beaucoup de leaders. Actuellement j'ai un certain nombre de dirigeants qui me disent : « Je ne suis pas satisfait de la diversité de mon équipe. » Un membre de mon comex me déclare : « Je dois tout faire dans ce recrutement pour que ce

1. Ce qui signifie que les décisions viennent du haut de la pyramide hiérarchique opposé à l'idée de concertation, à un leadership qui tient compte des idées et aspirations de la base.

soit une femme qui obtienne le poste. » Et même le patron du segment Énergie et Ressources, considéré *a priori* très masculin, est fier de présenter son comex à parité parfaite et avec une bonne proportion de femmes dans les opérations. Pour moi, le combat est aussi là. On a encore tendance à avoir plus de femmes dans les fonctions supports (ressources humaines, marketing, communication) que dans les opérations.

Ce qui a permis ce niveau de conscience chez Sodexo, ce sont tout d'abord les valeurs fortes de l'entreprise : esprit de service, de progrès et d'équipe. Et respect. Ces valeurs irradient et aident les gens à avoir les comportements appropriés.

On a posé des objectifs. Au départ, les gens ne comprenaient pas. Il a fallu faire preuve de pédagogie, sans quoi ça n'aurait pas été bien fait. Nous avions alors toute une équipe qui travaillait sur la diversité et l'inclusion et qui se focalisait sur cinq thèmes qui se nourrissent les uns les autres (genre, personnes en situation de handicap, générations, origines, orientation sexuelle). Il faut d'ailleurs noter que, structurellement, avec quatre cent vingt mille salariés, la diversité des cultures, des origines, des parcours et des histoires personnels est une réalité présente à chaque instant. En fait, être divers est relativement facile. Ce qui est beaucoup plus difficile est d'être inclusif. Une diversité sans inclusion n'est qu'une juxtaposition de différences, cela ne produit pas les bienfaits d'une vraie culture inclusive. Et cela se vérifie au fur et à mesure qu'on monte dans la hiérarchie. C'est bien cela le problème."

Il faut donc "mouiller le maillot", mais cela restera vain si la compréhension profonde de ce qui est en jeu n'est pas là. Ce que Denis Machuel appelle la sensibilisation : "Ensuite, il y a les moments de sensibilisation et les outils que l'on va donner aux gens pour les mettre sur le chemin. Un exercice auquel j'ai participé lors d'un comex a beaucoup marqué mes collègues. Je venais d'être nommé directeur général, la personne en charge de la diversité me propose de marquer les esprits pendant une session avec le comex animée par un intervenant. Nous avons effectué un exercice où les femmes étaient placées au centre et les hommes en cercle autour d'elles. Ils ne pouvaient qu'écouter et regarder. Elles parlaient de leur expérience, eux n'étaient que spectateurs. L'animateur a alors demandé à toutes les femmes qui avaient connu un moment où elles s'étaient retrouvées diminuées, maltraitées dans l'entreprise, dans leur carrière, de se lever. Elles se sont toutes levées. Vous vivez un moment incroyable. Alors que je travaillais avec ces femmes tous les jours, aucune de ces cadres de très haut niveau ne m'avait fait part de cette expérience. J'ai alors pris conscience de ce que les femmes dirigeantes avaient vécu et du privilège d'être un dirigeant homme, blanc. Cela a été pour tous un moment très marquant et très fort. Ensuite l'intervenant a demandé : « Est-ce que vous avez été harcelées ? » Là encore elles se sont toutes levées.

Aujourd'hui, au niveau du comité exécutif, les gens sont absolument alignés. La profondeur de compréhension du sujet reste cependant hétérogène. Pour ma part, j'ai appris la chose suivante : je sais que je ne peux pas comprendre totalement mais je peux faire l'effort d'aller sur ce chemin. Je ne pourrai jamais complètement comprendre ce qu'une femme peut vivre, ni ce que c'est que d'être noir américain aux États-Unis ou encore d'appartenir à la communauté LGBTQ. Savoir qu'on ne peut pas complètement comprendre, c'est déjà être sur le chemin. Le reconnaître, c'est s'ouvrir, accepter la fragilité de ne pas savoir, de ne pas avoir les réponses. Essayer de comprendre un peu plus, être sur la voie vers plus d'empathie.

La transformation des organisations part d'une prise de conscience au sommet de la hiérarchie. Il faut aussi de la porosité entre les entreprises qui ont du mal à avancer vers un modèle divers et inclusif et celles qui ont déjà fait une bonne part du chemin. Avec plusieurs autres entreprises du Bassin parisien, nous avons créé avec les équipes diversité « mixité en scène » et nous nous rencontrons régulièrement. Je crois beaucoup à la masse critique d'acteurs qui traitent ce sujet et qui, étant visibles, prenant la parole, deviennent attractifs pour les jeunes talents.

J'ai une grande confiance dans les nouvelles générations qui vont challenger les organisations sur ces critères. Elles nous invitent à joindre le geste à la parole et demandent des preuves.

Pour aller plus loin, le grand sujet pour moi demeure celui de l'équité, pour passer d'un sujet de diversité à un sujet d'inclusion. Je suis convaincu qu'une société profondément inclusive devient une société très puissante. Être inclusif, c'est aussi développer la performance, être dans l'empathie, dans l'écoute, avoir du courage. Il faut tout cela pour l'être. Il faut aller sur le terrain de l'équité, bien sûr sur le plan du salaire mais aussi celui des opportunités : travailler sur la représentation des femmes sur les rôles opérationnels. La parité constitue un impératif moral et si l'on ne s'en saisit pas, c'est un gâchis pour l'entreprise qui se prive de talents et avec eux de performance."

Ces travaux de force menés dans la durée, en mouillant le maillot et en bousculant les schémas les mieux établis, les plus enracinés, sont indispensables. Ils nous préparent à l'ultime étape, celle du leadership partagé, celle de la diversité réelle et féconde.

5.

LA VRAIE DIVERSITÉ AU CŒUR DU LEADERSHIP POUR DEMAIN

Le leadership des entreprises, en politique ou au sein des religions, est encore largement exclusif et repose sur une base trop étroite. Celui attendu demain devra être inclusif, comme le rappelait Denis Machuel, ne pas se contenter d'être divers. Cette évolution est une clé si nous souhaitons avoir une petite chance de réaliser notre feuille de route planétaire : en 2015, tous les États de la planète ont adhéré aux objectifs du développement durable (ODD) et aux accords de Paris sur le climat. Sans oublier le partenariat pour le développement signé à Addis Abeba en Éthiopie en juillet de la même année : nous avons fait le choix d'une économie et d'un développement durables, inclusifs et résilients. L'ODD 5 est celui qui, dans cet ouvrage, nous intéresse le plus : "Parvenir à l'égalité des sexes et autonomiser toutes les femmes et les filles." Parce que s'il est évidemment important en soi, cet objectif est la clé de la plupart des autres. Pas d'éducation, de santé, d'accès à l'eau de qualité, d'éradication de la pauvreté sans égalité entre les femmes et les hommes. Pas de travail décent non plus, qui est au cœur des réflexions de ce livre. L'Organisation internationale du travail (OIT) rappelle ainsi dans une analyse récente[1] que les disparités hommes-femmes en matière de travail décent ne se limitent pas à l'accès à l'emploi. Si l'emploi vulnérable est répandu tant chez les

1. "Les inégalités hommes-femmes en matière d'emploi sont plus importantes que supposé", note de travail OIT du 6 mars 2023.

femmes que chez les hommes, ces premières ont tendance à être surreprésentées dans certains types d'emplois vulnérables. Par exemple, les femmes sont plus susceptibles d'aider leur ménage ou l'entreprise de leurs proches que d'occuper un emploi indépendant. Cette vulnérabilité, associée à des taux d'emploi plus faibles, entraîne des répercussions sur leurs revenus et sur leur part dans le revenu global du travail. Au niveau mondial, pour chaque dollar de revenu du travail gagné par les hommes, les femmes ne gagnent que 51 cents.

Selon cette même étude, il existe des différences significatives entre les régions. Dans les pays à revenu faible et à revenu moyen inférieur, l'inégalité de genre en matière de revenu du travail est bien pire, les femmes gagnant respectivement 33 et 29 cents par dollar. Dans les pays à revenu élevé et à revenu moyen supérieur, le revenu relatif du travail des femmes atteint respectivement 58 et 56 cents par dollar gagné par les hommes. Cette disparité frappante s'explique à la fois par le niveau d'emploi plus faible des femmes et par leur revenu moyen inférieur lorsqu'elles sont employées.

Les nouvelles estimations mettent en lumière l'ampleur des disparités entre les sexes sur le marché du travail, soulignant combien il est important d'améliorer la participation globale des femmes à l'emploi, d'élargir leur accès à toutes les professions et de combler les écarts flagrants auxquels elles sont confrontées en matière de qualité de l'emploi.

Au-delà de la justice, rappelons que c'est une clé de la productivité. Le FMI comme France Stratégie le soulignent[1] : "Les résultats montrent qu'à caractéristiques égales, une entreprise plus éloignée qu'une autre de la moyenne en termes de mixité est aussi moins productive. Cela est particulièrement marqué pour les entreprises les plus éloignées de la norme en termes de

1. France Stratégie, "Explorer les liens entre mixité et productivité dans les entreprises", juin 2021.

mixité." L'objectif numéro 5 a bien une place à part. La juste place des femmes doit être au cœur de l'agenda de notre siècle si nous souhaitons sérieusement, comme nous en avons tous pris l'engagement, nous placer sur une trajectoire de développement durable, inclusif ou résilient. Si nous ne sommes pas sérieux avec cet objectif, il est peu probable que nous avancions bien loin et au fond nous ne ferions que nous raconter des histoires.

DIVERSITÉ FEMMES-HOMMES ?
DIVERSITÉ TOUT SIMPLEMENT !

La diversité – âge, origine, religion, orientation sexuelle, etc. – embrasse et traverse l'humanité, tous les êtres humains, pas chaque genre séparément. Il peut y avoir, et il y a souvent, plus de différences entre deux femmes ou entre deux hommes qu'entre un homme et une femme. La vraie diversité doit se nourrir de cette infinie variété. Faire son miel de ces milliards d'histoires individuelles, de ces innés et de ces acquis en évolution.

Rappelons-nous Myriam El Khomri, moitié bretonne, moitié marocaine, qui indiquait avec humour tout ce qu'elle porte en elle. Le leadership s'appuie sur des alliances internes et externes, se fonde sur la capacité à mobiliser le meilleur d'où qu'il vienne, à créer du collectif, à inclure, pas à exclure. Aurélie Jean, Isabelle Kocher de Leyritz et quelques autres ont souligné l'importance de trouver des alliés courageux. Les hommes le diront peut-être moins mais eux aussi doivent trouver des alliés pour construire les bases d'un leadership partagé et inclusif. Les alliances ne sont pas utiles seulement pour grimper ou progresser. Elles sont indispensables pour agir en responsabilité, car le leadership est de conquête et de responsabilité. La mise à mort des alliés ou des concurrents une fois arrivés au sommet n'est pas la solution même si la tentation du chamboule-tout ou du dégagisme n'est pas loin. Les leaders femmes et hommes que nous avons interrogés reconnaissent les difficultés et mettent en avant leurs certitudes comme aussi leurs doutes et leurs tâtonnements. Mais ils avancent et essayent. Rarement seuls. Surtout ils sont convaincus, ou le deviennent, des bénéfices économiques, sociétaux et générationnels de leur approche. Ils commencent à se mettre en risque, c'est-à-dire à expliquer leur démarche et à la proposer en exemple, à la rendre contestable en quelque sorte, et à proposer des rôles modèles qui soulignent – paradoxalement peut-être – cette diversité d'exercice de l'autorité. Le nouveau leadership n'adviendra que si les esprits sont prêts et ouverts. Le leader devra être engagé sur ces sujets, se mettre en avant, expliquer ce à quoi il ou elle a fait face. Rendre intelligible son parcours, y compris dans les petites choses, et reconnaître que la vie n'est pas découpée en tranches hermétiques.

Marie Guillemot revoit son parcours avec nous et souligne ce que cela lui permet de dire ou de faire aujourd'hui pour celles qui sont confrontées aux difficultés qu'elle a pu connaître. La diversité dont elle rappelle le caractère indispensable n'est pas innée, elle se construit jour après jour : "J'accompagne les femmes pour les aider à dépasser les obstacles et les limitations. L'étanchéité entre vie professionnelle et vie personnelle est artificielle. Les enfants comme le métier, tout cela coexiste. La flexibilité est une vraie clé pour les parents car le distanciel leur permet de limiter les transports pour certaines et d'être auprès de leurs enfants avec plus de souplesse.

Les femmes doivent prendre le temps de clarifier leurs envies et surtout oser parler ambition. Parce que, pour une femme, le mot « ambition » est associé à opportunisme alors que pour un homme, ce serait sain.

Les jeunes femmes doivent assumer leur ambition, la dire, la faire partager, et prendre des décisions pour organiser leur vie personnelle en conséquence. On a conçu un programme qui s'appelle Émergence, effectif depuis près de quinze ans avec trente femmes chaque année. Il s'agit d'un parcours particulier pour leur offrir ce temps de réflexion sur leur temps de travail, bloqué dans leur agenda. Elles réfléchissent à leurs leviers d'action, au sens qu'elles veulent donner à leur carrière et aux moyens d'y parvenir et de l'exprimer sans avoir peur de passer pour des opportunistes, mais au contraire en poursuivant des objectifs absolument légitimes de progression de carrière et de réorientation de leur rôle. Ce programme a contribué à donner confiance à de nombreuses femmes qui se sont senties encouragées à aller chercher les moyens, mais aussi les alliés, pour réaliser leurs ambitions.

Mon vœu serait à présent d'en faire un programme mixte autour de l'évolution du leadership. Nous avons besoin du point de vue des femmes et des hommes pour nous libérer des modèles du XXe siècle, pour inventer du neuf et créer les nouvelles compétences managériales qui répondront aux attentes des nouvelles générations et d'un monde en plein bouleversement technologique, écologique et sociétal.

La diversité doit être comprise par tous et s'enraciner dans des exemples, puis des pratiques jusqu'à devenir une routine. Et cela passe évidemment par l'action.

AGIR, AGIR, RÉFLÉCHIR ET AGIR ENCORE

Les approches de construction de la diversité dans les institutions se systématisent et se professionnalisent. On débat plus facilement des différentes étapes d'une vie professionnelle, des aménagements parfois nécessaires aussi bien pour les femmes que pour les hommes, de la structure appropriée du management et *in fine* du leadership nécessaire. Meka Brunel insiste sur le volontarisme constructif et pragmatique à tous les niveaux : “Sur la question de l'égalité femmes-hommes, nous avons commencé chez Gecina par restructurer le conseil d'administration. Il nous semblait essentiel d'avoir cette diversité qui permet des regards différents, des débats et des échanges. Le conseil est aujourd'hui à 50/50. Puis cela a été au tour du comité exécutif de se féminiser à hauteur de 45 %. Je tenais à ce qu'il y ait des patrons femmes. Nous leur avons alors proposé de le devenir dans tous types de métiers et non uniquement dans ceux traditionnellement compris comme féminins. Beaucoup de dirigeants d'entreprise sont prêts à donner 40 % des postes à responsabilité aux femmes tant que c'est dans la communication et les ressources humaines. Pour moi, ce n'est pas suffisant. Il y a de véritables bastions à féminiser, comme la communauté technique. On a très peu de femmes qui candidatent spontanément et très peu qui sont proposées par les cabinets de chasseurs de têtes."

Il ne faut alors pas hésiter, reconnaître les obstacles pour les affronter et ne pas les utiliser comme excuses. Meka Brunel poursuit : "En fait, il ne faut jamais lâcher. Le métier des sociétés foncières concerne l'immobilier mais aussi les travaux avec beaucoup d'entretien des bâtiments. Le métier des gardiens est genré. La Convention collective des gardiens d'immeubles rémunère mieux les hommes sous prétexte qu'ils auraient en charge des fonctions plus difficiles physiquement. J'étais très vexée de voir que Gecina n'était pas à 100 % au baromètre Pénicaud, justement à cause des inégalités de traitement chez les gardiens d'immeubles. Mais dès lors que l'on mesure, on peut mettre les actions correctrices en place. Elles nous incitent à continuer d'améliorer."

Ce qui est en jeu, c'est bien la diversité. Meka Brunel encore : "Les gens ont leur place en entreprise, là où ils sont, pour ce qu'on leur demande de faire et pas parce qu'ils sont noirs, grands, femmes, handicapés ou pas. Ils ne sont pas des éléments de statistiques. Mettre en avant le fait qu'une femme noire devienne patronne de la police de New York : non ! Il ne faut pas insister sur le fait que c'est une femme noire, mais avant tout sur le fait qu'elle est extrêmement compétente dans son domaine. Chacun d'entre nous a une identité hybride et formée de couches différentes. Les êtres humains ne sont pas des statistiques.

Je crois beaucoup en la formation : pousser les gens à s'éduquer, apprendre, chercher à comprendre. Quand je recrute, ce qui m'intéresse, c'est la complémentarité. J'embauche sur le bas de page du CV et pas sur le haut. Ce qui m'intéresse, ce ne sont pas les diplômes mais les hobbies, la vie personnelle, les passions et les centres d'intérêt. Ce que je vérifie d'abord, c'est la capacité de travailler en équipe, je n'ai pas besoin d'avoir des Zlatan ou des Donald Trump qui disent : « Moi je, moi je. » J'ai besoin de gens qui aiment jouer collectif et qui y prennent le lead. Pour moi, c'est encore plus important que l'origine des diplômes, des parcours."

C'est une exigence de chaque instant. Qui mobilise le macro – où veut-on aller, quel est l'objectif, pourquoi – et le micro – le comment, les détails, l'attention de chaque instant. La diversité est le résultat d'un tissage de proximité, fil à fil, pour obtenir un habit de lumière. Le grand discours ne suffit pas, l'anecdote encore moins.

Il faut être pratique. Poser les bonnes questions : maternité, vie familiale, ambitions… Et aider à formuler les réponses. Les évolutions sociales aident. Les dispositifs mis en place dans les organisations aussi. Les signaux venus d'en haut confirment que cela n'est pas cosmétique mais sérieux. Et là encore le diable vient parfois se cacher dans les détails. Myriam El Khomri – la ministre et maintenant la directrice – s'engage dans le domaine social et sociétal : "Pour les femmes, les enjeux portent sur la rémunération, la conciliation vie familiale et vie professionnelle. Nous avons conduit une étude avec l'Ifop sur l'impact du confinement sur les femmes et les hommes. Pour promouvoir la place des femmes, il faut lutter contre le phénomène d'autocensure. Les lois sur la représentation des femmes ont été importantes pour pouvoir proposer des rôles modèles mais ce n'est pas suffisant. Les entreprises doivent vraiment travailler sur la culture organisationnelle et les salariés prendre conscience des stéréotypes afin de les combattre.

Pour les femmes, il s'agit de gagner en confiance en soi. Dans mon poste actuel, je développe des actions autour de la validation des acquis d'expérience (VAE) pour des personnes peu qualifiées. La VAE est importante pour améliorer l'estime de soi. Je développe ce type de programme pour des métiers où les femmes sont encore peu présentes." Pour Myriam El Khomri, faire bouger les lignes, c'est aussi travailler sur le langage et les titres, y compris le sien.

"Il y a quand même toujours quelques représentations à changer, notamment quant aux titres et fonctions quand on est une femme leader. Quand j'ai signé mon contrat chez mon employeur actuel, j'ai dit : « Tout me va bien mais il y a une erreur. Vous avez mis 'directeur'. » On m'a répondu que j'allais être la première à avoir le titre de « directrice » sur son contrat, et que d'autres ne le souhaitaient pas car ça faisait directrice d'école ! C'est dire si le secteur de la banque ou de l'assurance reste parfois très conservateur. S'attacher à ces points-là pourrait paraître n'être qu'un détail mais les nouvelles générations sont sensibles au sens et à la cohérence."

Anecdotique diront certains. Peut-être, mais la diversité des appellations est aussi une manière d'enraciner la diversité au cœur même de l'organigramme et donc de l'institution.

RETOURNER TOUS LES CAILLOUX

Agnès Pannier-Runacher, dans ses responsabilités ministérielles, a été confrontée au cas particulier de l'industrie, dont nous avons déjà évoqué les spécificités avec Philippe Darmayan. Elle est convaincue qu'au-delà de la promotion de la véritable égalité, ce qui est en jeu, c'est une industrie diverse et adaptée aux enjeux de notre siècle. "Comment favoriser la présence des femmes dans l'industrie et dans la tech ? Il faut attaquer tous les compartiments, de la formation initiale à la vie dans l'entreprise en passant par l'orientation. Ce qui est ressorti de nos enquêtes, c'est que l'absence de rôles modèles, qu'il s'agisse de dirigeantes, de conductrices de ligne, de soudeuses ou encore de techniciennes de maintenance, pèse sur les choix d'orientation. Il faut casser l'idée que l'industrie serait une affaire d'hommes, changer les mentalités. Il faut aussi créer un vivier pour que les femmes puissent ensuite prendre la tête d'une usine ou d'une équipe de R&D. On nous dit souvent : elles n'existent pas. Si, elles existent ! C'est comme pour les conseils d'administration il y a dix ans. Elles sont compétentes et il faut les rendre visibles. Nous l'avons fait avec deux mille femmes au sein du collectif « Industrielles ». Notre ambition est de célébrer leur réussite dans l'industrie et de créer un vivier dans lequel piocher pour nommer des femmes dans des conseils d'administration, à la tête d'entreprises, ou des ambassadrices pour porter le message auprès des plus jeunes. Nous voulons susciter des vocations d'ingénieurs, mais aussi de techniciens et d'opérateurs qui viennent de bacs pros. En France, on a tendance à survaloriser les formations généralistes et à sous-estimer les parcours de lycées professionnels ou d'apprentissage. L'enjeu est de pouvoir anticiper dès le collège les choix d'options, renforcer l'adhésion des filles dans les filières mathématiques quand elles sont à l'aise dans ces matières-là dès le début des études secondaires. Cela passe par les professeurs, les proviseurs et les conseillers d'orientation. Il faut changer la façon dont les filles se projettent.

J'ai appris dans l'industrie que si on veut résoudre une situation, il faut la rendre visible. 2,2 % des financements des fonds de capital-risque sont dirigés vers des entreprises fondées par des femmes. Nous devons renverser la situation. J'ai travaillé avec la BPI pour accompagner des projets exclusivement montés par des femmes. Il faut également développer le mentoring, l'accompagnement des entrepreneuses, renforcer leurs compétences pour élaborer des business plans. Dans le digital, 90 % des entreprises sont dirigées par des hommes. C'est la même chose pour le codage avec deux conséquences : l'exclusion des femmes de métiers qui sont potentiellement très intéressants, bien payés et avec des perspectives ; la mise en place d'algorithmes produits par des hommes pour des hommes. Ainsi, par exemple, on se retrouve avec du mobilier conçu pour des personnes qui mesurent 1,75 m et pèsent 70 kg.

Ces changements, il faut les introduire dès le primaire, en présentant tout ce qui est construction algorithmique comme un jeu. […] Aurélie Jean a commencé à avoir son premier ordinateur à dix-huit ans, ce qui nous montre que l'on peut commencer plus tard. C'est aussi aux entreprises, aux universités, aux IUT de faire leur part. Nous devons briser le plafond de verre pour les femmes dans l'industrie.

Dans l'industrie française, on a moins de 30 % de femmes et elles sont seulement 20 % dans les équipes exécutives. Plus de femmes dans l'industrie signifie des emplois plus stables et mieux payés, plus de rôles modèles pour les jeunes.

Ce n'est pas qu'un problème d'égalité, c'est aussi un problème de compétitivité. Plus notre économie sera inclusive et plus elle performera."

LE CAS DE LA TECH

Le cas de la tech fait beaucoup parler d'elle. Image d'un milieu masculin à tous les niveaux, ce cas est d'autant plus emblématique que la tech est mise en avant comme un bureau des tendances, une avant-garde éclairée qui pourtant ne l'est pas tant que ça. La diversité devrait être une évidence, ce n'est pourtant pas le cas. L'enjeu est majeur pour ce secteur comme pour la société dans son ensemble, qu'il contribue à structurer, au-delà de la seule manière de concevoir des algorithmes non biaisés, comme le rappelle avec vigueur Aurélie Jean.

Clara Chappaz a choisi d'attaquer le sujet de front : "J'avais déjà mis en œuvre un certain nombre d'actions en faveur de la parité chez Vestiaire Collective. À la Mission French Tech, nous soutenions déjà des associations très engagées comme Sista et Willa (incubateur de projets tech féminins). Mais il y a un peu plus d'un an, à la sortie de la promotion 2022 du French Tech

Next 40/120 (les start-up les plus développées d'un point de vue économique), nous avons collectivement décidé de mettre un coup d'accélérateur en faveur de la parité. Au même moment, il y avait eu un peu de mouvement au sein du CAC 40. Deux ou trois femmes avaient été nommées PDG ou étaient sur le point de l'être mais au Next 40, on ne comptait toujours aucune femme dirigeante. La presse titrait : « Est-ce que la tech a un problème ? » Trouvant cette situation insatisfaisante, j'ai décidé de passer à l'action en proposant aux CEO de s'inspirer de ce qui était fait de mieux dans toutes leurs entreprises, pour agir ensemble à la French Tech. Je les ai appelés un par un pour leur proposer de mettre en commun les solutions déployées dans leurs entreprises. Je savais que le fait qu'il n'y ait pas de femme à la tête des entreprises de la tech n'était pas le résultat d'une politique délibérée. Les dirigeants étaient plutôt jeunes, donc *a priori* moins impactés par les stéréotypes. Ils déclaraient d'ailleurs tous dès le début du processus le principe suivant : « Quand on pense qu'on n'a pas de stéréotypes, on ne met rien en place. Mais quand on commence à compter les femmes, on se rend compte qu'on n'est pas mieux que les autres. Il faut au contraire se dire que ce n'est pas parce que l'on est plus jeune, plus éduqué sur la question, que la mixité va naturellement progresser. »

Nous avons donc lancé une série d'ateliers avec les CEO et leurs directeurs (technique, marketing, RH...).

Il s'agissait d'abord de mettre en commun tout ce que chacun avait déjà fait de très concret. Je voulais éviter que les personnes prennent des engagements trop abstraits, à des échéances trop lointaines. L'idée étant de vraiment mettre en place des bonnes pratiques et de les partager. Un CEO témoignait que depuis qu'il allait chercher ses enfants à la crèche, cela avait permis l'émergence d'une culture d'entreprise plus favorable au partage des tâches femmes-hommes. L'exemplarité joue ici un rôle essentiel. Nous avons donc décidé d'inscrire dans le Pacte Parité des engagements que le plus grand nombre d'entreprises pourraient adopter et mettre en place immédiatement. À côté de ces engagements, nous avons voulu aller plus loin en proposant des bonnes pratiques comme, par exemple, celle de conditionner en partie le bonus des managers afin d'avoir une équipe paritaire. Alors que beaucoup affirmaient qu'il était très compliqué de recruter des femmes, le pourcentage des effectifs féminins a curieusement bondi. Une entreprise a témoigné être passée de 10 % de femmes à 35 % dans les équipes techniques en seulement un an !

Nous avons donc voté pour désigner les propositions sur lesquelles les entreprises étaient toutes prêtes à s'engager formellement et qui soient atteignables. Elles sont maintenant au nombre de cinq et couvrent les domaines suivants : représentation, recrutement, formation, mobilité, exemplarité.

– Atteindre un seuil minimal de 20 % de femmes siégeant au *board* de l'entreprise d'ici 2025, puis 40 % d'ici 2028.
– Former 100 % des managers sur les enjeux de la diversité ainsi que la lutte contre les discriminations et le harcèlement.
– Garantir que 100 % des fiches de poste publiées par l'entreprise s'adressent aux profils autant féminins que masculins.
– Constituer une équipe paritaire de représentantes et de représentants amenés à prendre la parole au nom de l'entreprise, en interne et en externe.
– Mettre en place un accompagnement spécifique pour chaque salarié au retour de son congé parental.

Nous avons décidé de prévoir des points d'étape, car mesurer et monitorer est ce qui permet de garder une dynamique forte. Nous avons constaté que cette dynamique positive de long terme existe également pour féminiser les *boards* des entreprises de la tech qui ne sont pas dans le champ de la loi Copé-Zimmermann, les entreprises de la tech n'étant pas cotées en Bourse. Ce sont les entrepreneurs eux-mêmes qui ont décidé de « jouer dans la cour des grands » en s'imposant les mêmes contraintes.

Une fois le pacte signé, nous devions accompagner toutes ces entreprises. Nous avons programmé un certain nombre d'ateliers.

Les dirigeants partagent les bonnes pratiques, ce qu'ils ont pu tester et valider, et cela a d'autant plus de poids que ces pratiques ont été expérimentées par l'un d'eux.

Dans le Pacte Parité, les entrepreneurs se sont engagés à respecter la loi Copé-Zimmermann sur les mêmes délais. Il y avait quand même 22 % des start-up qui n'avaient aucune femme dans leurs conseils d'administration. Neuf mois plus tard, ce chiffre a diminué pour arriver à 16 %, ce qui est très encourageant ! Dans les *boards* de nos entreprises, les sièges sont occupés par les investisseurs de la tech qui sont essentiellement des hommes.

Aujourd'hui, de plus en plus de fonds d'investissement cherchent des femmes pour rejoindre leurs équipes parce que les start-up leur demandent des femmes.

Parmi les cinq points du Pacte Parité, je pense que celui qui est clé est celui de la représentation, des rôles modèles, car favoriser la présence des femmes aide les autres à se projeter dans l'entreprise. Ce point revenait très fréquemment dans les ateliers. Les CEO sont principalement des hommes et c'est souvent eux qui prennent la parole, aussi bien en interne qu'en externe. Ils concédaient que ce phénomène leur échappait alors que dans les comex, certains comptaient beaucoup de femmes, comme si, en ne mettant rien en place, naturellement, c'étaient les hommes qui étaient volontaires pour prendre la parole et que les femmes s'effaçaient. La mission French Tech soutient un programme pour accompagner les femmes à la prise de parole organisée par Willa, Speak'Her.

La question des biais est essentielle parce que chacun de nous en est empreint et il est nécessaire que nous en prenions conscience. Chez Vestiaire Collective, avec mon équipe, nous avions remarqué que nous étions affectés par les stéréotypes des autres jusqu'à se les approprier. Les femmes commençaient souvent leurs phrases dans les réunions en disant : « Peut-être que je n'ai pas toutes les informations. Peut-être que je vais dire une bêtise. » À chaque fin de réunion, nous avions pris l'engagement de nous faire prendre conscience de ces biais mutuellement et de nous reprendre. « Tu as commencé ton intervention comme ceci alors que tu as l'expertise et tu aurais pu affirmer ta position sans concession. »

Je vois cependant que la situation peut évoluer rapidement. Par exemple, chez Qonto, une des start-up de Next 40, depuis la mise en place du Pacte Parité, au bout de neuf mois, ils sont passés de 33 à 43 % de femmes dans les équipes."

Mais l'environnement reste difficile. Antoine Hubert, le fondateur d'Ynsect, spécialiste des protéines d'insectes, témoigne à la fois de son engagement et de ses frustrations. Il a sacrifié à regret une diversité nécessaire pour être efficace mais ne renonce pas. "J'ai deux enfants : quatre et sept ans. J'ai participé au Pacte Parité de la French Tech, même si je n'avais pas attendu le pacte pour agir. Quand j'ai eu mon premier fils, j'ai lancé le congé de paternité de dix semaines, en l'alignant sur le congé de maternité, payé par l'entreprise à 100 %. Je l'ai fait pour les pères car il me semblait inconcevable de ne pouvoir m'arrêter que dix jours pour accueillir mon enfant. Le congé participe à un rééquilibrage. Si l'homme est à la maison et prend des repères avec sa femme dès le début, ils construisent ensemble un équilibre. On doit endiguer les phénomènes d'inégalité, sinon seules les femmes pénalisent leur carrière. Nous devons être au même niveau. Depuis, chez Ynsect, on a eu une trentaine de jeunes pères qui en ont bénéficié et ils m'ont tous remercié. C'est aussi pour cela qu'on crée une entreprise : agir pour l'intérêt social et avoir de l'impact.

Comment gérer une entreprise différemment ? De manière plus responsable ? C'était une vraie question pour moi et cela le reste. Pour ce qui est d'avoir des femmes dans les instances de direction, nous cumulons les difficultés : nous travaillons dans la tech et nous sommes des industriels localisés hors de Paris, évoluant dans des secteurs ruraux. Ynsect comptait 35 % de femmes en 2022. On est au-dessus de la moyenne de la French Tech dans toutes les fonctions tech : ingénierie, data, recherche.

Là où je n'ai pas réussi, c'est pour les fonctions de direction. J'ai pourtant poussé, essayé. Au départ, nous étions quatre associés, quatre hommes, puis j'ai constitué progressivement un comité de direction qui ne comptait qu'une seule femme, la directrice financière. Puis il y a deux ans, voulant augmenter le nombre de femmes dans les instances dirigeantes, j'en ai engagé deux pour travailler avec moi. Mais le recrutement n'a pas fonctionné et dans le nouveau comex de fin 2023, il n'y aura qu'une femme sur huit malgré tous mes efforts.

Au fur et à mesure que l'entreprise se développait, nous avons dû embaucher des gens expérimentés venant de l'industrie. En accord avec mon conseil d'administration, je me suis rapidement entouré de personnes de plus de cinquante ans dans les postes de direction qui ont beaucoup apporté pour structurer l'entreprise, notamment au niveau de la mise en place des process, de la construction des usines, de la négociation avec l'international. Sans eux et leur expérience, l'entreprise ne pouvait pas croître mais avec ces profils-là, je n'ai pas réussi à recruter des femmes. Cependant le sujet de la parité étant essentiel pour moi, je ne baisse pas les bras, et pour permettre aux femmes de se développer, nous avons mené des campagnes de sensibilisation, des formations sur des stéréotypes et le sexisme. Mon vrai regret, c'est de ne pas avoir réussi à monter une équipe de direction paritaire."

Charles Gorintin chez Alan, licorne de l'assurance santé, est aussi convaincu que la diversité est essentielle et passe par l'égalité hommes-femmes. Il propose des innovations radicales pour la favoriser. "Pour éviter les inégalités en termes de salaire, les collaborateurs sont rémunérés selon une grille de salaire transparente et fixe pour toutes les personnes qui occupent les mêmes fonctions. Il n'y a pas de bonus au mérite, pas de subjectivité, ce qui a un vrai impact car chaque personne peut avoir confiance dans un système juste parce qu'entièrement transparent. Chez Alan, nous échangeons et prenons nos décisions uniquement par écrit, ce qui permet de réduire le risque de comportements déviants, misogynes ou sexistes qui peuvent se produire dans des salles fermées. D'ailleurs, il nous est arrivé de nous séparer de personnes adoptant des attitudes inacceptables et répétées dans le temps.

Nous n'organisons pas de réunions non plus car c'est généralement un lieu où la personne la plus intimidante va l'emporter sur les autres. L'écrit permet de se détacher du subjectif pour fonder les décisions sur les idées. Nous avons ainsi mis en place un certain nombre de mesures qui permettent d'avancer sur le chemin de l'égalité femmes-hommes. Quelques éléments du Pacte Parité ont été inspirés de mesures que nous avions adoptées chez Alan, notamment celle qui permet de réintégrer les femmes qui reviennent de congés de maternité. On se retrouve souvent avec des personnes qui reviennent et leur poste a été pris, c'est une des racines du décalage qu'on retrouve à la fin dans les carrières. Les managers les plus seniors finalement ne sont que des hommes car il y a eu des embûches tout au long du parcours des femmes. Quand une femme revient de congé de maternité, elle se fait « reonboarder[1] » comme si elle était une nouvelle arrivante dans l'entreprise.

Il ne suffit pas de prendre des mesures mais il faut également se montrer exemplaires sur ce point vis-à-vis de l'extérieur. Nous avons une équipe de représentants de l'entreprise, porte-parole dans les médias, qui est composée à parité de femmes et d'hommes. La plupart du temps dans le monde économique, ce sont les hommes qui sont les porte-parole. Mais attention, si on force trop les femmes à avoir trop de postes de type « relations publiques », à la fin, elles ont moins de temps pour travailler sur le cœur de leur métier et l'on perpétue une situation qui n'est pas satisfaisante. L'une des ingénieurs les plus seniors chez Alan refuse de prendre la parole parce qu'elle n'a pas envie qu'on

1. C'est-à-dire qu'elle va être réintégrée comme si elle était une nouvelle embauchée en tenant compte de sa situation spécifique.

l'utilise comme « faire-valoir », car sinon elle ne peut plus travailler pour ce pour quoi elle a été embauchée, c'est-à-dire être ingénieure.

Nous essayons de créer l'environnement le plus inclusif possible pour attirer les talents. Par exemple, on s'assure que dans tous les panels de recrutements il y a au moins une femme. Nous accordons beaucoup d'attention à l'origine et à l'identification des candidats : nous essayons d'avoir dans le pipeline de recrutement autant de femmes que d'hommes, ce qui n'est pas toujours évident."

Les défis du changement de modèle, dans la tech comme en dehors, sont considérables. Il faut embarquer tout le monde et commencer tôt. Sisyphe n'est jamais loin. Il faut avoir l'intelligence et le talent de ne pas opposer ni singulariser à l'excès : hommes et femmes, pas hommes ou femmes ou hommes contre femmes.

Karima Silvent est DRH d'Axa. Elle a été nommée entre autres grâce à son projet de développer la parité au plus haut niveau et elle y consacre du temps et de la réflexion. Elle fait et promeut, mais prend aussi le temps d'analyser ce qui marche et ce qui ne marche pas. Et ne se satisfait pas des demi-mesures : "La question de la parité me touche en tant que DRH mais aussi parce que je l'ai vécue en tant que personne pour me frayer un chemin dans l'organisation. Axa est arrivée à un point de bascule. Nous sommes une entreprise assez mature et nous avons adopté beaucoup de mesures pour favoriser la parité. À partir de 2012, nous avons mis en place un programme de parrainage-*sponsorship* : les membres du comex ont rencontré une femme régulièrement pendant un an. Puis ils l'ont aidée, au-delà de l'année, sur ses promotions futures et réflexions de carrière. Il s'agit de promotions de dix à quinze femmes par an depuis dix ans. Nous avons aujourd'hui 38 % de femmes dans le top 300. En 2010, on était à 10 %. Beaucoup de nos efforts sont liés à ce programme-là qui a permis de mettre en avant des femmes. Il les a rendues visibles et on a pensé à elles pour des postes.

Qu'est-ce qui a fait que les hommes ont basculé ? C'est la relation individuelle avec une femme de talent. Ce programme a créé des devoirs. Quand vous accompagnez une femme pendant un an, vous vous sentez engagé et vous apprenez à la connaître.

Cette mesure a fait mûrir beaucoup de dirigeants sur la question de la parité. Je crois beaucoup à la relation individuelle qui ouvre des regards, permet de prendre conscience des aspects différents liés à l'exercice du leadership et à la variabilité de sa définition en fonction des personnes. Pour les hommes, cela a été un moyen de percevoir ce que veut dire la confiance en soi des femmes. Beaucoup m'ont dit avoir touché du doigt ce qu'est ce manque de confiance que l'on rencontre chez certaines femmes. Ils m'ont témoigné que ces programmes leur avaient ouvert les yeux, les avaient responsabilisés et aidés à prendre conscience qu'hommes et femmes n'étaient pas égaux devant le sujet de la confiance en soi. C'est un point essentiel. Je le vois : beaucoup de femmes ont encore besoin qu'on aille les chercher. Elles ne vont pas naturellement exprimer une ambition, demander une promotion et une augmentation de salaire.

Aujourd'hui, chez Axa, nous atteignons un point de bascule : nous avons 20 % de femmes au comex du groupe, soit trois femmes sur quinze. Nous avons réussi à inscrire davantage de femmes dans le plan de succession et les programmes RH ont atteint une belle maturité. Mais maintenant, il faut un leadership plus engagé qui ne soit pas un programme porté par les RH mais par les leaders. Même s'ils sont convaincus, ils restent en grande majorité des hommes. Aujourd'hui, à compétence égale, vous avez des hommes et des femmes mais les hommes connaissent mieux les hommes. Ils ont été plus habitués à interagir avec eux. Il y a des notions de loyauté et de fidélité qui se sont installées, et parfois faire le choix d'une femme, c'est ne pas faire le choix d'un homme, c'est-à-dire occasionner le départ d'un homme. C'est un dilemme. Comment ne pas décourager des hommes compétents ? C'est notre question maintenant.

On peut reculer très rapidement sur la parité. Chez nous la question se pose de la manière suivante : comment ce sujet peut-il devenir systémique après dix ans d'efforts ? On doit avancer vers cela soit par la croyance, soit par la preuve de la réussite. Le fait que beaucoup de femmes qu'on a fait monter réussissent génère la réussite et engendre un cercle vertueux. 30 % de nos PDG sont des femmes et réussissent très bien."

Karima Silvent a fait de la vigilance, de sa capacité à rester alerte, sa boussole chez Axa. Elle souligne aussi combien les temps ont changé. Les femmes sont maintenant demandées. "Ce qui est important, c'est que les femmes soient diverses au sommet dans leur style de leadership. Il faut aussi que les hommes adoptent des styles de leadership très différents qui leur soient propres, reflet de leurs compétences, aptitudes et valeurs. Je le répète souvent à mes collègues masculins : « Vous n'êtes pas des clones. » Des hommes aussi peuvent être des modèles en matière de parité. Je mène une campagne interne auprès des dirigeants sur ce sujet. Il est important qu'ils puissent parler de la diversité en termes de performance économique, mais ils peuvent en parler également en des termes humains. C'est bien d'être rôle modèle mais il faut savoir en parler de manière plus simple. Sortons du stéréotype qui implique que ce sont les femmes qui doivent l'être au nom de la diversité. Et là, on n'y est pas encore. Nous devons encore véhiculer l'idée que les hommes peuvent s'autoriser à être eux-mêmes au travail, évoquer l'équilibre qu'ils recherchent entre vie professionnelle et vie personnelle. S'il y a cinq-dix ans on ne pouvait pas les avoir, aujourd'hui ces discussions sont devenues possibles. La question maintenant devient systémique et globale. Après avoir atteint 30 % de femmes dans le comex, les progrès sont plus lents et plus complexes. Beaucoup de freins peuvent également relever de la culture intrinsèque de l'entreprise. Nous plafonnons un peu alors que nous sommes très actifs, nous organisons également des conférences sur le sujet de la parité.

La difficulté et le point à souligner, c'est qu'il y a une concurrence plus forte sur les talents féminins. Les femmes sont plus approchées par les chasseurs de têtes, leurs patrons ont compris cela aussi. Il faut les retenir. Avant l'entreprise choisissait. Maintenant, c'est le talent qui choisit. L'inclusion se crée, c'est un avantage compétitif, mais attention, les femmes vont choisir dans un monde de plus en plus concurrentiel. Si nous ne créons pas les conditions culturelles, elles iront voir ailleurs. Ça, nos dirigeants y sont de plus en plus sensibles."

Le message est très fort. En promouvant la diversité hommes-femmes, on va aussi promouvoir toutes les diversités, notamment au sein des hommes comme des femmes et finalement entre tous les individus, ouvrir les yeux, aérer la pensée, mettre l'organisation dans une tension positive et créer un cercle vertueux.

Philippe Heim a évolué dans des univers très différents : ministère des Finances, Société générale et La Banque postale[1]. Il évoque le cas particulier de la finance et ses difficultés et souligne, peut-être de manière inattendue, les contrastes entre les secteurs public et privé. Les niveaux de maturité et les degrés d'ouverture sont différents et les actions aussi. Et pas toujours comme on l'imaginerait. Il souligne lui aussi le rôle de l'accompagnement, du coaching, du mentoring et du parrainage : "Quand je suis rentré à l'ENA ou à Bercy, ces questions de parité étaient quasiment absentes car à l'ENA, il y avait une proportion de jeunes femmes qui était tout à fait conséquente. Dans mon univers proche à Bercy, quand j'étais à la direction du budget, j'avais une cheffe de bureau qui était une femme. J'ai travaillé avec Florence Parly, ministre du Budget. Dans le monde de la haute fonction publique, il y a une tradition favorable à la mixité. Dans l'administration, il y avait un principe de parité assez naturel. Cependant, c'est une question que j'ai retrouvée

1. Qu'il a quittée en août 2023.

avec une acuité très forte en rentrant dans la finance. Dans le monde de la banque, il y a un paradoxe. Il y a à peu près 50 à 55 % de femmes dans les effectifs. Beaucoup de femmes dans le réseau, dans les fonctions supports. En revanche, dans certaines activités, il n'y en a quasiment pas, comme dans les salles de marchés. Mais quand on est trader et que l'on doit s'imposer face à ces « mâles alpha », c'est potentiellement compliqué pour une jeune femme. Ce n'est pas impossible, mais il faut un caractère très trempé, dur et assertif. On avait un vrai sujet de représentation des femmes dans les couches intermédiaires et dans le top management. Cela concerne les métiers de finance de marché, de banque d'affaires. J'ai connu toutes les théories : le plafond de verre, le fait qu'à trente-cinq ans, en plus d'une phase d'accélération de la vie familiale, il y a aussi une accélération de carrière plus marquée pour les hommes que pour les femmes. La charge mentale associée n'étant pas encore suffisamment équirépartie, cela devient très compliqué de gérer les deux. J'ai rencontré des jeunes femmes qui m'exprimaient leurs souffrances, qui me disaient : « Je suis en train de tout mal faire. À la fois je ne suis pas suffisamment présente au travail parce que j'ai des contraintes personnelles et, en même temps, à quoi ça sert d'avoir des enfants si je ne les vois qu'une demi-heure le soir et un quart d'heure le matin ? » Elles étaient dans une frustration terrible. Quand on est dans des fonctions très prenantes, c'est un vrai sujet. On se dit : quelle est ma posture de parent si je ne suis pas présent auprès de mes enfants pour leur éducation, pour la transmission des valeurs et des comportements qu'on ne peut pas faire si l'on n'est pas présent ou qu'on doit déléguer à une nounou.

Pour remédier à cette situation il faut faire plusieurs choses. Tout d'abord, faire émerger un pool de talents féminins qu'il faut identifier. Une fois identifiés, il faut les insérer dans des parcours managériaux et leur donner de la visibilité en interne. Ensuite, il faut les aider à tisser un réseau. Il faut de manière systématique dans les recrutements, s'il y a deux ou trois candidats, qu'il y ait une femme crédible et ce n'est pas une option, pas juste un prétexte. Quand on fait un plan de succession, il faut que dans le vivier, si le plan de succession est bien fait, il y ait autant de femmes que d'hommes. Et il faut le faire de manière collégiale. Pas le ou la patronne tout(e) seul(e) avec son (sa) RH, mais avec tout le comex. Le fait d'avoir cet échange est un élément de coconstruction qui est extrêmement vertueux.

C'est généralement au niveau du comex ou du codir que ça bloque. Dans les échelons inférieurs, cela se passe généralement mieux. Il faut oser des paris managériaux et j'en ai fait. C'est comme ça que l'on passe le cap de 15 à 25 % et 40 %. J'ai nommé une jeune directrice RSE de trente-huit ans, une directrice des risques d'à peine quarante ans qui est certainement la plus jeune des directrices des risques des banques européennes, mais qui est incroyablement talentueuse et qui réussit très bien. Des études montrent à cet égard que les sociétés dirigées par des femmes ont de meilleures performances boursières que celles dirigées par des hommes.

Les femmes sont souvent plus pondérées et un élément de repositionnement du risque dans la finance dans les salles de marchés. Mais naturellement il faut éviter les représentations simplistes. Il faut promouvoir la diversité, et ensuite en tirer toutes les conséquences logiques. J'ai un jour promu une femme *"Investor Relation"* (chargée des relations avec les investisseurs), qui était plus jeune de sept ans que son prédécesseur, et s'est posée la question salariale. L'inclinaison spontanée était celle d'une augmentation graduelle par rapport au poste précédent et non celle reflétant les nouvelles responsabilités. Quand vous promouvez des femmes plus jeunes, vous devez immédiatement avoir le réflexe de l'égalité salariale.

À La Banque postale, nous avons 40 % de femmes au comex et un index parité à 97 %. J'en suis très fier et je pense que cela reflète l'engagement résolu du directoire. Dès lors que vous le voulez, vous pouvez le faire.

Il faut pouvoir accompagner les femmes par du coaching et du mentoring. Pourquoi ? Il peut y avoir chez les jeunes femmes ce syndrome de l'imposteur qui peut les limiter quand elles ne se sentent pas totalement compétentes. Outre l'accompagnement individuel, on en revient à des évidences managériales : il est essentiel d'établir un climat de confiance et de bienveillance au niveau du comex ou dans les instances dirigeantes, confiance qui permet d'oser s'exprimer sur des domaines pour lesquels on n'est pas forcément expert mais sur lesquels on peut avoir un avis."

La diversité des avis exprimés est au cœur du leadership inclusif. Elle permet d'avoir à la fois une vision plus large des enjeux, de ne pas en oublier, et une perception des solutions plus profonde et plus diverse, de ne pas aller trop vite au trop évident.

AU CŒUR DE LA SINGULARITÉ DE CHACUNE ET DE CHACUN. DIVERSITÉ DE GENRE, DIVERSITÉ HUMAINE

Notre ambition avec ces quelques témoignages est de montrer un cap, une voie féconde, éclairée par des modèles qui prouvent qu'il y a des milliers de manières de suivre un cap : diversité dans la diversité, tel est le mot d'ordre que nous proposons. Le temps arrive où il faudra savoir être aveugle au genre et voyant à la personne quelle qu'elle soit. Ne pas regarder la femme ou l'homme parce que femme ou homme mais parce qu'être singulier et unique.

Emmanuelle Seyboldt le dit clairement : "Il ne faut pas retomber dans une idée du leadership au féminin. Pour moi, il n'y a pas d'essence féminine du leadership, comme il n'y a pas d'essence masculine. Nous sommes toutes différentes, de même que les hommes sont différents."

La planète est vaste et nos témoignages encore circonscrits. Philippe Heim y fait allusion lors de notre échange : "J'ai eu l'opportunité de superviser un réseau de banques en Afrique, en Europe de l'Est et en Russie. Je me suis rendu compte avec vertige du risque, littéralement anthropologique, de tout décider de Paris. La diversité est la clé de tout. À compétence égale, il faut inclure un maximum de diversité, et pas seulement de genre, ce qui certes stimule la créativité, mais est surtout garant de la pertinence. Dans le déploiement de qualités managériales, je crois davantage en la personne plutôt qu'au fait que ce soit une femme ou un homme. Et ne nous y trompons pas, les stéréotypes peuvent être tout aussi enfermants pour les uns que pour les autres. Je travaille à la sensibilisation de tous les membres de mon comex à cet écueil. Pour que cela puisse se ressentir dans toutes les strates et se diffuser."

Anne-Marie Idrac, toujours réticente à distinguer hommes et femmes, s'interroge en regardant le chemin déjà parcouru : "J'ai beaucoup d'admiration pour l'affirmation des jeunes femmes d'aujourd'hui. Il faut dire qu'elles ont aussi été mieux préparées que nous : elles ont plus d'outils, coaching, réseaux, voire discriminations positives, ce qui leur donne plus d'assurance.

Je ne crois pas avoir été nommée en raison de mon genre aux postes les plus importants que j'ai occupés, mais plutôt sur une base de compétences. Paradoxalement, dans des milieux très masculins, à partir d'un certain âge, être une femme s'est avéré être une chance : les machos craignent l'humour féminin, et puis j'ai parfois joué sur le côté *mamma*, la femme qui a de l'autorité. En politique, il y a eu nombre de femmes candidates à l'élection présidentielle de 2022. Cela témoigne du succès des politiques et courants d'opinion favorables aux femmes, jusqu'à la banalisation de telles candidatures. Mais aussi féministe que je sois, aucune d'entre elles ne m'a convaincue de voter pour elle, leur genre n'a pas dans mon choix prédominé sur les idées et projets.

Est-ce qu'il y a des stéréotypes ? Oui, il en reste, sur les hommes comme sur les femmes ; la réalité, c'est que chaque personne est différente, avec ses qualités et défauts qui surplombent le genre ; il y a des hommes empathiques ou émotifs et des femmes sans charisme ou intuitions. Ce que j'ai souvent constaté, c'est qu'elles sont plus intéressées aux résultats qu'à l'exercice du pouvoir en tant que tel, et aussi aptes à gérer les complexités. Lorsque cela est bien le cas, c'est *a priori* un atout dans les transformations des entreprises et de la politique."

Ne plus voir le genre, mais les personnes. Et puis ne plus voir l'origine, le handicap, tout ce qui fait de chacun un être unique ou anormal. Le combat du genre est peut-être la mère de toutes les batailles de la diversité, ou plutôt la mère de toutes les paix.

"ÊTRE RUSÉ COMME UN RENARD ET FÉROCE COMME UN LION[1]" : LA DIVERSITÉ DE GENRE N'EST QU'UNE PREMIÈRE ÉTAPE

Le parcours de Paul Polman, contemporain des évolutions décrites, vécu sur plusieurs continents, contribue à approfondir notre réflexion. Son engagement aujourd'hui confirme la nécessité d'une mobilisation au quotidien, du déploiement de ruse pour jouer avec les systèmes, mais aussi et surtout le fait, à chaque étape, d'embarquer tout le monde. Inclure et non opposer. "Je suis né en 1956 aux Pays-Bas. Il y avait une loi jusque dans les années 1960 qui stipulait que si vous n'étiez pas un homme soutien de famille et que vous aviez des enfants, vous ne pouviez pas travailler. Ma mère qui était professeure des écoles a donc dû arrêter de travailler. Elle s'est toujours assurée que nous soyons bien éduqués. J'ai deux sœurs et quatre frères. On a été élevés dans des valeurs de justice plus encore que d'égalité. Tout a toujours tourné autour des valeurs de dignité, de respect, de justice et de compassion. Quand je suis rentré chez Unilever, la

1. Machiavel, *Le Prince*, Gallimard, "Folio classiques", 1980, chap. XVIII.

politique concernant la maternité avait été édictée par des hommes. Aucun homme ne peut être enceinte, alors nous devons soutenir les femmes, les aider à progresser et à se développer dans leur vie professionnelle et à établir les bons accords d'entreprise. D'ailleurs, nous ne nous sommes pas contentés d'établir une politique pour la maternité, mais nous avons également adressé la question de la paternité. Pour rendre les choses égales. Pareil pour le mentoring. Du mentoring pour les seules femmes ? Non, du mentoring pour tout le monde. Par contre, nous avions besoin d'accélérer le processus de féminisation. Nous embauchons 80 % de nos effectifs après les études et seulement 10 à 15 % du recrutement se fait à mi-carrière. Sur ces effectifs-là, j'ai insisté pour que, pour chaque homme que nous recrutions, nous recrutions 2 femmes. Nous devions féminiser le top management en accélérant le processus sinon cela aurait pris trop de temps. Quand je suis arrivé, les effectifs étaient féminins à 36 %, maintenant ils le sont à 50 %. Chaque année, nous avons gagné entre 1 et 2 %. J'ai été plus rapide pour le management et pour le conseil d'administration. J'avais 5 femmes sur 11 personnes. Cet engagement n'était pas nouveau, j'ai commencé ma carrière chez Procter & Gamble et dès le départ, j'ai voulu favoriser la diversité. L'entreprise a voulu m'octroyer un bonus pour cette politique de diversité. C'est le seul bonus que j'ai refusé dans ma vie. Je ne veux pas être payé pour quelque chose qui est pour moi une action juste à accomplir. Je leur ai demandé pourquoi ils ne licenciaient pas plutôt ceux qui ne le faisaient pas. Je considère que pour progresser, les entreprises doivent mettre en place des programmes d'évaluation très rigoureux, qui soient justes et transparents. Les femmes gagneront à ce jeu. Elles sont très efficaces et performantes, elles gèrent mieux leur temps et les priorités et sont souvent plus organisées que les hommes. Les différences s'expliquent surtout à cause des normes sociales régissant le groupe dans lequel vous avez grandi et évolué et qui vous conditionne très longtemps, jusque dans votre carrière. Quand le système est dirigé par les hommes, eh bien, ces hommes renforcent ce système. Ils sont dans des positions de leadership et ils en définissent les règles, règles essentiellement masculines. Mais j'ai découvert que l'on pouvait aussi changer beaucoup de choses et réduire les inégalités en choisissant de rejoindre le monde de l'entreprise, à condition que l'on travaille pour des sociétés prêtes à évoluer. L'impact que l'on peut avoir dans ces positions-là est même plus important que dans le monde politique ou l'Église. Pour moi, ce qui est essentiel, c'est d'effectuer le travail que l'on aime, de le faire avec passion et en portant des valeurs. C'est de cette manière que l'on peut développer pleinement tout son potentiel. Si on n'a pas des valeurs fortes que l'on met en œuvre et un respect pour les autres, alors on ne peut pas être inclusif. Tous les sujets sont liés : environnement, égalité des genres, inclusion et handicap. Il ne faut laisser personne sur le bord de la route. Je considère que j'ai gagné à la loterie de la vie en étant né aux Pays-Bas et dans une famille qui avait les moyens. Je n'ai rien fait pour cela. Il y a seulement 5 % de la population qui est dans cette situation. J'ai toujours pensé qu'à cause de cela, nous avions le devoir de lutter pour les autres. C'est pour cela que je me suis par exemple engagé pour l'association Women in engineering, dirigée par une femme nigériane. Nous avons donné à tous, hommes et femmes, des casques de chantier roses au lieu de jaunes. J'en ai même donné un à ma petite-fille qui est très fière de le porter.

J'ai beaucoup voyagé dans le monde pour visiter les filiales et à chaque réunion, j'exigeais que l'on me présente d'abord les éléments qui comptaient : « Est-ce que l'on est l'employeur préféré dans le pays ? Est-ce que la diversité progresse ? » Et je demandais cela avant même de regarder les résultats et d'évoquer le plan stratégique. Pour moi, ces points en faisaient pleinement partie. Chez Unilever, il était important de mettre notre stratégie en ordre : ne pas considérer uniquement le développement durable, mais aussi regarder la diversité car c'est grâce à cela que l'on peut réussir. Beaucoup d'entreprises essayent d'atteindre ces objectifs exclusivement avec leurs effectifs. Moi, j'ai voulu le faire avec l'ensemble de la chaîne de valeur dont elle a la responsabilité : fournisseur, client, partenaire... Pour prendre l'exemple de nos fournisseurs, quand nous avons fait des formations pour les petits agriculteurs, nous avons insisté pour que la moitié soit des femmes. La plus belle photo que j'ai, c'est celle qui a été prise avec des femmes agricultrices, qui sont d'ailleurs plus productives que les hommes. Mais il faut donner les moyens de réussir à ces femmes. Unilever a des plantations de thé au Kenya, en Tanzanie, au Rwanda. Dans ces pays, la culture n'est pas très favorable aux femmes avec notamment beaucoup de problèmes de harcèlement sexuel. J'ai pris les choses en main dans la plantation de thé de Kericho et j'ai dit : « Soit on ferme la plantation, soit on décide que les contremaîtres pour la moitié seront des femmes. »"

Hubert Joly, comme Paul Polman, voit cette marche vers la diversité comme un voyage à étapes. Ayant passé une grande partie de sa vie professionnelle aux États-Unis, il aime à souligner que derrière le genre, la diversité doit aller plus loin. Elle n'est qu'une première marche mais indispensable pour la prise de conscience : "Pour moi cela a été un cheminement progressif en plusieurs étapes. Les premières études de McKinsey comme « Women Matter[1] » m'ont fait réfléchir. Puis j'ai réalisé que les équipes diverses étaient plus efficaces. À plusieurs reprises j'ai eu des femmes comme chefs, mais je ne faisais pas une priorité majeure de diversifier mon équipe. Ce qui comptait exclusivement, c'était la compétence et la performance. C'est chez Best Buy que nous sommes passés à la vitesse supérieure. Les sujets de diversité ont pris un côté prioritaire, notamment du fait des circonstances : la moitié de mes collaborateurs directs étaient des femmes. À mon arrivée, nous nous sommes attelés à la réforme du conseil d'administration ; le diversifier en termes de genre et puis, dans un second temps, en termes ethnique et racial. Nous l'avons fait avec détermination et quand j'ai quitté

1. McKinsey, "Women Matter", art. cité.

le conseil, il y avait une majorité de femmes, et trois administrateurs sur douze étaient noirs.

Au fur et à mesure que la diversité progressait, j'ai perçu tous les bénéfices que l'on pouvait en tirer. C'est une chose d'être convaincu intellectuellement par des études, et c'en est une autre de l'être par l'expérience. Je pense sincèrement que les entreprises qui n'ont pas diversifié leur direction courent à l'échec."

Paul Polman et Hubert Joly en font une évidence : sans diversité, l'échec du management est probable. Ce n'est pas juste le résultat de la lecture de dizaines de rapports mais le constat tiré d'années d'expérience du management au quotidien. Quand bien même les femmes auraient développé des qualités différentes et un rapport au monde distinct, si elles ne sont pas mises en situation de dire et de faire, de partager leur regard, leurs idées, cela ne changera rien.

Ce qui est vrai dans l'entreprise l'est aussi en politique, comme le rappelle Julie Bishop. Les stéréotypes ont brouillé les cartes et contribuent à former ou déformer les personnes, leur vie personnelle comme leur vie professionnelle. Faut-il pour autant les nier ? Le pragmatisme commande de les utiliser aussi. Si tel ou tel trait de caractère a été renforcé ou forgé par la société, sachons le valoriser. Chacun est le résultat d'une histoire unique, même si elle a été marquée par les stéréotypes. Acceptons qu'il existe des valeurs appelées masculines ou féminines même si elles ne sont le propre ni des hommes ni des femmes. Au total, la diversité en sortira quand même renforcée : "Je ne veux pas renforcer les stéréotypes, cependant, je pense qu'il existe des traits de leadership masculins et féminins. Certains sont plus forts chez les femmes, mais ils peuvent aussi être affichés par les hommes, et *vice-versa*. Les femmes ont tendance à se concentrer davantage sur la constitution d'équipes. Elles sont souvent plus engagées personnellement dans le travail d'équipe, plus empathiques et se concentrent davantage sur le développement des performances individuelles au profit du collectif. Les hommes ont tendance à être plus antagonistes, orientés vers les objectifs et à demander des comptes à l'équipe. Les deux approches ont des forces et des faiblesses, et il est donc important de promouvoir la diversité dans les forums de prise de décision.

La clé est de trouver son propre style de leadership. Je pense qu'il est essentiel qu'il y ait un mélange diversifié de perspectives de leadership dans toutes les organisations : que ce soit au Conseil de sécurité des Nations unies, au conseil d'administration d'une grande entreprise ou au cabinet d'un gouvernement. La diversité des opinions conduit à des discussions de meilleure qualité et, en fin de compte, à de meilleurs résultats. J'en ai fait l'expérience à de nombreuses reprises."

La route a été longue et elle l'est encore. Même si beaucoup de décisions ont été *in fine* portées seules, le cheminement, cela a été dit et redit par chacun de nos interlocuteurs, n'a été que rarement parcouru en solitaire. Les batailles d'hier et d'aujourd'hui et la paix de demain ont été et seront gagnées par des femmes et des hommes alliés. C'est le leitmotiv d'Aurélie Jean : "Je pense développer une personnalité particulière dans mon travail qui me fait aller vers des gens divers, différents et qui me challengent. Je rencontre aussi des femmes avec qui on vit une vraie sororité. Je pense à la présidente d'un grand groupe qui me conseille et me donne de la force.

Chez Bloomberg, on encourageait les collaborateurs à s'interroger sur les questions de stéréotypes en nous demandant : « Selon vous est-ce que Bloomberg est une société diverse ? » La plupart ont répondu oui, pourtant quand on regardait les chiffres, on se rendait compte qu'il y avait encore des efforts à faire. Prendre conscience d'un manque de diversité est le premier pas pour espérer changer les choses. Changer nos perceptions est la première étape. Puis on comprend les enjeux et les bénéfices d'une équipe et d'une entreprise diverses. Et enfin, on met en place une stratégie pour améliorer la situation et éviter toute forme de discrimination. À Bloomberg, tout était fait pour créer un environnement inclusif, pour que chacun trouve sa place. La notion de communauté, souvent mal traduite en français, peut, si elle est bien utilisée, être une force. Elles sont ouvertes à tous, afin de comprendre les histoires de chacun. Chez Bloomberg, il y avait plusieurs communautés comme Women in Tech, les ingénieurs hispaniques, les ingénieures afro-américaines… Une communauté ne peut par définition pas exclure un groupe, c'est contre la loi. C'est pour cela que dans Women in Tech par exemple il y avait 40 % d'hommes. Bloomberg nous a invités à fréquenter ou rejoindre une communauté qui n'était pas la nôtre pour mieux la comprendre. J'avais décidé pour ma part d'appartenir à la communauté LGBT (et alliés donc) et j'ai découvert que nous partagions – moi comme femme et les membres de la communauté LGBT – les mêmes préoccupations, les mêmes obstacles et donc aussi les mêmes solutions pratiques. Les hommes développeurs faisant partie de la communauté Women in Tech étaient de véritables alliés. On a toujours l'impression de connaître une communauté, mais c'est en côtoyant les gens qu'on les comprend.

Je dis souvent à mes amis : si vous avez des questions sur les femmes, posez-les aux femmes. N'hésitez pas. En France, on a un peu oublié qu'on pouvait avoir chacun une origine ethnique, une langue, un genre, une religion, et que cela avait participé à nous façonner. Considérer nos différences pour tendre vers un futur commun est une belle leçon d'humanisme je pense. Le mot féministe est devenu péjoratif et je le regrette. Je suis fière d'être féministe, de travailler à faire que les hommes et les femmes aient les mêmes chances de réussir, comme le promet la République. La France peut être fière de sa république, à nous de la faire perdurer."

Hubert Joly l'a souligné, et c'est aussi notre conviction. La vraie diversité commence par le genre – femmes et hommes ensemble – mais ne s'arrête pas là. Son expérience des États-Unis, où il habite encore, est évidemment très présente : "Il ne faut pas limiter le sujet de la diversité au genre. En France, la question ethnique ne peut pas être mesurée. Or il est très difficile d'avancer sur ce que l'on ne mesure pas. Les pays européens commencent à envisager de plus en plus la diversité sur le plan racial et ethnique. Si l'entreprise ne représente pas la société dans laquelle elle intervient, elle court à l'échec. La société américaine devient de plus en plus « *brown*[1] ». Il est essentiel que les équipes qui conçoivent les produits soient diverses pour éviter les ratés. Je peux citer l'exemple du savon liquide déclenché par un détecteur infrarouge dans les toilettes des hôtels qui ne délivrent pas de savon pour les peaux noires car ces rayons ne les détectent pas."

Pour Augustin de Romanet, PDG d'Aéroports de Paris, la diversité s'impose pour le leader "égoïste". C'est une question d'efficacité même si pour en être conscient il faut effectuer une forme de saut quantique. : "Au comex on est 14, et nous avons 5 femmes[2]. Il y a un an il n'y en avait qu'une. J'ai eu la volonté d'équilibrer, ma vraie motivation étant l'efficacité. Le fait d'avoir l'équilibre entre les hommes et les femmes rend les systèmes plus performants. Le chef d'entreprise ne recherche pas la parité pour le plaisir de faire de la parité mais il sait que c'est l'intérêt de son organisation, car 50 % de nos clients sont des femmes. Toutes les études montrent que les comex équilibrés fonctionnent mieux que ceux qui ne le sont pas. L'intérêt bien placé conduit à recruter des femmes. J'ai considéré que promouvoir des femmes relativement jeunes mais qui avaient un haut potentiel me conduisait à faire d'une pierre trois coups : nommer en interne ce qui est mieux quand c'est possible, nommer des jeunes car c'est donner de l'espoir aux nouvelles générations, et troisièmement cela donne du temps pour faire grandir les personnes et pour nourrir le vivier du comité exécutif. Sur les 4 nommées récemment au comex, 3 venaient de l'interne et 1 avait travaillé chez ADP auparavant. Mais ces études sur la performance, on les avait avant. Pourquoi au fond ai-je nommé d'un coup 4 femmes ? On y a aussi été invité

1. C'est-à-dire moins blanche.
2. En 2022.

par les indices, les tableaux de bord, les classements. On n'améliore que ce que l'on mesure. La décision de mesurer a constitué un très bon stimulant. Il n'y a aucune raison d'avoir aussi peu de femmes dans les instances dirigeantes sauf l'effet rétinien de rejet des femmes qui a pu exister dans les années 1980 à 2000."

Denis Machuel a toujours été engagé. Promouvoir la diversité est au cœur du leadership tel qu'il l'exerce et tel qu'il le promeut. C'est une condition *sine qua non*. Cela implique d'identifier tous les stéréotypes, mais aussi ceux qui se prennent au jeu et singent les stéréotypes comme dans une mise en abyme régressive. Sinon, comme le répète Hubert Joly, l'échec guette. Denis Machuel en est conscient : "L'autre point important pour moi, qui est systémique, est celui des stéréotypes : de genre, de leadership, de management. Parler de leadership féminin ou masculin n'a pas de sens pour moi. Je suis un homme et pourtant je ne suis ni directif, ni du genre à piloter par instructions venues du sommet[1], ni assertif, ce que sont les stéréotypes associés à un leadership masculin.

Dans le monde complexe d'aujourd'hui, la diversité est essentielle pour appréhender cette mosaïque de sujets à aborder qui sont tous interdépendants. C'est l'intelligence collective et la diversité qui peuvent être la solution. L'avenir du business, c'est d'être sociétalement responsable.

On met autour de la table des caractères, des cultures différentes, des origines. La seule façon d'avancer, c'est d'agir sur le systémique[2]. Un stéréotype par construction nie l'individualité. Cela n'a aucun sens de nier nos histoires, nos parcours, notre caractère, ce que nous sommes et qui influe sur notre mode de management. On parle de nos stéréotypes, on les explicite en les mettant sur la table. On a pensé des guides de conversation

---

1. Ce que certains appellent un management *"top down"*.

2. C'est-à-dire d'embrasser le système dans son intégralité, de ne pas perdre de vue les interactions en se concentrant exclusivement sur tel ou tel aspect.

pour aider les salariés à aborder le sujet de la diversité avec leurs collaborateurs de manière constructive. L'idée est de ne pas être dans le jugement. On donne des clés pour pouvoir comprendre le mécanisme des stéréotypes. Reconnaître la diversité, c'est reconnaître les différences et non les gommer. Nous avons sept nationalités différentes au comex. Pour promouvoir la diversité et la mixité, nous avons constitué un groupe qu'on a appelé « Next Generation Leaders ». Il regroupe cent personnes en position N – 2 ou N – 3 par rapport aux membres du comité exécutif. On a volontairement déséquilibré la proportion pour avoir un peu plus de femmes que d'hommes. On a également créé un réseau de femmes dirigeantes qui s'appelle « So Together » qui a pour but de les accompagner sur les questions de genre. Il n'était au départ constitué que de femmes, on y a inclus au fur et à mesure des hommes pour ne pas créer une autre forme de clivage. Cela a permis de faire évoluer les regards et les consciences, de banaliser la diversité et donc de l'enraciner."

Le temps de l'action est là. De plus en plus de leaders hommes en sont conscients. Ils ont compris l'enjeu et les bénéfices. Une institution diverse est plus solide et plus attentive. Elle résistera mieux aux chocs comme aux impatiences de ceux qui comprennent l'urgence de la diversité réelle et la lenteur des changements à l'œuvre.

Agnès Pannier-Runacher, tout au long de nos échanges, a manifesté son souci d'agir, mais aussi cette impatience qui la gagne. Le moment est venu d'être divers et de valoriser 100 % de la population : "La promotion des femmes est aussi un sujet économique et mathématique : quand vous utilisez tous les talents, et pas seulement ceux de la moitié de la population, vous avez le potentiel de créer deux fois plus de richesses. C'est un combat économique, social, politique et un combat de civilisation."

Combat pour lequel nous pouvons aussi mobiliser l'humour. Muriel Pénicaud a spontanément évoqué Blandine Métayer, une pionnière chère à son cœur. Autrice et actrice, elle met en scène à partir d'une centaine d'interviews un one woman show *Je suis top !*. En un peu plus d'une heure, une nouvelle PDG, pour préparer son premier discours de numéro 1, revit son parcours depuis le stage photocopieuse jusqu'au sommet de l'entreprise. "Sans complaisance. On rit beaucoup. On grince un peu. Et surtout on se voit offrir un miroir. J'avais choisi d'emmener le 8 mars 2011 cinquante femmes de mes équipes l'écouter puis dîner avec elle. Moment fort et émouvant : langues déliées, reconnaissance, franchise. J'ai recommencé quelques mois plus tard en invitant Blandine Métayer devant un auditoire cette fois mixte : les équipes finances de la Société générale. Même cause, même effet. La parole s'est libérée." J'ai soutenu son travail car l'humour permet de déclencher une prise de conscience par un rire qui met à distance. Se mettre dans la peau de l'autre à travers un sketch libère. Je crois beaucoup à la puissance de l'humour. C'est du bien-être en liberté, et une arme non violente redoutablement efficace.

NOW IS THE TIME[1]*!*

Paul Polman conclut avec détermination : *"Now is the time."* Il faut à la fois entendre cette impatience et y répondre et aussi construire dans la durée, de manière solide, cette diversité indispensable au modèle économique résilient, inclusif et durable sur lequel nous nous sommes engagés. C'est à la fois *"The good thing and the right thing*[2]*"*, comme le disait Christine Lagarde. Paul Polman : "Est-ce que c'est mieux dans le contexte anglo-saxon ? En fait quand je considère les pays communistes, avec une éducation qui se voulait paritaire, avec beaucoup de femmes dans les sciences, ingénieures, on s'aperçoit d'un écart entre la théorie et les faits. Regardez le congrès du Parti communiste

1. C'est maintenant le moment d'agir ou jamais.
2. La chose juste et bonne à faire.

chinois : que des hommes, très peu de femmes. Beaucoup de CEO vivent dans de petites bulles, de petites îles. C'est la même chose pour le handicap. 1,3 milliard de personnes vivent avec un handicap. Combien d'entreprises les embauchent ? La nature humaine est comme cela. Les gens aiment être avec des personnes qui leur ressemblent, qui vivent comme eux, qui se comportent comme eux. J'ai vu tellement de CEO qui lisaient des discours préparés par leur département de relations publiques en disant « Je vous aime » et puis après, ils nomment quelqu'un qu'ils ne connaissent même pas en tant que chargé de la diversité et de l'inclusion. Je ne cherche pas à être cynique, nous vivons en 2022 et on vient de découvrir qu'il y a 50 % de femmes ! Et on a encore besoin de justifier.

Chez Unilever on est devenu paritaire au sein de l'ensemble de l'organisation. En Grande-Bretagne, les femmes sont même mieux payées que les hommes. On a été audité et le cabinet a confirmé cette réalité. On n'a jamais eu quelqu'un pour s'occuper de la diversité. J'ai voulu que les managers suivent dès le début des programmes de développement du leadership, pour que, en tant que patrons, ils comprennent que leur rôle est de développer le potentiel de l'ensemble de leurs collaborateurs et de créer un environnement inclusif où chacun peut progresser et donner le meilleur de soi. On a cherché également à ce que les dirigeants puissent être évalués sur la manière dont ils avaient favorisé l'inclusion. [...] Quand on parle d'un modèle avec des parties prenantes multiples, on doit forcément inclure les femmes. J'ai toujours dit que l'essentiel n'était pas de montrer à quel point le dirigeant était performant dans sa position mais à quel point l'entreprise se portait bien quand il était parti. Toutes les actions à prendre tout au long de la chaîne de valeur doivent tenir compte de ces questions de genre, qui nous ramènent rapidement à celle des minorités. Et tout cela se résume en trois mots : dignité, respect et justice. On lie souvent parité et performance, pour souligner le fait que la présence de femmes engendre des bénéfices y compris financiers pour les entreprises, mais questionnons-nous les hommes sur ce qu'ils apportent globalement à la performance en tant qu'hommes ? Avant le Covid, on a calculé qu'il faudrait deux cent cinquante-sept ans pour arriver à l'égalité des genres. L'épidémie mondiale nous a fait reculer. Je travaille avec des gouvernements et nous nous concentrons sur deux sujets : le climat et la diversité, le genre fait partie de la diversité. Nous devons nous assurer que nous investissons de manière disproportionnée sur les femmes et les filles. Chez Imagine[1] nous pensons que nous avons besoin de transformer les hommes et les organisations, car le système nous tire en arrière, il nous force à certains comportements. Beaucoup d'entreprises cherchent à ne pas perdre plutôt qu'à gagner. C'est pour cela que nous avons besoin aussi bien d'une transformation humaine qu'organisationnelle.

Pour la diversité, c'est la même chose. On a besoin de transformer les hommes et les systèmes. Notre théorie du changement est très simple : si vous mettez assez de CEO dans une pièce représentant la diversité des industries, vous pouvez créer le point de bascule pour un changement dans le système. J'ai travaillé avec Emmanuel Macron pendant le G7 et nous avons créé le One Planet Lab. L'un de nos travaux a porté sur la mode car la France est une nation en pointe dans ce domaine comme l'Allemagne l'est pour les voitures la Suède pour les meubles… L'industrie de la mode a un impact très fort sur l'environnement et cela ne va pas dans la bonne direction[2].

---

1. *"We believe in the power of leaders to drive systemic change"* ["Nous croyons dans la capacité des leaders à conduire le changement systémique"]. Cette organisation a été créée par Paul Polman avec Valérie Keller et Jeff Seabright après son départ d'Unilever, https://imagine.one/.
2. Le but n'est pas ici de discuter la pérennité ou le succès de ces différentes initiatives encore en cours mais de souligner l'approche retenue : une minorité décidée dans un secteur de l'économie peut entraîner la majorité en élargissant au fur et à mesure les coalitions d'acteurs. Cette approche peut aussi être déclinée s'agissant de la promotion du leadership féminin.

On devrait toujours dénoncer quand les valeurs humanistes sont bafouées. Plus on les mettra en œuvre et meilleur sera le monde. Le profit doit être le résultat de ce que nous faisons, jamais l'objectif. Si les femmes avaient accès aux mêmes droits aux finances et à l'éducation que les hommes, cela libérerait plus de 25 000 milliards de dollars pour l'économie mondiale. Nous devons promouvoir des législations qui favorisent cela.

Je pense que nous arrivons à une masse critique maintenant et que les gouvernements agissent dans ce sens."

Nous retrouvons, alors que nous touchons au terme, Sisyphe en filigrane. Le combat n'est jamais gagné. Mais les rapports, les analyses, les travaux sont là et s'accumulent. Ils donnent petit à petit chair à une évidence qui n'en a pas toujours la force. Karima Silvent a fait de "l'alerte vigilance" sa boussole chez Axa. Elle souligne aussi combien les temps ont changé. Les femmes sont maintenant demandées ! "Je mène une campagne interne auprès des dirigeants hommes pour leur expliquer qu'ils peuvent être des rôles modèles. Ils peuvent parler de la diversité en termes de performance économique. C'est bien, mais ils peuvent en parler aussi en des termes humains. C'est bien d'être rôle modèle mais il faut savoir en parler de manière plus simple. Il faut sortir du stéréotype que seules les femmes doivent être les rôles modèles de la diversité. On doit encore expliquer que les hommes peuvent être eux-mêmes, parler de l'équilibre qu'ils ont aussi trouvé avec leur vie privée. Aujourd'hui on a ces discussions. Il y a cinq-dix ans on ne pouvait pas. Le systémique, il faut aller le chercher, et après avoir atteint 30 % de femmes dans les groupes dirigeants, aller chercher le progrès, c'est plus dur. Il y a quelque chose qui relève de la culture intrinsèque de l'entreprise."

La diversité devient un facteur pour attirer les talents et les retenir. L'inclusion est un atout, un avantage compétitif pour l'entreprise.

Julie Bishop nous ramène enfin au sommet d'une scène mondiale encore peu exemplaire et où la diversité ferait aussi du bien. Elle conclut par ses réflexions sur le leadership au niveau mondial : "J'ai été nommée par le gouvernement britannique au Gender Equality Advisory Council (GEAC ou Conseil consultatif pour l'égalité des genres) du G7. Nous avons encouragé les pays en développement à renforcer l'autonomie des femmes, mais lorsque vous regardez la composition du G7, à part Angela Merkel[1], il n'y a pas de femme à cette table[2]. Le symbolisme est important, et les dirigeants du G7 doivent être attentifs à l'image qu'ils véhiculent. J'ai souvent dit qu'aucune nation n'atteindra son plein potentiel tant qu'elle ne s'engagera pas pleinement et n'exploitera pas les talents, les compétences, les idées et les inspirations de tous ses citoyens, y compris les 50 % de la population qui sont des femmes."

À tous les niveaux, la diversité – vécue de manière inclusive – fait partie de la solution pour faire face aux défis. Tout le monde peut et doit être mobilisé. C'est vrai dans l'entreprise comme au plus haut niveau de coordination mondiale. À nous tous de jouer.

1. Nous sommes en 2021. Le G7 est alors présidé par la Grande-Bretagne.

2. En 2023, Giorgia Meloni, présidente du Conseil italien, est la seule femme chef d'État ou de gouvernement du G7 comme d'ailleurs au G20. Ursula von der Leyen est invitée comme présidente de la Commission européenne.

CONCLUSION

Nous venons de loin. Les aventures individuelles dont nous avons pu rendre compte montrent parfois l'âpreté du chemin et les chausse-trapes. Il convient d'articuler espoir, ambition et nécessaire modestie dans l'action. Au commencement, nous l'avons vu, était la culture. Au commencement sera donc l'éducation. L'égalité est un combat qui n'est jamais gagné. Et qu'il faut encore et encore recommencer !

Françoise Malrieu, observatrice attentive, a vécu beaucoup de révolutions, elle constate une accélération de l'histoire en faveur des femmes ces quatre ou cinq dernières années. Elle a eu le privilège de contribuer à la nomination de la première femme directrice générale d'une société du CAC 40. “Aujourd'hui, elles sont au nombre de trois avec une légitimité incontestée liée à leur parcours et à leur personnalité. Arrivées à ce sommet en même temps que se répand la dissociation des fonctions de président et de directeur général, elles ont toutes trois à cohabiter avec un président du conseil d'administration masculin. Les postures à leur égard sont-elles différentes de celles de fonctions dissociées assurées par deux hommes ?” Nous partageons cette interrogation.

Les dernières lois sur les quotas ont permis d'avancer de manière notable. Véritables nouvelles opportunités pour les femmes, ces changements ne sont pas sans laisser émerger beaucoup d'espoir, espoir pour les femmes certes, mais aussi pour les hommes et finalement pour l'humanité en général.

Les avancées de la science nous permettent maintenant de repérer l'importance de l'acquis social sur la manière dont notre cerveau interagit avec son environnement et se structure. Nous prenons conscience de l'impact des stéréotypes sur nos manières de penser, d'agir et de décider. Nous pouvons nous libérer de ce qui nous semblait hier être des déterminismes indépassables pour envisager de nouveaux possibles et laisser émerger cette singularité qui fait de chacun de nous des êtres uniques. Nous pouvons laisser surgir la nouveauté, la particularité, pour permettre un décentrement qui produit l'attention à l'autre, oserions-nous dire, au souci de l'autre, si longtemps l'apanage des femmes et de tous ceux qui leur étaient assimilés, c'est-à-dire des faibles.

Les hommes ont longtemps été contraints de se conformer à des codes virils d'exercice du pouvoir pour atteindre les premières positions : démonstration de force, autoritarisme, refus de l'échec. Ils étaient invités à ne jamais douter ou exprimer une hésitation lors d'une décision pour ne pas dévoiler une forme de vulnérabilité qui aurait été perçue par d'autres comme autant d'occasions de prendre une revanche. Le vocabulaire guerrier et militaire prévalait jusqu'alors dans l'exercice du pouvoir. La pandémie de Covid-19 a montré que de nouvelles compétences pouvaient se révéler nécessaires dans la mise en œuvre d'un management performant. L'intelligence émotionnelle, puissant ressort des interactions humaines, s'est montrée particulièrement efficace pour sortir de situations de crise. Il a fallu écouter les collaborateurs, les laisser exprimer leurs émotions et réagir en miroir. La capacité à faire état de leurs ressentis a longtemps été déniée aux hommes et voilà qu'elle s'avère redoutablement nécessaire pour gouverner avec impact, en suscitant l'adhésion des parties prenantes. Il est offert à chacun d'avoir accès à une nouvelle palette de compétences, infiniment plus riche que celle qui était promise jusqu'alors aux dirigeants des époques précédentes. Au-delà même de la pandémie, c'est le déferlement de multiples crises et de leurs symptômes qui nous oblige à adopter une posture différente.

Opportunité de notre époque qui permet aussi aux hommes de profiter de ce qui hier n'était envisagé qu'au féminin : partage des tâches domestiques, relativisation de la place de la vie professionnelle, recherche d'un nouvel équilibre. C'est cette opportunité que souligne déjà Gisèle Halimi en 1992 : "L'homme, que les masques virils tiennent éloigné du quotidien d'un foyer, y découvrira d'autres critères aux lois qui mènent le monde. Et à son plaisir de père. Il réalisera que ces privilèges, qui l'ont « préservé » des travaux échus à la femme, l'ont peut-être aussi frustré d'émotion, de complicité, de tendresse[1]." Elle espère que de l'exigence de davantage d'égalité dans le travail de nouvelles valeurs culturelles dans la relation à l'autre puissent émerger et produire ce qu'elle appelle le respect du même dans sa différence identitaire. Nous parlerions ici plutôt de commune humanité, de commune capacité à imprimer son action dans le monde et sûrement à le préserver davantage. Si l'homme au masculin devient humanité au pluriel, si libérés de l'androcentrisme et de l'anthropocentrisme son corollaire, nous percevions enfin que nous partageons notre destin commun avec le vivant et la création tout entière. Des théologiens comme Jürgen Moltmann avaient perçu dès les années 1980 le fait de penser l'inclusion du féminin dans les sphères de gouvernance comme une possibilité de vivre en harmonie avec le monde. Les religions ne sont pas les responsables de la construction des sociétés de formes patriarcales, elles n'en sont que l'expression. Elles ont souvent reflété une conception du monde au masculin. Boucs émissaires faciles d'un féminisme hâtif, nous avons voulu démontrer que justement, quand les messages des trois grands monothéismes sont relus et réinterprétés par des femmes, ils peuvent permettre de promouvoir et converger vers un respect de la personne et de la planète. Jürgen Moltmann, théologien

1. Gisèle Halimi, *La Cause des femmes*, précédé de *Le Temps des malentendus*, Gallimard, 1992, p. XXX.

protestant, renouvelle la thématique de la création du monde par Dieu dans une optique égalitaire et écologique. “Il paraît également raisonnable de chercher à remplacer la vision mécaniste moderne du monde, car c’est une image marquée de façon unilatérale par le patriarcat. Le passage à une vision écologique du monde fait davantage justice non seulement aux environnements naturels du monde humain, mais aussi au caractère naturel de ce monde humain lui-même hommes et femmes. C’est pourquoi il implique de nouvelles formes égalitaires de communauté, dans lesquelles la domination patriarcale est abolie et une communauté fraternelle est construite[1].”

Opportunité aussi de sortir des formes de management toxiques qui empoisonnent les organisations. Ces modes autoritaires qui ont longtemps constitué l’apanage des hommes, puis les femmes qui ont dû les épouser pour pouvoir s’imposer et se retrouver au sommet de la pyramide, sont aujourd’hui décriés par beaucoup de collaborateurs. Ces quelques pages nous invitent à réfléchir à nouveau à la notion de pouvoir. Nous défendons un pouvoir compris comme la notion de service (mot antique de *ministerium*) au profit du bien commun. Pour autant, nous ne sommes pas naïfs. Les événements récents, les guerres qui surgissent, les rapports de force qui s’installent obligent les gouvernants et les contraignent dans l’exercice du pouvoir. Mais ce qui pourrait faire la force de nos démocraties occidentales, c’est justement cette nécessité qu’ont nos dirigeants de rester à l’écoute de leurs conseillers, de ne pas se couper de tous les signaux adressés par les différents corps intermédiaires qui composent nos sociétés.

Et puis, si après tout il n’était plus nécessaire pour un homme au masculin de diriger pour être vraiment homme ? Libéré de

1. Jürgen Moltmann, *Dieu dans la création. Traité écologique de la création*, Cerf, 1988, p. 405.

cette injonction, beaucoup pourraient enfin laisser s'exprimer toute la richesse de leur personnalité, toutes leurs compétences dans des domaines d'expertises essentiels pour le développement harmonieux. Diriger ne rend pas l'homme plus homme mais ne lui interdit pas de l'être.

Revenons en Grèce encore avec Ésope pour conclure : "Eh bien ! dit le père. Vous aussi, mes enfants, si vous restez unis, vous serez invincibles face à vos ennemis ; mais si vous êtes divisés, vous serez faciles à vaincre[1]." Souvent mémorisé sous la forme "Unis, nous sommes ; divisés nous tombons". Nous devons retrouver l'union dans la diversité perçue comme la reconnaissance de chacun. Il ne s'agit pas de passer du patriarcat au matriarcat, de faire passer les femmes devant les hommes, de modifier les ordres de passage jusqu'à un prochain cycle. L'idée est bien d'avancer ensemble femmes et hommes, hommes et femmes.

---

1. Ésope, "Les Enfants désunis du Laboureur", *Fables*, traduction par Émile Chambry, Les Belles Lettres, 1927, p. 40-41.

ANNEXES

Source : Crédoc, Enquête “Conditions de vie et aspirations”, janvier 2020.

Figure 1 – Freins perçus à l’orientation dans certaines filières du supérieur en 2020, selon le sexe[1] (en %)

	Freins perçus à l’orientation des filles dans les filières scientifiques et techniques			Freins perçus à l’orientation des garçons dans les filières paramédicales et sociales		
	Femmes	Hommes	Ensemble	Femmes	Hommes	Ensemble
Faible visibilité des femmes/hommes ayant choisi ces filières, manque d’exemples	40	37	38	34	32	33
Moindre attirance pour ces filières	28	36	32	36	47	41
Ne se sentent pas à l’aise dans un milieu essentiellement masculin/féminin	23	24	24	32	31	32
Influence des parents, de la famille	27	33	30	32	30	31
Influence de leurs pairs (amis, lycéens, étudiants, etc.)	15	16	15	21	19	20
Influence des professeurs et psychologues de l’Éducation nationale, qui conseillent d’autres filières	33	30	31	25	22	23
Manque de confiance plus fréquent dans ces domaines	30	22	27	14	16	15

1. Les questions posées étaient les suivantes : “Dans l’enseignement supérieur, les jeunes filles s’orientent moins vers les filières scientifiques et techniques. Par exemple, elles ne représentent que 28 % des élèves dans les écoles d’ingénieurs. Quelles sont selon vous les deux principales raisons ? En premier ? En deuxième ?” et “De même, dans l’enseignement supérieur, seuls 15 % des jeunes garçons choisissent de suivre des formations paramédicales et sociales, notamment dans le domaine de l’aide à la personne (infirmier, aide-soignant, travailleur social, etc.). Quelles sont selon vous les deux principales raisons ? En premier ? En deuxième ?”.

Figure 2 – Premier conseil donné dans la recherche d'un emploi en 2020, selon le sexe et l'âge[1] (en %)

	Conseil aux jeunes femmes					Conseil aux jeunes hommes				
	Moins de 40 ans		40 ans ou plus		Ensemble	Moins de 40 ans		40 ans ou plus		Ensemble
	Femmes	Hommes	Femmes	Hommes		Femmes	Hommes	Femmes	Hommes	
Les rémunérations	17	11	11	13	13	14	16	14	12	14
Les possibilités de carrière	18	16	14	14	15	18	16	14	13	15
L'avenir du secteur	13	18	16	15	15	19	22	28	27	25
L'intérêt, le contenu du travail	26	30	24	28	27	27	20	23	29	26
La possibilité de conjuguer sa vie de famille et sa vie professionnelle*	24	22	32	28	28	19	22	18	17	18
Aucun de ces éléments	2	4	1	1	2	3	2	2	1	2

* Horaires de travail, proximité géographique, etc.

1. La question posée était la suivante : "Dans cette liste, quels sont selon vous les deux principaux éléments que vous conseilleriez à une jeune femme (resp. à un jeune homme) de prendre en compte lorsqu'elle (resp. il) recherche un emploi ?"

Figure 3 – Opinions à l'égard du travail des femmes en 2020[1] (en %)

	Elles ne devraient jamais travailler avec des enfants en bas âge	Elles ne devraient travailler que si nécessaire	Elles devraient travailler quand elles le désirent / Elles devraient toujours travailler	Elles ne devraient jamais travailler
Sexe				
Femmes	9	9	80	1
Hommes	9	9	82	1
Âge				
15-24 ans	12	12	74	1
25-39 ans	14	9	75	1
40-59 ans	7	8	83	1
60 ans ou plus	6	8	84	1
Diplôme				
Aucun ou CEP	11	17	71	1
Brevet des collèges	11	8	79	1
CAP, BEP ou équivalent	9	10	80	1
Baccalauréat	11	8	79	1
Bac + 2	7	8	84	1
Bac + 3 ou plus	6	6	87	0
Ensemble	9	9	81	1

1. La question posée est : "Des opinions diverses peuvent être exprimées à propos du travail des femmes. Quel est le point de vue qui semble correspondre le mieux au vôtre ?" La modalité de réponse "Ne sait pas" n'est pas présentée (en moyenne 1 % des réponses).

BIBLIOGRAPHIE

Sylviane Agacinski, *Femmes entre sexe et genre*, Seuil, 2012.

Kari Elisabet Børresen, *Subordination et équivalence, nature et rôle de la femme d'après Augustin et Thomas d'Aquin*, Mame, 1967.

Floriane Chinsky, Kahina Bahloul et Emmanuelle Seyboldt, *Des femmes et des dieux*, Les Arènes, 2021.

Clotilde Coron, *Stéréotypes de genre et inégalités professionnelles entre femmes et hommes. Quelles responsabilités pour les organisations*, Éditions EMS, 2023.

Alice Dermience, *La "Question féminine" et l'Église catholique. Approches biblique, historique et théologique*, PIE Peter Lang, 2008.

Cordelia Fine, *Delusions of Gender. The Real Science Behind Sex Differences*, Icon Books, 2010.

Cordelia Fine, *Testosterone Rex. Unmaking the Myths of our Gendered Minds*, Icon Books 2018.

Laurent Giovachini, *Les Nouveaux Chemins de la croissance. Comment l'industrie de la connaissance va façonner le monde*, Dunod, 2021.

Sally Helgesen et Marshall Goldsmith, *How Women Rise. Break the 12 Habits Holding You Back*, Cornerstone Digital, 2018.

Françoise Héritier, *Masculin/Féminin, la pensée de la différence*, Odile Jacob, 1996.

Aurélie Jean, *De l'autre côté de la machine. Voyage d'une scientifique au pays des algorithmes*, Éditions de l'Observatoire, 2019.

Guila Clara Kessous et Isabelle Rome, *Ensemble pour le droit des femmes*, Gallimard, 2022.
Perrine Lachenal, *Questions de genre, comprendre pour dépasser les idées reçues*, Le Cavalier Bleu, 2016.
Jena-Yves Lacoste (dir.), *Dictionnaire critique de théologie*, PUF, 2007.
Asma Lamrabet, *Femmes, Islam, Occident. Chemins vers l'universel*, Séguier, 2011.
Asma Lamrabet, *Islam et femmes. Les questions qui fâchent*, Gallimard, 2018.
Élisabeth Moreno et Agnès Pannier-Runacher, *Femmes, ministres et féministes. Notre combat pour l'égalité réelle*, Éditions Point d'Orgue, 2022.
Élisabeth Parmentier, Pierrette Daviau et Lauriane Savoy, *Une bible des femmes*, Labor et Fides, 2018.
Élisabeth Parmentier, *Les Filles prodigues. Défis des théologies féministes*, Labor et Fides, 2019.
Muriel Pénicaud, *Pousser les murs*, Éditions de l'Observatoire, 2021.
Michelle Perrot et Eduardo Castillo, *Le Temps des féminismes*, Grasset, 2023.
Lucile Peytavin, *Le Coût de la virilité*, Éditions Anne Carrière, 2021.
Réjane Sénac, *L'Égalité sans condition*, Rue de l'échiquier, 2019.
Catherine Vidal, *Féminin/Masculin. Mythes et idéologies*, Belin, 2015.
Catherine Vidal, *Nos cerveaux, tous pareils tous différents*, Belin, 2017.
Catherine Vidal et Dorothée Benoit-Browaeys, *Cerveau, sexe et pouvoir*, Belin, 2015.

LIVRES SUR LE LEADERSHIP

Hubert de Boisredon, *L'esprit souffle. Suis-le*, Mame, 2021.
Emmanuel Faber, *Ouvrir une voie*, Guerin, 2022.

Hubert Joly et Caroline Lambert, *L'Entreprise, une affaire de cœur*, Plon, 2022.
Marc de Leyritz, *Sans cartes ni boussoles*, Buchet Chastel, 2021.

RAPPORTS, REVUES

Haut Conseil à l'égalité entre les femmes et les hommes, "Égalité, stéréotypes, discriminations entre les femmes et les hommes : perceptions et vécus chez les jeunes générations en 2022", 1er mars 2022.
Insee, "Femmes et hommes, l'égalité en question", rapport 2022.
Gaël Le Bohec et Karine Lebon, "Rapport d'information fait au nom de la délégation aux droits des femmes et à l'égalité des chances entre les hommes et les femmes sur les stéréotypes de genre", 2021.
Crédoc, "Conditions de vie et aspirations", janvier 2020.

REMERCIEMENTS

Les auteurs remercient :

Notre éditrice Emeline Lacombe.

Maya Atig, Pauline Bebe, Julie Bishop, Meka Brunel, Fabienne Dulac, Marie Guillemot, Myriam El Khomri, Bénédicte Faivre Tavignot, Anne-Marie Idrac, Aurélie Jean, Arielle Kitio Tsamo, Isabelle Kocher de Leyritz, Asma Lamrabet, Agnès Pannier-Runacher, Élisabeth Parmentier, Muriel Pénicaud, Emmanuelle Seyboldt, Karima Silvent, Philippe Darmayan, Philippe Heim, Hubert Joly, Denis Machuel, Paul Polman, Augustin de Romanet, Marie-Pierre Rixain, Marie Eloy, Clara Chappaz, Charles Gorintin, Antoine Hubert, Anne Thévenet, Christel Bories, Michel Ferrary, Odile Fillod, Élisabeth Crépon, Laurent Giovachini, Catherine Vidal, Clotilde Coron, Manuelle Malot, Blandine Métayer, Françoise Malrieu et Sibylle Le Maire.

CRÉDITS DE CITATIONS

OUVRAGE RÉALISÉ
PAR NORD COMPO
ACHEVÉ D'IMPRIMER SUR ROTO-PAGE EN MARS 2024
PAR L'IMPRIMERIE FLOCH À MAYENNE
SUR PAPIER FABRIQUÉ À PARTIR DE BOIS
PROVENANT DE FORÊTS GÉRÉES DURABLEMENT
POUR LE COMPTE DES ÉDITIONS ACTES SUD
LE MÉJAN
PLACE NINA-BERBEROVA
13200 ARLES